Fälle

Schuldrecht BT 4

Unerlaubte Handlungen
Allgemeines Schadensrecht

2020

Claudia Haack
Rechtsanwältin und Repetitorin

ALPMANN UND SCHMIDT Juristische Lehrgänge Verlagsges. mbH & Co. KG
48143 Münster, Alter Fischmarkt 8, 48001 Postfach 1169, Telefon (0251) 98109-0
AS-Online: www.alpmann-schmidt.de

Haack, Claudia
Fälle
Schuldrecht BT 4
Unerlaubte Handlungen, Allgemeines Schadensrecht
4. Auflage 2020
ISBN: 978-3-86752-714-9

Verlag Alpmann und Schmidt Juristische Lehrgänge
Verlagsgesellschaft mbH & Co. KG, Münster

Unterstützen Sie uns bei der Weiterentwicklung unserer Produkte.
Wir freuen uns über Anregungen, Wünsche, Lob oder Kritik an:
feedback@alpmann-schmidt.de

Benutzerhinweise

Die Reihe „Fälle" ermöglicht sowohl den Einstieg als auch die Wiederholung des jeweiligen Rechtsgebiets **anhand von Klausurfällen**. Denn unser Gehirn kann **konkrete Sachverhalte** besser speichern als abstrakte Formeln. Während des Studiums besteht die Gefahr, dass man zu abstrakt lernt, sich verzettelt und letztlich gänzlich den Überblick über das wirklich Wichtige verliert.

Ferner erfordern Prüfungsaufgaben regelmäßig das Lösen von konkreten Fällen. Hier muss dann der Kandidat beweisen, dass er das Erlernte auf den konkreten Fall anwenden kann und die spezifischen Probleme des Falles entdeckt. Außerdem muss er zeigen, dass er die richtige Mischung zwischen Gutachten- und Urteilsstil beherrscht und an den Problemstellen überzeugend argumentieren kann. Diese Fähigkeiten vermittelt Ihnen unser „Basiswissen **Methodik der Fallbearbeitung** – Wie schreibe ich eine Klausur?".

Nutzen Sie die jahrzehntelange Erfahrung unseres Repetitoriums. Seit mehr als 60 Jahren wenden wir konsequent die Fallmethode an. Denn ein **prüfungsorientiertes Lernen** muss „hart am Fall" ansetzen. Schließlich sollen Sie keine Aufsätze oder Dissertationen schreiben, sondern eine überzeugende Lösung des konkret gestellten Falles abgeben. Da wir nicht nur Skripten herausgeben, sondern auch in mündlichen Kursen Studierende ausbilden, wissen wir aus der täglichen Praxis, „wo der Schuh drückt".

Die Lösung der „Fälle" ist kompakt und vermeidet – so wie es in einer Klausurlösung auch sein soll – überflüssigen, dogmatischen „Ballast". Die Lösungen sind komplett **durchgegliedert** und im **Gutachtenstil** ausformuliert, wobei die unproblematischen Stellen unter Beachtung des Urteilsstils kurz ausfallen – so wie es gute Klausurlösungen erfordern.

Beispiele für die Gewichtung der **Punktvergabe** in einer Semesterabschlussklausur finden Sie hier:

bit.ly/2KQIe2q   bit.ly/2mfIRUJ   bit.ly/2zAPrys

Wir vermitteln in der Reihe „Fälle" die Wissensanwendung. Sie **ersetzt nicht die Erarbeitung der gesamten Rechtsmaterie** und ihrer Struktur. Übergreifende Aufbauschemata finden Sie in unseren „Aufbauschemata". Ferner empfehlen wir Ihnen unser „Basiswissen" für den erfolgreichen Start ins jeweilige Rechtsgebiet: verständlich dargestellt und durch zahlreiche Beispiele, Übersichten und Aufbauschemata anschaulich vermittelt. Eine darauf aufbauende Darstellung des Stoffes auf Examensniveau liefern unsere „Skripten". Sofern die RÜ zitiert wird, handelt es sich um unsere Zeitschrift „RechtsprechungsÜbersicht", in der monatlich aktuelle, examensverdächtige Fälle gutachterlich gelöst erscheinen.

Viel Erfolg!

INHALTSVERZEICHNIS

I

1. Teil: Grundtatbestand des § 823 Abs. 1

1. Rechtsgut- oder Rechtsverletzung

Fall 1: Verletzung des Lebens

M erfuhr, dass sein Geschäftspartner G ihn um 200.000 € betrogen hatte. Als er ihn deswegen zur Rede stellte, kam es zu einer handgreiflichen Auseinandersetzung, in deren Verlauf der G durch einen Stoß des M stürzte und mit dem Kopf auf die Schreibtischkante fiel. Der G verstarb infolge der schweren Kopfverletzung noch am Unfallort. Er hinterlässt zwei minderjährige Kinder – X und Y – aus seiner Ehe mit der bereits verstorbenen F sowie seine Lebensgefährtin L, mit der er eine vertragliche Unterhaltsvereinbarung abgeschlossen hatte und die er durch Testament zu seiner Alleinerbin bestimmt hatte.

Wer kann den M wegen der Tötung des G in Anspruch nehmen?

A. Ansprüche von X und Y

I. X und Y könnte gegen M ein Anspruch auf **Ersatz entgangenen Unterhalts gemäß § 844 Abs. 2 i.V.m. §§ 823 Abs. 1, 823 Abs. 2 i.V.m. § 222 StGB** zustehen.

1. Dazu müssen die Voraussetzungen des haftungsbegründenden Tatbestands gegeben sein.

a) M als Anspruchsgegner muss zunächst Ersatzpflichtiger i.S.v. § 844 Abs. 2 sein. Dies setzt eine vollständige unerlaubte Handlung mit der Verletzungsfolge Tötung gegenüber dem unmittelbar Verletzten voraus, d.h. dieser müsste im Zeitpunkt der Verletzungshandlung dem Grunde nach gegen den Anspruchsgegner einen Anspruch aus unerlaubter Handlung haben.

aa) Die Ersatzpflicht des M könnte sich **aus § 823 Abs. 1 ergeben.**

(1) G ist infolge der Kopfverletzung verstorben, sodass ein in § 823 Abs. 1 geschütztes Rechtsgut – das Leben – verletzt worden ist.

(2) Die Tötung des G muss durch ein Verhalten des M verursacht worden sein.

(a) M hat den G während der handgreiflichen Auseinandersetzung gestoßen.

(b) Ohne diesen Stoß wäre G nicht gestürzt und mit dem Kopf auf die Schreibtischkante geprallt, sodass er die schwere Kopfverletzung, an deren Folgen er gestorben ist, nicht erlitten hätte. Infolgedessen war das Verhalten des M äquivalent kausal für die Tötung des G.

(c) Der Stoß seitens M war aus Sicht eines optimalen Beobachters auch generell geeignet, die Tötung des G herbeizuführen, sodass das Verhalten des M auch adäquat kausal für die Rechtsgutverletzung war.

(3) Die Rechtswidrigkeit ist durch die Verwirklichung des Tatbestands indiziert und Rechtfertigungsgründe zugunsten des M sind nicht ersichtlich.

§§ 844, 845 setzen bereits einen Ersatzpflichtigen voraus, sodass im Obersatz einer Klausur diese Normen immer mit einer deliktischen Anspruchsgrundlage kombiniert werden müssen.

(4) M hat bei dem Stoß die im Verkehr erforderliche Sorgfalt außer Acht gelassen, sodass er fahrlässig i.S.v. § 276 Abs. 2 und somit schuldhaft handelte.

Infolgedessen ergibt sich die Ersatzpflicht des M aus § 823 Abs. 1.

bb) Ferner hat M durch die von ihm verursachte Tötung des G den Tatbestand der fahrlässigen Tötung gemäß § 222 StGB verwirklicht und daher ein Schutzgesetz i.S.v. § 823 Abs. 2 rechtswidrig und schuldhaft verletzt, sodass sich seine Ersatzpflicht auch aus **§ 823 Abs. 2 i.V.m. § 222 StGB** ergibt.

Somit ist M Ersatzpflichtiger i.S.v. § 844 Abs. 2.

b) § 844 Abs. 2 setzt weiterhin voraus, dass der **Getötete zu Lebzeiten einem Dritten gegenüber unterhaltspflichtig** war.

X und Y müssen also zu Lebzeiten des G gegen diesen einen Unterhaltsanspruch gehabt haben.

Gemäß § 1601 sind Verwandte in gerader Linie einander unterhaltspflichtig und gemäß § 1589 S. 1 ist in gerader Linie verwandt, wer voneinander abstammt.

Folglich hatten X und Y als Kinder des G gegen diesen zu dessen Lebzeiten einen Unterhaltsanspruch aus § 1601.

c) Dieser **Unterhaltsanspruch** aus § 1601 ist X und Y auch **durch die Tötung** des G **entzogen** worden, sodass alle Voraussetzungen des § 844 Abs. 2 vorliegen.

2. Als **Rechtsfolge** muss M den Kindern X und Y den entgangenen Unterhalt für die mutmaßliche Dauer des Lebens des G gemäß § 844 Abs. 2 i.V.m. §§ 823 Abs. 1, 823 Abs. 2 i.V.m. § 222 StGB ersetzen.

II. X und Y könnte gegen M ein Anspruch auf **angemessene Entschädigung in Geld wegen des zugefügten seelischen Leids** infolge der Tötung ihres Vaters aus **§ 844 Abs. 3 i.V.m. §§ 823 ff.** zustehen.

Gemäß Art. 229 § 43 EGBGB gilt die Regelung des § 844 Abs. 3 für alle zum Tode führenden Verletzungen, die sich nach ihrem Inkrafttreten am 22.07.2017 ereignet haben.

1. Dazu müssen die **Voraussetzungen** des § 844 Abs. 3 erfüllt sein.

a) Die **Ersatzpflicht** des M i.S.v. § 844 Abs. 3 ergibt sich aus §§ 823 ff. (s.o.).

b) Das darüber hinaus erforderliche **besondere persönliche Näheverhältnis** zwischen den Kindern X und Y und ihrem Vater G wird gemäß § 844 Abs. 3 S. 2 vermutet.

2. Als **Rechtsfolge** des § 844 Abs. 3 muss M den Kindern X und Y eine angemessene Entschädigung in Geld wegen des zugefügten seelischen Leids infolge der Tötung ihres Vaters leisten.

B. Ansprüche der L

I. L könnte gegen M ein Anspruch auf **Ersatz der Beerdigungskosten gemäß § 844 Abs. 1 i.V.m. §§ 823 Abs. 1, 823 Abs. 2 i.V.m. § 222 StGB** zustehen.

1. Dazu müssen die Voraussetzungen des haftungsbegründenden Tatbestands vorliegen.

a) Die Ersatzpflichtigkeit des Anspruchsgegners M ergibt sich aus §§ 823 Abs. 1, 823 Abs. 2 i.V.m. § 222 StGB (s.o.).

b) Ferner muss der Anspruchsteller verpflichtet sein, die Beerdigungskosten zu tragen.

Gemäß § 1968 ist der Erbe verpflichtet, die Beerdigungskosten zu tragen. Folglich trifft diese Verpflichtung die L, die die testamentarische Alleinerbin des G ist.

2. Als Rechtsfolge kann L die Beerdigungskosten von M gemäß § 844 Abs. 1 i.V.m. §§ 823 Abs. 1, 823 Abs. 2 i.V.m. § 222 StGB ersetzt verlangen.

II. L könnte ferner gegen M ein Anspruch auf **Ersatz entgangenen Unterhalts gemäß § 844 Abs. 2 i.V.m. §§ 823 Abs. 1, 823 Abs. 2 i.V.m. § 222 StGB** zustehen.

Voraussetzung dafür ist jedoch, dass G ihr gegenüber **kraft Gesetzes** zum Unterhalt verpflichtet war. Vorliegend besteht jedoch nur eine vertraglich vereinbarte Unterhaltsverpflichtung, die von § 844 Abs. 2 nicht erfasst wird.

Daher hat L keinen Anspruch auf Ersatz entgangenen Unterhalts gemäß § 844 Abs. 2 i.V.m. §§ 823 Abs. 1, 823 Abs. 2 i.V.m. § 222 StGB gegen M.

III. L könnte gegen M ein Anspruch auf **angemessene Entschädigung in Geld wegen des zugefügten seelischen Leids** infolge der Tötung ihres Lebensgefährten aus **§ 844 Abs. 3 i.V.m. §§ 823 ff.** zustehen.

1. Dazu müssen die **Voraussetzungen** des § 844 Abs. 3 erfüllt sein.

a) Die **Ersatzpflicht** des M i.S.v. § 844 Abs. 3 ergibt sich aus §§ 823 ff. (s.o.).

b) Ferner muss zwischen L und G ein **besonderes persönliches Näheverhältnis** bestanden haben.

Dieses wird gemäß § 844 Abs. 3 S. 2 vermutet, wenn der Hinterbliebene der Ehegatte, der Lebenspartner, ein Elternteil oder ein Kind des Getöteten war. Darüber hinaus sind jedoch auch andere Personen anspruchsberechtigt, wenn sie eine soziale Beziehung untereinander pflegen, die in ihrer Intensität den in Abs. 3 S. 2 genannten entspricht. Erfasst sind folglich nichteheliche Lebensgemeinschaften, Verlobte, Stief- und Pflegekinder sowie Geschwister.[1]

G und L lebten in einer nichtehelichen Lebensgemeinschaft, sodass das erforderliche besondere persönliche Näheverhältnis bestand.

2. Als **Rechtsfolge** des § 844 Abs. 3 muss M der L eine angemessene Entschädigung in Geld wegen des zugefügten seelischen Leids infolge der Tötung ihres Lebensgefährten leisten.

---

1 Hk-BGB/Staudinger § 844 Rn. 16.

Fall 2: Körper-, Gesundheitsverletzung bei Abtrennung von Körperbestandteilen

Frau F leidet seit mehreren Jahren an einer unheilbaren Nierenerkrankung. Vor einigen Jahren war ihr infolgedessen bereits eine Niere entfernt worden. Da nun auch ein Versagen der zweiten Niere zu befürchten ist, entschließt sich ihr Ehemann M zu einer Nierenspende.

Die Operation des M wird im örtlichen Krankenhaus K vorgenommen, weil in der Spezialklinik, in der seine Frau operiert werden soll, keine Kapazitäten frei sind. Nach der Operation des M wird die entfernte Niere vom Sanitäter S mit dem Krankenwagen zu der Spezialklinik gefahren. Auf dem Weg dorthin verliert S wegen überhöhter Geschwindigkeit die Kontrolle über den Krankenwagen und prallt gegen einen Baum. Die Spenderniere wird durch den Unfall zerstört.

M verlangt von S Schmerzensgeld wegen der Zerstörung der Niere. Zu Recht?

A. M könnte gegen S wegen der Zerstörung der Niere ein Schmerzensgeldanspruch aus **§ 823 Abs. 1 i.V.m. § 253 Abs. 2** zustehen.

Dazu muss S die Voraussetzungen des § 823 Abs. 1 in Bezug auf eines der in § 253 Abs. 2 genannten Rechtsgüter verletzt haben. Erfasst sind in § 253 Abs. 2 die Verletzung des Körpers, der Gesundheit, der Freiheit und der sexuellen Selbstbestimmung.

§ 253 Abs. 2 stellt nach h.M. keine eigene Anspruchsgrundlage dar, da die Norm einen tatbestandlich erfüllten Schadensersatzanspruch voraussetzt. Der Haftungsgrund ist dabei unerheblich. Erfasst sind Verschuldens-, Gefährdungshaftung sowie vertragliche und vertragsähnliche Schadensersatzhaftung.

Die Zerstörung der Niere könnte eine **Körper- und Gesundheitsverletzung** darstellen. Eine Körperverletzung ist gegeben, wenn die körperliche Unversehrtheit beeinträchtigt wird. Eine Gesundheitsverletzung liegt in jedem Hervorrufen oder Steigern eines von den normalen körperlichen Funktionen abweichenden Zustands.

Fraglich ist, ob die Niere nach ihrer Abtrennung vom Körper weiterhin diesem zuzurechnen oder als Sache zu behandeln ist.

Bei der Beurteilung der Frage, ob abgetrennte Körperbestandteile noch dem Körper zuzurechnen sind, ist zu differenzieren:

Ein Körperteil, der **endgültig** (dauerhaft) vom Körper abgetrennt wird, verliert in der Regel seine Zuordnung zum Schutzgut Körper und wird zu einer Sache, sodass sich das Recht des Betroffenen an seinem Körper in Sacheigentum wandelt. Sollen abgetrennte Körperbestandteile nach dem Willen des Betroffenen später wieder in den Körper eingegliedert werden – erfolgt die Trennung vom Körper also nur **vorübergehend** –, so bilden sie auch nach der Trennung vom Körper mit diesem eine funktionale Einheit.[2]

Bei einer Organspende soll der abgetrennte Körperteil auf Dauer vom Körper getrennt werden. Folglich hat sich das Recht des M an seinem Körperteil in Sacheigentum verwandelt, sodass die Zerstörung der Niere keine Körperverletzung, sondern eine Eigentumsverletzung darstellt. Für eine Eigentumsverletzung ist jedoch in § 253 Abs. 2 kein Schmerzensgeld vorgesehen.

---

2   Palandt/Sprau § 823 Rn. 5 m.w.N.

M steht daher gegen S wegen der Zerstörung der Niere kein Schmerzensgeldanspruch aus § 823 Abs. 1 i.V.m. § 253 Abs. 2 zu.

B. Aus demselben Grund ist auch weder ein Anspruch aus **§ 823 Abs. 2 i.V.m. § 229 StGB i.V.m. § 253 Abs. 2** noch aus **§ 18 Abs. 1 S. 1 StVG i.V.m. § 11 S. 2 StVG** gegeben.

Anmerkung:

Der BGH hat seine Rspr. bzgl. abgetrennter Körperbestandteile für einen Sonderfall ergänzt:

*Bei **Vernichtung einer Sperma-Konserve** müsste nach den oben genannten Grundsätzen eine Körperverletzung eigentlich ausscheiden, da das konservierte Sperma endgültig vom Körper getrennt worden ist. Der BGH nimmt jedoch (zumindest entsprechend) eine Körperverletzung an, da die Spermakonserve die verlorene Fortpflanzungsfähigkeit substituieren sollte und damit der personalen Selbstbestimmung und Selbstverwirklichung diente, sodass ein personaler Bezug gegeben sei.[3]*

Diese Entscheidung wird in der Lit. zum Teil heftig kritisiert. Die Vernichtung des Spermas bei vorhersehbarer Unfruchtbarkeit vereitele definitiv den Wunsch nach eigenen Nachkommen und stelle daher eine Verletzung des allgemeinen Persönlichkeitsrechts, aber keine Körperverletzung dar.[4]

---

3 BGHZ 124, 52, 56.
4 Jauernig/Teichmann § 823 Rn. 71 m.w.N.

> **Fall 3: Körper-, Gesundheitsverletzung – Verletzung der Leibes-
> frucht**
> (nach BGHZ 8, 243 – Lues-Fall)
>
> Bei Frau F wurde im Krankenhaus B eine Bluttransfusion vorgenommen.
> Die Blutkonserve war aufgrund eines Verschuldens des Krankenhauses
> nicht ausreichend untersucht worden und enthielt luetisch infiziertes
> Blut. Infolge der Blutübertragung wurde die F mit Lues infiziert. Bald da-
> rauf wurde F schwanger und auch das später geborene Kind K kam mit
> angeborener Lues (Syphilis) zur Welt.
>
> Steht K gegen das Krankenhaus B ein Anspruch auf Schadensersatz aus
> § 823 Abs. 1 zu ?

K könnte gegen das Krankenhaus ein Schadensersatzanspruch aus **§ 823
Abs. 1** wegen der Luesinfektion zustehen.

I. Dazu müssen die **Voraussetzungen** des haftungsbegründenden Tatbestands gegeben sein.

1. Als Rechtsgutverletzung kommt eine **Körper- und Gesundheitsverletzung** des K in Betracht.

Eine Körperverletzung liegt vor, wenn die körperliche Unversehrtheit beeinträchtigt wird. Eine Gesundheitsverletzung besteht in jedem Hervorrufen oder Steigern eines von den normalen körperlichen Funktionen abweichenden Zustands.

a) Allein die Infektion mit Lues führt bereits einen Zustand herbei, der von
den normalen körperlichen Funktionen abweicht, und stellt daher eine Gesundheitsverletzung dar.

b) Problematisch ist jedoch, **dass K schon im Zeitpunkt der Zeugung
mit Lues infiziert worden ist**, sodass man eine Gesundheitsverletzung
verneinen könnte, weil bei K niemals ein unversehrter Zustand bestanden
hat, der durch Schadenszufügung hätte verletzt werden können.

Der unverletzte Zu-stand eines Menschen ist von der Natur vorge-zeichnet, sodass er nicht wirklich bestan-den haben muss, um verletzt zu werden.

Eine solche Betrachtungsweise lässt jedoch außer Acht, dass es sich bei
Körper und Gesundheit nicht um erwerbbare Rechte handelt, sondern um
Rechtsgüter, auf die jeder Mensch ein Recht hat. Diese Lebensgüter sind
laut BGH „Ausdruck der Personenhaftigkeit des Menschen, ein Teil der Na-
tur und ein Teil der Schöpfung". Jeder habe ein Recht darauf, dass das or-
ganische Wachstum durch einen anderen nicht gestört oder beeinträchtigt
werde. Folglich steht einer Gesundheitsverletzung des K nicht entgegen,
dass er niemals gesund war.

**c) Ferner ist problematisch, dass K zum Zeitpunkt der Infektion noch
nicht geboren war.** § 823 Abs. 1 verlangt die Verletzung „eines anderen".
Dabei kann es sich nur um einen rechtsfähigen Menschen handeln und die
Rechtsfähigkeit beginnt gemäß § 1 erst mit Vollendung der Geburt. Folg-
lich stellt die Infektion der Leibesfrucht keine tatbestandliche Körper- und
Gesundheitsverletzung dar.

Mangels Rechtsfähig-keit der Leibesfrucht stellt deren Schädigung keine Körper- und Ge-sundheitsverletzung dar. Wegen der natur-rechtlichen Identität zwischen der Leibes-frucht und dem Kind entsteht jedoch mit Vollendung der Geburt eine Körper- und Ge-sundheitsverletzung.

Die Leibesfrucht und das später geborene Kind sind jedoch identische We-
sen, sodass die Verletzung der Leibesfrucht daher mit Vollendung der Geburt zu einer Gesundheitsverletzung eines rechtsfähigen Menschen wird.

Demnach stellt die Luesinfektion des K eine Gesundheitsverletzung dar.

2. Die Gesundheitsverletzung muss **durch ein Verhalten** des Krankenhauses verursacht worden sein.

a) Das Krankenhaus hat es **unterlassen**, die Blutkonserven zu kontrollieren. Ein Unterlassen stellt nur dann ein tatbestandsmäßiges Verhalten i.S.v. § 823 Abs. 1 dar, wenn für den Unterlassenden eine **Rechtspflicht zum Handeln** gegenüber dem Geschädigten bestanden hat und er diese durch sein Unterlassen verletzt hat.

Eine Rechtspflicht zum Handeln könnte sich für das Krankenhaus aus einer **allgemeinen Verkehrssicherungspflicht** ergeben. Danach besteht für denjenigen, der eine Gefahrenquelle schafft oder unterhält, die Pflicht, die erforderlichen und zumutbaren Maßnahmen zu ergreifen, um zu verhindern, dass Dritte geschädigt werden.

Das Krankenhaus schafft durch die Blutübertragung aus Blutkonserven die Gefahr, dass die Patienten mit Krankheitserregern etc. in Kontakt kommen, wenn die Blutkonserven nicht ausreichend untersucht werden. Infolgedessen besteht für das Krankenhaus eine Verkehrssicherungspflicht.

K kam als Patient der Klinik mit der Gefahrenquelle befugt in Kontakt, sodass die Verkehrssicherungspflicht auch ihm gegenüber bestand.

Das Krankenhaus hat die Verkehrssicherungspflicht verletzt, indem es die Blutkonserven nicht ausreichend kontrolliert hat, sodass das Unterlassen des Krankenhauses tatbestandsmäßig war.

b) Hätte das Krankenhaus die Blutkonserven ausreichend kontrolliert, wäre die Blutkonserve, deren Inhalt K infiziert hat, mit an Sicherheit grenzender Wahrscheinlichkeit aussortiert worden und K wäre nicht verletzt worden. Das Verhalten des Krankenhauses war demnach **äquivalent kausal** für die Gesundheitsverletzung des K.

c) Es liegt auch nicht außerhalb der Lebenserfahrung, dass bei nicht ausreichender Kontrolle Patienten durch infizierte Blutkonserven verletzt werden, sodass das Verhalten des Krankenhauses auch **adäquat kausal** für die Verletzung des K war.

d) Der erforderliche **Zurechnungszusammenhang** ergibt sich aus der bereits festgestellten Verkehrssicherungspflichtverletzung.

3. Die **Rechtswidrigkeit** ist indiziert und Rechtfertigungsgründe greifen zugunsten des Krankenhauses nicht ein.

4. Das Krankenhaus handelte **schuldhaft**.

II. Als **Rechtsfolge** muss das Krankenhaus dem K sämtliche Schadenspositionen, die sich aus der Gesundheitsverletzung ergeben (z.B. Heilbehandlungskosten), gemäß §§ 249 ff. ersetzen. Ferner muss gemäß § 253 Abs. 2 ein angemessenes Schmerzensgeld gezahlt werden.

Fall 4:   Eigentumsverletzung –
Weiterfressender Mangel – Produzentenhaftung

K soll sich nach dringendem ärztlichen Rat zur Bekämpfung seines Über-
gewichts sportlich betätigen. Er entschließt sich zur Anschaffung eines
Rennrads und erwarb voller guter Vorsätze am 02.01.2020 im Geschäft
des V ein von H hergestelltes Fahrrad des Typs „Rasant".

Nach einigen Wochen hat sich die Kondition des K schon deutlich ge-
bessert und er traut sich nunmehr auch bergige Strecken zu. Als ihm die
Geschwindigkeit während einer rasanten Abfahrt zu hoch wird und er
kräftig bremst, reißen beide Bremszüge. Die Fahrt des K endet in einem
Graben. Das Rennrad ist völlig zerstört, aber K selbst blieb unverletzt.

Es stellt sich heraus, dass die von H im Modell „Rasant" eingebauten
Bremszüge aufgrund eines Materialfehlers gerissen sind.

K fragt nach seinen Ansprüchen gegen H.

A. K könnte gegen H ein Anspruch aus **§ 823 Abs. 1** zustehen.

I. Dazu müssen die **Voraussetzungen** des haftungsbegründenden Tatbestands gegeben sein.

1. Die Zerstörung des Rennrads könnte eine **Eigentumsverletzung** darstellen.

Eine Eigentumsverletzung liegt insbesondere bei Eingriffen in die Sachsubstanz regelmäßig vor. Das Rennrad stand im Eigentum des K und ist durch
den Aufprall völlig zerstört worden. Insofern könnte eine Eigentumsverletzung in Form der Substanzverletzung gegeben sein.

Problematisch ist aber, dass das Rennrad, das K von V erworben hat, schon
von vornherein wegen der defekten Bremszüge **mangelhaft** war, sodass
K niemals mangelfreies Eigentum an dem Fahrrad besessen hat.

Allein die Lieferung eines mangelhaften Rennrads ist keine Verletzung des
Eigentums, da der Käufer von Beginn an nur das Eigentum an dieser mangelhaften Sache erwirbt. Andererseits war das Rennrad zunächst nur teilweise defekt, nämlich im Hinblick auf die Bremszüge, und dieser ursprüng-
liche Mangel hat sich später durch das Reißen der Bremszüge und den daraus resultierenden Unfall auf das gesamte Fahrrad, das in das Eigentum
des K übergegangen war, ausgedehnt.

Fraglich ist, ob bei Lieferung einer mangelhaften Sache, deren Mangelhaftigkeit zunächst auf einen Teilbereich beschränkt ist und bei der sich der ur-
sprüngliche Mangel dann auf weitere Teile der Sache ausdehnt, das Ge-
währleistungsrecht eine abschließende Regelung darstellt oder ob daneben eine Eigentumsverletzung angenommen werden kann.

a) Für die Abgrenzung zwischen der vertraglichen und der deliktischen
Haftung wird nach h.M.[5] auf den **Schutzzweck der jeweiligen Regelungs-
bereiche** abgestellt:

aa) Aufgabe des vertraglichen Gewährleistungsrechts ist der Schutz der
auf den Erwerb einer mangelfreien Sache gerichteten Vertragserwartung,

---

5   BGHZ 86, 256, 258 ff.; BGH NJW 2001, 1346; BGH NJW 2004, 1032, 1033.

sogenanntes **Nutzungs- und Äquivalenzinteresse.** Dagegen ist es Aufgabe des Deliktsrechts, den Eigentümer einer Sache davor zu schützen, dass seine Sache beschädigt oder zerstört wird – es geht also um den Schutz des sogenannten **Integritätsinteresses.** Eine Eigentumsverletzung kann daher bei Lieferung einer mangelhaften Sache bejaht werden, wenn über das Äquivalenzinteresse hinaus auch das Integritätsinteresse berührt ist.

bb) Die Abgrenzung zwischen Äquivalenz- und Integritätsinteresse erfolgt über das Kriterium der **Stoffgleichheit:**

Deckt sich der spätere Schaden mit dem ursprünglichen Mangel, dann besteht Stoffgleichheit. Der Schaden ist allein auf die enttäuschte Vertragserwartung zurückzuführen, es ist nur das Äquivalenzinteresse berührt, sodass deliktische Schadensersatzansprüche nicht bestehen. Ist dagegen der spätere Schaden mit dem ursprünglichen Mangel nicht stoffgleich, ist neben dem Äquivalenz- auch das Integritätsinteresse berührt, sodass eine Eigentumsverletzung vorliegt, sogenannter **weiterfressender Schaden.**[6]

Stoffgleichheit ist anzunehmen, wenn die Sache wegen des ursprünglichen Mangels von vornherein wertlos ist oder wenn das fehlerhafte Einzelteil mit der Gesamtsache eine schwer trennbare Einheit bildet oder wenn der Mangel nicht in wirtschaftlich vertretbarer Weise behoben werden kann.

cc) Fraglich ist also, ob zwischen dem ursprünglichen Mangel – defekte Bremszüge – und dem späteren Schaden – Zerstörung des Rennrads – Stoffgleichheit vorliegt.

Das Rennrad war trotz der defekten Bremszüge ursprünglich betriebsfähig und bei rechtzeitiger Überprüfung hätte der Mangel entdeckt und wirtschaftlich zumutbar behoben werden können. Infolgedessen liegt keine Stoffgleichheit zwischen ursprünglichem Mangel und dem späteren Schaden vor, sodass nach h.M. eine Eigentumsverletzung seitens K gegeben ist.

b) Nach **anderer Ansicht**[7] sind bei Lieferung einer mangelhaften Sache die Sachmängelgewährleistungsvorschriften abschließend, da ansonsten die speziellen Verjährungsfristen, die der Gesetzgeber in § 438 für die Gewährleistungsrechte geschaffen habe, unterlaufen würden.

Danach scheidet eine Eigentumsverletzung wegen der ursprünglichen Mangelhaftigkeit des Rennrads aus.

c) Stellungnahme: Die Auffassung der h.M. verdient den Vorzug, da sie eine einzelfallbezogene Abgrenzung zwischen der vertraglichen und deliktischen Haftung nach deren jeweiligen Schutzbereichen vornimmt. Für den Geschädigten ist die Frage der deliktischen Haftung wegen der unterschiedlichen Verjährungsfristen vertraglicher Gewährleistungsansprüche (2 Jahre ab Ablieferung, § 438 Abs. 1 Nr. 3, Abs. 2) und deliktischer Ansprüche (3 Jahre, §§ 195, 199) unter Umständen sehr wichtig. Da die h.M. dem Geschädigten auch nur dann deliktische Ansprüche zugesteht, wenn eine genaue Prüfung des Einzelfalls ergeben hat, dass das Integritätsinteresse berührt ist, greift auch der Einwand, die h.M. unterlaufe die gesetzgeberische Wertung, nicht durch.

---

6 Vgl. i.E. AS-Skript Schuldrecht BT 4 Rn. 28 ff.
7 Grigoleit ZGS 2002, 78 ff.; Jauernig/Ch. Berger § 437 Rn. 36; Medicus/Petersen BR Rn. 650 b.

Infolgedessen ist durch die Zerstörung des Fahrrads eine Eigentumsverletzung seitens H gegeben.

2. Die Eigentumsverletzung muss **durch ein Verhalten, welches dem H zuzurechnen ist, verursacht worden sein.**

a) Als **Verhalten** des H kommt das Herstellen eines Fahrrades mit defekten Bremszügen – positives Tun – in Betracht oder das Unterlassen sicherzustellen, dass das von ihm hergestellte Fahrrad keine Gefahren für andere mit sich bringt. Die Abgrenzung erfolgt nach dem Schwerpunkt der Vorwerfbarkeit.

Einem Fahrradhersteller kann das Produzieren von Rennrädern nicht zum Vorwurf gemacht werden, da es zu seiner beruflichen Tätigkeit gehört. Ihm kann jedoch vorgeworfen werden, dass er es unterlassen hat sicherzustellen, dass von seinem Produkt keine Gefahren für andere ausgehen. Der Schwerpunkt der Vorwerfbarkeit liegt daher auf dem Unterlassen.

Ein Unterlassen ist nur tatbestandsmäßig, wenn eine Rechtspflicht zum Handeln besteht. Eine solche Rechtspflicht zum Handeln könnte sich für H aus den von der Rspr. entwickelten **herstellerspezifischen Verkehrssicherungspflichten** ergeben. Danach muss derjenige, der ein Produkt in den Verkehr bringt, dafür Sorge tragen, dass durch diese Sache niemand verletzt wird.

Der Produzent muss insbesondere bei der Herstellung dafür sorgen, dass alle möglichen und zumutbaren Sicherheitsvorkehrungen getroffen werden, damit kein fehlerhaftes Produkt in den Rechtsverkehr gelangt.

Produzent haftet für **Fabrikationsfehler** (mangelhafte Einzelexemplare eines Produkttyps), **Konstruktionsfehler** (unzureichende Entwicklung und Konstruktion), **Instruktionsfehler** (unvollständige Gebrauchsanweisungen, Warnungen, Montageanleitungen), **Produktbeobachtungsfehler** (unzureichende Beobachtung des Produkts bzgl. noch nicht bekannter schädlicher Eigenschaften)

H hat im Modell „Rasant" Bremszüge mit Materialfehlern eingebaut und damit die Pflicht zur ordnungsgemäßen Fabrikation verletzt (**Fabrikationsfehler**). Damit bestand für ihn eine Rechtspflicht zum Handeln, der er nicht nachgekommen ist, sodass sein Unterlassen tatbestandsmäßig ist.

b) Hätte H im Modell „Rasant" keine Bremszüge mit Materialfehlern eingebaut, wären die Bremszüge am Rad des K mit an Sicherheit grenzender Wahrscheinlichkeit nicht gerissen und K wäre nicht verletzt worden. Das Verhalten des H war somit **äquivalent kausal** für die Verletzung des K.

c) Es liegt auch nicht außerhalb der Lebenserfahrung, dass bei Verwendung schadhafter Bremszüge diese bei Belastung reißen und Personen durch den Unfall verletzt werden, sodass das Verhalten des H auch **adäquat kausal** für die Verletzung des K war.

d) Der erforderliche **Zurechnungszusammenhang** ergibt sich aus der bereits festgestellten Verkehrssicherungspflichtverletzung.

3. Die **Rechtswidrigkeit** ist indiziert und Rechtfertigungsgründe greifen zugunsten des H nicht ein.

4. H muss die Eigentumsverletzung des K **verschuldet**, also vorsätzlich oder fahrlässig gehandelt haben.

Nach den allgemeinen Beweislastregeln muss K als Anspruchsteller die anspruchsbegründenden Tatsachen darlegen und beweisen, also auch das Verschulden des Anspruchsgegners H. Für den Geschädigten ist es jedoch problematisch, den Organisations- und Verantwortungsbereich des Produktherstellers zu überschauen und nachzuweisen, ob der Produzent seinen Pflichten Genüge getan hat.

Die Rspr. hat daher zum Schutze des Verbrauchers die allgemeinen Beweislastgrundsätze im Bereich der Produzentenhaftung bzgl. des Verschuldens umgekehrt. Der Produzent muss nachweisen, dass ihn kein Verschulden trifft.

Bzgl. des vorliegenden Fabrikationsfehlers bedarf es somit keines Verschuldensnachweises durch K, sondern H muss sich entlasten. H hat jedoch seinerseits zur Entlastung nichts vorgetragen, sodass von seinem Verschulden auszugehen ist.

II. Als **Rechtsfolge** muss H dem K den aus der Eigentumsverletzung entstandenen Schaden gemäß §§ 249 ff. ersetzen.

Der Schaden des K besteht in der Zerstörung des Fahrrads abzüglich des Wertes der defekten Bremszüge. Diese waren von vornherein defekt und sind daher nicht durch die Eigentumsverletzung wertlos geworden, es handelt sich bei ihnen vielmehr um das reine Äquivalenzinteresse.

Das Rennrad hat einen Totalschaden erlitten, sodass eine Naturalrestitution gemäß § 249 ausscheidet. Stattdessen ist Schadenskompensation gemäß § 251 Abs. 1 Alt. 1 zu gewähren durch Zahlung des Wiederbeschaffungswertes des Fahrrades abzüglich des Wertes der defekten Bremszüge.

B. K könnte gegen H ein Anspruch auf Schadensersatz aus **§ 1 Abs. 1 S. 1 ProdHaftG** zustehen.

I. Das Gesetz ist gemäß § 16 i.V.m. § 19 ProdHaftG **anwendbar**.

II. Ferner müssen die Voraussetzungen des haftungsbegründenden Tatbestands vorliegen.

Die Zerstörung des Rennrads stellt eine **Sachbeschädigung** dar. Gemäß § 1 Abs. 1 S. 2 ProdHaftG muss jedoch eine **andere Sache als das fehlerhafte Produkt** beschädigt worden sein.

Fraglich ist, ob eine „andere Sache" als das fehlerhafte Produkt i.S.v. § 1 Abs. 1 S. 2 ProdHaftG beschädigt worden ist. Dies ist nur dann der Fall, wenn ausschließlich die Bremszüge das fehlerhafte Produkt sind und das „Rest-Fahrrad" eine andere Sache darstellt.

Man könnte in Betracht ziehen, für die Abgrenzung zwischen dem fehlerhaften Produkt und der anderen Sache i.S.v. § 1 Abs. 1 S. 2 ProdHaftG auf das für die Abgrenzung der vertraglichen und deliktischen Haftung bei § 823 Abs. 1 entwickelte Kriterium der Stoffgleichheit zurückzugreifen. Diese an der nationalen Rspr. orientierte Auslegung verbietet sich aber vor dem Hintergrund, dass es sich bei dem ProdHaftG um die Umsetzung einer europäischen Richtlinie handelt. Die Auslegung muss daher richtlinienkonform erfolgen.

Nach der Begründung zum ProdHaftG kommt es für die Frage, ob eine „andere Sache" vorliegt, auf die Verkehrsauffassung an. Nach der Verkehrsauffassung ist das „komplette Endprodukt", d.h. das gesamte Rennrad, als einheitliche Sache und als das vom Endprodukthersteller H hergestellte Produkt anzusehen, sodass bei der Zerstörung des Fahrrades keine „andere Sache" als das fehlerhafte Produkt beschädigt wird.

K steht kein Schadensersatzanspruch aus § 1 Abs. 1 S. 1 ProdHaftG gegen den H als Hersteller des Endprodukts „Rennrad" zu.

> **Modifizierung der allgemeinen Beweislastregeln bei der Produzentenhaftung:** Bei Fabrikations- und Konstruktionsfehlern muss der Schädiger nachweisen, dass kein objektiver Verstoß gegen die Verkehrssicherungspflicht und kein Verschulden gegeben ist; bei Instruktions- und Produktbeobachtungsfehlern besteht eine Beweislastumkehr nur bzgl. des Verschuldens.

> **Fall 5:   Eigentumsverletzung – Gebrauchsbeeinträchtigung**
> (BGHZ 55, 153 – Fleet-Fall)
>
> B ist Eigentümerin eines als Bundeswasserstraße eingetragenen Fleets (Kanal), das eine Mühle mit dem Hafen verbindet. Infolge eines Verschuldens der B stürzte die Böschung ein. Damit war das Fleet für Schiffe ca. ein Jahr unpassierbar. Dies hatte zur Folge, dass das dem K gehörende MS „Christel" während der Zeit der Sperrung des Fleets dieses nicht verlassen konnte und an der Verladestelle der Mühle festlag. Außerdem konnte K mit drei anderen Schuten nicht zur Mühle vorfahren, sodass er deren Ladung nicht rechtzeitig löschen und weiterveräußern konnte.
>
> K verlangt von B Schadensersatz dafür, dass die Schiffe nicht bestimmungsgemäß eingesetzt werden können. Zu Recht ?

A. K könnte ein Schadensersatzanspruch gegen B **wegen des *eingesperrten* Schiffes aus § 823 Abs. 1** zustehen.

I. Dazu müssen die **Voraussetzungen** des haftungsbegründenden Tatbestands gegeben sein.

1. Erforderlich ist zunächst eine **Rechts(gut)verletzung**.

a) Die eingeschränkte Nutzungsmöglichkeit des Schiffes könnte eine **Eigentumsverletzung** darstellen.

Voraussetzung für eine Eigentumsverletzung in Form einer Gebrauchsbeeinträchtigung ist eine **erhebliche Beeinträchtigung der bestimmungsgemäßen Verwendung**. Kriterien: Dauer, Anlass und Auswirkungen der Störung.

Eine Verletzung des Eigentums liegt nicht nur bei Eingriffen in die Sachsubstanz vor, sondern kann auch durch eine Beeinträchtigung der Eigentümerbefugnisse gegeben sein. Zu den Befugnissen des Eigentümers gehört gemäß § 903 insbesondere, die Sache nach Belieben zu benutzen. Demnach kann auch eine Gebrauchsbeeinträchtigung der Sache eine Eigentumsverletzung darstellen. Dazu muss jedoch eine nicht unerhebliche Beeinträchtigung der bestimmungsgemäßen Verwendung der Sache vorliegen; eine bloß vorübergehende Einschränkung der wirtschaftlichen Nutzungsmöglichkeit reicht nicht aus.

Das eingesperrte MS „Christel" hatte infolge der Sperrung des Kanals fast ein Jahr lang jegliche Bewegungsmöglichkeit verloren. Es konnte in diesem Zeitraum weder als Transport- noch als Fortbewegungsmittel eingesetzt werden, war somit seinem bestimmungsgemäßen Gebrauch vollständig entzogen, sodass diesbzgl. eine Eigentumsverletzung vorliegt.

b) Eine **Verletzung des Rechts am eingerichteten und ausgeübten Gewerbebetrieb** scheidet wegen der Subsidiarität dieses Rechts im Hinblick auf die bereits festgestellte Eigentumsverletzung aus.

2. Die Eigentumsverletzung muss **durch ein Verhalten der B** verursacht worden sein.

a) B hat es **unterlassen**, die Uferböschung ausreichend abzusichern.

Eine **Rechtspflicht zum Handeln** ergibt sich für B aus ihrer allgemeinen Verkehrssicherungspflicht, die Nutzer des Fleets vor den Einsturzgefahren der Uferböschung zu schützen. K hat den Fleet befugt genutzt, sodass die Verkehrssicherungspflicht auch ihm gegenüber bestand, und B hat ihre Verkehrssicherungspflicht verletzt, indem sie keine ausreichende Absicherung der Böschung vorgenommen hat.

Infolgedessen ist das Unterlassen der B tatbestandsmäßig.

b) Hätte B die Böschung abgesichert, wäre sie mit an Sicherheit grenzender Wahrscheinlichkeit nicht eingestürzt und die MS „Christel" wäre nicht für ein Jahr eingesperrt gewesen, sodass das Verhalten der B **äquivalent kausal** für die Eigentumsverletzung des K war.

c) Es liegt auch nicht außerhalb der Lebenserfahrung, dass nicht abgesicherte Böschungen einstürzen und infolgedessen Schiffe die Wasserstraße nicht passieren können, sodass das Verhalten der B auch **adäquat kausal** für die Eigentumsverletzung des K war.

d) Der erforderliche **Zurechnungszusammenhang** ergibt sich aus der bereits festgestellten Verkehrssicherungspflichtverletzung.

3. Die **Rechtswidrigkeit** ist indiziert und Rechtfertigungsgründe greifen zugunsten der B nicht ein.

4. B handelte auch **schuldhaft**.

II. Als **Rechtsfolge** muss B dem K sämtliche Schadenspositionen, die sich aus der Eigentumsverletzung ergeben, gemäß §§ 249 ff. ersetzen. Sollte dem K durch den Ausfall des Schiffes Gewinn entgangen sein, so ist dieser gemäß § 252 ersatzfähig.

B. K könnte ein Schadensersatzanspruch gegen B **wegen der *ausgesperrten* Schiffe aus § 823 Abs. 1** zustehen.

Dazu müssen die **Voraussetzungen** des haftungsbegründenden Tatbestands vorliegen.

I. Die Gebrauchsbeeinträchtigung der ausgesperrten Schiffe könnte eine **Eigentumsverletzung** darstellen.

Möglicherweise liegt auch bzgl. der ausgesperrten Schiffe eine erhebliche Beeinträchtigung des bestimmungsgemäßen Gebrauchs vor. Die ausgesperrten Schuten konnten wegen der Sperrung des Fleets ihre Ladung nicht bei der Mühle abliefern. Sie konnten jedoch ansonsten überallhin fahren. K konnte sie weiterhin einsetzen, um Aufträge zu erledigen. Die ausgesperrten Schiffe haben somit ihre Funktion als Transport- und Fortbewegungsmittel nicht vollständig verloren, sondern K war nur vorübergehend in der wirtschaftlichen Nutzungsmöglichkeit eingeschränkt. Infolgedessen liegt keine Eigentumsverletzung bzgl. der ausgesperrten Schuten vor.

II. Eine **Verletzung des eingerichteten und ausgeübten Gewerbebetriebs** ist mangels Betriebsbezogenheit des Eingriffs ebenfalls nicht gegeben.

Vgl. zum betriebsbezogenen Eingriff Fall 15

K steht daher bzgl. der ausgesperrten Schiffe kein Schadensersatzanspruch aus § 823 Abs. 1 zu.

> ### Fall 6: Eigentumsverletzung – Rechtliche Beeinträchtigung
>
> K leiht sich für den Sommerurlaub von seinem Freund F dessen Mountainbike aus. In der ersten Urlaubswoche musste K bereits mehrfach kleinere Reparaturarbeiten an dem Fahrrad vornehmen, da es sich nicht in einem einwandfreien Zustand befand. Als dann bei einem Ausflug ins Gelände auch noch der Hinterreifen platzte, war dem K endgültig die Lust auf weiteres Mountainbiken vergangen. Aus Verärgerung über den F veräußerte er das Rad (Wiederbeschaffungswert 500 €) für 300 € an den gutgläubigen B.
>
> Als F den K nach dessen Rückkehr aus dem Urlaub um Rückgabe des Mountainbikes bittet, klärt dieser ihn über die Geschehnisse auf.
>
> F verlangt von K und B Schadensersatz aus § 823 Abs. 1.

A. F könnte ein Schadensersatzanspruch gegen **K *wegen der Veräußerung des Mountainbikes* aus § 823 Abs. 1** zustehen.

I. Dazu müssen die **Voraussetzungen** des haftungsbegründenden Tatbestands vorliegen.

1. Als Rechtsverletzung kommt eine **Verletzung des Eigentums** in Betracht.

Eigentumsverletzungen sind Einwirkungen auf die Sache, die den Eigentümer daran hindern, mit ihr seinem Wunsch entsprechend zu verfahren, vgl. § 903. Infolgedessen kann das Eigentum auch durch eine **Veränderung der rechtlichen Zuordnung** verletzt werden.

Dem F könnte sein Eigentum an dem Mountainbike durch gutgläubigen Erwerb seitens des B gemäß §§ 929, 932 entzogen worden sein.

K und B haben sich über den Übergang des Eigentums geeinigt, das Fahrrad ist an B übergeben worden und zu diesem Zeitpunkt bestand weiterhin Einigkeit zwischen K und B über den Eigentumsübergang. Zwar war K zur Eigentumsübertragung nicht berechtigt, jedoch war B laut Sachverhalt gutgläubig i.S.v. § 932, sodass die Voraussetzungen der §§ 929, 932 erfüllt sind.

Der gutgläubige Erwerb könnte gemäß § 935 Abs. 1 ausgeschlossen sein. Dazu muss dem F das Mountainbike abhandengekommen sein, d.h. er muss den unmittelbaren Besitz ohne seinen Willen verloren haben. F hat den unmittelbaren Besitz jedoch willentlich auf den K übertragen, sodass das Fahrrad nicht abhandengekommen ist und somit § 935 Abs. 1 nicht einschlägig ist.

Folglich hat B das Eigentum an dem Rad gutgläubig gemäß §§ 929, 932 erworben, sodass aufseiten des F eine Eigentumsverletzung gegeben ist.

2. Die Eigentumsverletzung muss **durch ein Verhalten** des K verursacht worden sein.

a) K hat das Mountainbike an B veräußert.

b) Hätte K das Mountainbike nicht an B veräußert, hätte F sein Eigentum nicht verloren, sodass **Kausalität i.S.d. Äquivalenztheorie** gegeben ist.

c) Es liegt auch nicht außerhalb der Lebenserfahrung, dass bei Weiterveräußerung eines Mountainbikes der bisherige Eigentümer sein Eigentum durch gutgläubigen Erwerb des Erwerbers verliert. Infolgedessen ist das Verhalten des K auch **adäquat kausal** für die Eigentumsverletzung des F.

d) Der erforderliche **Zurechnungszusammenhang** ergibt sich aus dem Leihvertrag, der zwischen F und K besteht.

3. Die **Rechtswidrigkeit** ist indiziert und Rechtfertigungsgründe greifen zugunsten des K nicht ein.

4. K wusste, dass das Mountainbike dem F gehörte und dass dieser mit einer Weiterveräußerung nicht einverstanden ist, als er es dem B zum Zwecke der Eigentumsverschaffung übergab. Er handelte somit vorsätzlich und daher **schuldhaft**.

II. Als **Rechtsfolge** muss K dem F gemäß §§ 249 ff. den durch die Eigentumsverletzung entstandenen Schaden ersetzen. D.h. er muss ihm den Wiederbeschaffungswert i.H.v. 500 € zahlen.

B. F könnte ein Schadensersatzanspruch gegen **B *wegen des Erwerbs des Mountainbikes* aus § 823 Abs. 1** zustehen.

Dazu müssen die **Voraussetzungen des haftungsbegründenden Tatbestands** vorliegen.

I. Durch die Weiterveräußerung des Mountainbikes von K an B liegt aufseiten des F eine Eigentumsverletzung vor (s.o.).

II. Hätte B das Fahrrad nicht von K erworben, wäre es nicht zu der Eigentumsverletzung seitens F gekommen. Folglich war das Verhalten des B äquivalent und adäquat kausal für die Eigentumsverletzung des F.

III. Die Verwirklichung des Tatbestands indiziert grundsätzlich die **Rechtswidrigkeit**.

Das Verhalten des B – der gutgläubige Erwerb des Eigentums – wird jedoch von der Rechtsordnung gemäß §§ 932 ff. gebilligt. Wäre der gutgläubige Dritte dem ursprünglichen Eigentümer gegenüber schadensersatzpflichtig, so müsste er das erworbene Eigentum zurückübertragen. Dies würde die Wertung des Gesetzgebers zum gutgläubigen Erwerb unterlaufen. Daher handelt der gutgläubige Dritte nicht rechtswidrig.

§ 823 Abs. 1 wird durch die Wertung der §§ 932 ff. eingeschränkt: Ein von der Rechtsordnung gebilligter Eigentumserwerb kann nicht rechtswidrig sein.

F kann somit von B keinen Schadensersatz wegen des Erwerbs des Mountainbikes gemäß § 823 Abs. 1 verlangen.

Fall 7: Eigentumsverletzung – ideelle Immissionen
(BGHZ 95, 307)

K ist Eigentümer eines mit einem Einfamilienreihenhaus bebauten Grundstücks. Das Nachbargrundstück hat der Eigentümer B an die Eheleute T vermietet. Nach der Behauptung des K betreibt Frau T in dem Haus mit Billigung oder Duldung des B ein Bordell. K sieht dadurch seine minderjährige Tochter und die minderjährigen Kinder weiterer Nachbarn sittlich gefährdet und den Wert seines Hausgrundstücks gemindert. K verlangt von B die Beseitigung des Bordells.

Steht K ein solcher Anspruch aus § 823 Abs. 1 zu ?

K könnte gegen B ein Anspruch auf Beseitigung des Bordells **aus § 823 Abs. 1** zustehen.

Dazu müssen die **Voraussetzungen** des haftungsbegründenden Tatbestands vorliegen.

I. Durch das Betreiben des Bordells in der Nachbarschaft könnte das **Eigentum** des K an seinem Grundstück verletzt sein.

Eigentumsverletzungen sind Einwirkungen auf die Sache, die den Eigentümer daran hindern, mit ihr seinem Wunsch entsprechend zu verfahren, vgl. § 903. Infolgedessen kann das Eigentum auch durch **Immissionen** verletzt werden. Dies ist z.B. unstreitig bei Immissionen i.S.v. § 906, die der Eigentümer nicht zu dulden braucht.

Das Grundstück des K wird jedoch nicht durch die Zuführung unwägbarer Stoffe i.S.v. § 906 beeinträchtigt, sondern K sieht den Wert seines Grundstücks durch das in der Nachbarschaft betriebene Bordell beeinträchtigt.

Es ist umstritten, ob auch solche **ideellen Immissionen** eine Eigentumsverletzung darstellen.

1. Die **überwiegende Ansicht** lehnt eine Eigentumsverletzung in derartigen Fällen ab, da das Grundstück selbst durch diese ideellen Immissionen nicht beeinträchtigt wird. Die Anerkennung der ideellen Immissionen als Eigentumsverletzung würde zudem zu einer uferlosen und damit unvertretbaren Ausweitung der Norm führen.[8]

Somit ist nach h.M. keine Eigentumsverletzung des K gegeben.

2. Die **Gegenauffassung** bejaht dagegen bei ideellen Immissionen eine Eigentumsverletzung, da auch durch diese in die Gebrauchsfähigkeit der Sache eingegriffen werde.[9]

Folglich liegt nach dieser Ansicht eine Eigentumsverletzung vor.

3. Stellungnahme: Ideelle Immissionen als Eigentumsverletzung i.S.v. § 823 Abs. 1 einzuordnen, widerspricht der gesetzgeberischen Wertung. Geschütztes Recht in § 823 Abs. 1 ist lediglich das Eigentum, nicht das Vermögen als solches. Ideelle Immissionen, wie das Bordell in der Nachbarschaft, mögen den Wert des Grundstücks nachteilig beeinflussen, dies be-

---

8 BGHZ 95, 307, 309; Palandt/Herrler § 903 Rn. 10.
9 Jauernig/Teichmann § 823 Rn. 9.

trifft jedoch nur das Vermögen des Betroffenen. Das Grundstück selbst wird durch die ideelle Immission nicht beeinträchtigt. Daher ist eine Eigentumsverletzung nicht gegeben.

II. Das Betreiben des Bordells in der Nachbarschaft könnte eine **Verletzung des allgemeinen Persönlichkeitsrechts** des K darstellen.

Das allgemeine Persönlichkeitsrecht ist nach ständiger Rechtsprechung ein sonstiges Recht i.S.d. § 823 Abs. 1.

B muss jedoch **unmittelbar** in das allgemeine Persönlichkeitsrecht des K eingegriffen haben. Das Sittlichkeitsempfinden des K mag durch das im Nachbarhaus betriebene Bordell verletzt sein, die Prostitutionsausübung richtet sich jedoch nicht unmittelbar gegen den K.

Daher scheidet auch eine Verletzung des allgemeinen Persönlichkeitsrechts des K aus.

Demzufolge steht K gegen B kein Anspruch auf Beseitigung des Bordells aus § 823 Abs. 1 zu.

Fall 8: Sonstige Rechte – Besitzverletzung

E leiht sich von seinem Freund F dessen Stereoanlage für eine Party aus. Während der Feier spricht Gast G reichlich dem Alkohol zu. Zu später Stunde rutscht dem mittlerweile völlig betrunkenen G sein Bierglas aus der Hand und der Inhalt ergießt sich in die Stereoanlage, die dadurch beschädigt wird. E lässt die Anlage für 200 € reparieren.

Steht dem E gegen den G ein Anspruch aus § 823 Abs. 1 auf Ersatz der Reparaturkosten wegen der Beschädigung der Stereoanlage zu?

E könnte gegen G ein Anspruch auf Ersatz der Reparaturkosten i.H.v. 200 € wegen der Beschädigung der Stereoanlage **aus § 823 Abs. 1** zustehen.

I. Dazu müssen die **Voraussetzungen** des haftungsbegründenden Tatbestands vorliegen.

1. Erforderlich ist zunächst eine **Rechts- oder Rechtsgutverletzung**.

a) Eine Eigentumsverletzung scheidet aus, da nicht E, sondern F Eigentümer der Stereoanlage ist.

b) Es könnte jedoch der **Besitz als sonstiges Recht** verletzt sein.

Fraglich ist, ob der Besitz ein sonstiges Recht i.S.v. § 823 Abs. 1 darstellt.

Leben, Körper, Gesundheit und Freiheit sind **Rechtsgüter**. Das einzige in § 823 Abs. 1 genannte **Recht** ist das Eigentum.

Sonstige Rechte müssen mit dem einzigen in § 823 Abs. 1 genannten Recht – dem Eigentum – vergleichbar sein. Das Eigentum ist gemäß § 903 ein absolutes Recht und weist Nutzungs- und Abwehrrechte auf. Infolgedessen müssen auch die sonstigen Rechte gegen jedermann gerichtet (absolut) sein und in gewissem Umfang mit Nutzungs- und Abwehrrechten verbunden sein.

Besitz ist die Ausübung der tatsächlichen Sachherrschaft, vgl. § 854. Folglich ist der Besitz kein Recht, sondern nur ein tatsächliches Verhältnis, er wird jedoch – wie ein Recht – von der Rechtsordnung durch spezielle Regeln geschützt.

Dem Besitzer stehen gemäß §§ 859 ff. Abwehrrechte zu und der rechtmäßige Besitzer hat zudem aufgrund seines Besitzrechts in gewissem Umfang Nutzungsrechte. Daher ist der berechtigte Besitz mit dem Eigentum vergleichbar und folglich allgemein als sonstiges Recht anerkannt.

E ist aufgrund des Leihvertrags mit F unmittelbarer, berechtigter Besitzer und die Stereoanlage – der Besitzgegenstand – ist beschädigt worden. Demzufolge ist eine Besitzverletzung gegeben und es liegt die Verletzung eines sonstigen Rechts i.S.v. § 823 Abs. 1 vor.

2. G hat durch das Verschütten des Bieres die Besitzverletzung auch äquivalent und adäquat kausal verursacht, sodass der Tatbestand des § 823 Abs. 1 verwirklicht ist.

3. Die **Rechtswidrigkeit** ist durch die Verwirklichung des Tatbestands indiziert und Rechtfertigungsgründe greifen zugunsten des G nicht ein.

4. G muss **schuldhaft** gehandelt haben und muss dazu **schuldfähig** gewesen sein, was angesichts seiner Volltrunkenheit bedenklich erscheint.

a) Gemäß § 827 S. 1 entfällt die Schuldfähigkeit, wenn sich jemand im Moment des schädigenden Ereignisses in einem die freie Willensbestimmung ausschließenden Zustand befunden hat.

G befand sich infolge starken Alkoholgenusses mittlerweile in einem solchen Zustand und war daher gemäß § 827 S. 1 schuldunfähig.

b) Wenn sich der Schädiger jedoch durch geistige Getränke in einen vorübergehenden Zustand dieser Art versetzt, so haftet er **gemäß § 827 S. 2**, wie wenn ihm Fahrlässigkeit zur Last fiele, es sei denn, er ist ohne Verschulden in diesen Zustand geraten.

G hat während der Feier kräftig dem Alkohol zugesprochen und sich daher selber durch geistige Getränke vorübergehend in einen die freie Willensbestimmung ausschließenden Zustand versetzt. Er ist daher so zu behandeln, als ob ihm Fahrlässigkeit zur Last fiele.

G hat demnach schuldhaft gehandelt.

II. Als **Rechtsfolge** muss G dem E gemäß §§ 249 ff. den durch die Besitzverletzung entstandenen Schaden ersetzen.

Fraglich ist, was der spezifische, durch die Besitzverletzung entstandene Schaden ist.

Grundsätzlich muss der Schädiger bei einer Besitzverletzung dem Besitzer nur die entgangenen Nutzungen (sogenannter **Nutzungsschaden**) ersetzen. Ersatz für die Beschädigung an der Sachsubstanz (sogenannter **Substanzschaden**) kann der Besitzer nicht verlangen, da er für eine ihm nicht zurechenbare Beschädigung der Sache im Verhältnis zum Eigentümer nicht verantwortlich ist.

Nur wenn der Besitzer dem Eigentümer gegenüber auch für eine Beschädigung der Sache durch Dritte verantwortlich ist, kann der Besitzer vom Schädiger ausnahmsweise Ersatz des Substanzschadens verlangen. Eine derartige Verantwortlichkeit des Besitzers für die Sachsubstanz kann sich zum einen aus einer vertraglichen Abrede mit dem Eigentümer ergeben (sogenannter **Haftungsschaden**), zum anderen kann der Besitzer gegenüber dem Eigentümer aufgrund der Gefahrtragungsregeln für die Sachsubstanz verantwortlich sein (sogenannter **Erfüllungsschaden**).

Die von F begehrten Reparaturkosten i.H.v. 200 € sind der für die Wiederherstellung der Sache erforderliche Geldbetrag i.S.v. § 249 Abs. 2 S. 1. Es handelt sich dabei also um einen Substanzschaden, den der Schädiger dem Besitzer grundsätzlich nicht ersetzen muss.

Eine Ausnahme dahingehend, dass E gegenüber F zur Reparatur der von G beschädigten Anlage verpflichtet gewesen ist, liegt ebenfalls nicht vor. Damit sind die Reparaturkosten kein für E ersatzfähiger Schaden.

Infolgedessen steht E gegen G kein Anspruch auf Ersatz der Reparaturkosten i.H.v. 200 € aus § 823 Abs. 1 zu.

Beachte:
Auf § 827 S. 2 darf in einer Klausur erst eingegangen werden, nachdem man die Schuldunfähigkeit gemäß § 827 S. 1 festgestellt hat.

Allerdings kann F von G gemäß § 823 Abs. 1 wegen der Eigentumsverletzung Schadensersatz in Höhe der Reparaturkosten verlangen.

Abwandlung:

Wie ist zu entscheiden, wenn E und F vereinbart haben, dass E die Anlage auf jeden Fall in ordnungsgemäßem Zustand zurückgeben muss – auch wenn Dritte für die Beschädigung der Anlage verantwortlich sind?

E könnte gegen den G ein Anspruch auf Ersatz der Reparaturkosten i.H.v. 200 € wegen der Beschädigung der Stereoanlage **aus § 823 Abs. 1** zustehen.

I. Die **Voraussetzungen** des haftungsbegründenden Tatbestands liegen vor (s.o.).

II. Als **Rechtsfolge** muss G dem E gemäß §§ 249 ff. den durch die Besitzverletzung entstandenen Schaden ersetzen.

Bei den von F begehrten Reparaturkosten i.H.v. 200 € (Wiederherstellungskosten i.S.v. § 249 Abs. 2 S. 1) handelt es sich um einen dem Besitzer grundsätzlich nicht zu ersetzenden Substanzschaden.

Jetzt liegt jedoch eine Ausnahme dahingehend vor, dass E gegenüber F zur Reparatur der von G beschädigten Anlage aufgrund ihrer Vereinbarung in dem Leihvertrag verpflichtet gewesen ist (sogenannter **Haftungsschaden**). Damit sind die Reparaturkosten ausnahmsweise ein für den Besitzer E ersatzfähiger Schaden.

Folglich steht E gegen G ein Anspruch auf Ersatz der Reparaturkosten i.H.v. 200 € aus § 823 Abs. 1 zu.

Fall 9:   Sonstige Rechte – Besitzverletzung – rechtswidriger Besitz

Tourist T mietet sich zur Erkundung der Umgebung der Stadt M bei R ein Fahrrad. Dieses Fahrrad hat R von D erworben, der ihm versichert hat, es handele sich um das Fahrrad seiner verstorbenen Oma, die er beerbt habe. In Wahrheit hat D das Rad dem E gestohlen.

T wird bei seiner Erkundungstour von K, der ebenfalls mit dem Rad unterwegs war, angefahren. Bei dem allein von K verschuldeten Unfall wird das von T gefahrene Rad erheblich beschädigt.

Steht T gegen K ein Anspruch aus § 823 Abs. 1 wegen der Beschädigung des Fahrrads zu?

T könnte gegen K ein Anspruch wegen der Beschädigung des Fahrrads **aus § 823 Abs. 1** zustehen.

Dazu müssen die **Voraussetzungen** des haftungsbegründenden Tatbestands gegeben sein.

I. Eine **Verletzung des Eigentums** scheidet aus, da T im Rahmen des Mietvertrags kein Eigentum erlangt, sondern lediglich den unmittelbaren Besitz erhält.

II. Es könnte jedoch der **Besitz als sonstiges Recht** verletzt sein.

Dazu muss der Besitz ein sonstiges Recht i.S.v. § 823 Abs. 1 darstellen.

Sonstige Rechte müssen mit dem einzigen in § 823 Abs. 1 genannten Recht – dem Eigentum – vergleichbar sein. Daher müssen die sonstigen Rechte – wie das Eigentum – gegen jedermann gerichtet (absolut) sein und in gewissem Umfang mit Nutzungs- und Abwehrrechten verbunden sein.

1. Dem Besitzer stehen gemäß §§ 859 ff. Abwehrrechte zu und der rechtmäßige Besitzer hat zudem aufgrund seines Besitzrechts in gewissem Umfang Nutzungsrechte. Daher ist der **berechtigte Besitz** mit dem Eigentum vergleichbar und daher allgemein als sonstiges Recht anerkannt.

Fraglich ist, ob T rechtmäßiger Besitzer ist. Er hat den unmittelbaren Besitz an dem Fahrrad aufgrund des Mietvertrags mit R erlangt. Damit ist er an sich zum Gebrauch und Besitz der Mietsache berechtigt.

R müsste jedoch auch befugt gewesen sein, dem T ein solches Recht einzuräumen. Ein solches Recht besteht für R auf jeden Fall, wenn er Eigentümer des Fahrrads ist.

Er könnte das Eigentum von D gemäß § 929 S. 1 erworben haben. Die dafür erforderliche Einigung und Übergabe sind zwischen D und R erfolgt. Jedoch war D nicht zur Eigentumsübertragung berechtigt, sodass ein Eigentumserwerb gemäß § 929 S. 1 ausscheidet.

In Betracht kommt ein gutgläubiger Erwerb des R gemäß §§ 929, 932. Das Fahrrad ist jedoch dem Eigentümer E von D gestohlen worden, sodass die Sache dem E abhandengekommen und ein gutgläubiger Erwerb gemäß § 935 Abs. 1 ausgeschlossen ist.

R war daher nicht Eigentümer des Fahrrads und folglich nicht aufgrund einer Eigentümerstellung berechtigt, dem T den Besitz des Fahrrads einzuräumen. Eine sonstige Befugnis des R, das Fahrrad zu vermieten – z.B. aufgrund einer Erlaubnis des Eigentümers E – liegt ebenfalls nicht vor. Demzufolge war R nicht berechtigt, dem T den Besitz an dem Rad zu verschaffen, und T ist somit zum Besitz des Fahrrads nicht berechtigt.

2. Ob auch der **rechtswidrige Besitz** ein sonstiges Recht i.S.v. § 823 Abs. 1 darstellt, ist umstritten.

a) Nach der **h.M.** ist der **rechtswidrige Besitz nicht als sonstiges Recht geschützt**.[10] Der rechtswidrige Besitzer habe zwar Abwehrrechte gemäß §§ 859 ff., sei jedoch **nicht zur Nutzung berechtigt**. Damit fehle es an der erforderlichen Vergleichbarkeit mit dem Eigentum.

Demzufolge hat T als rechtswidriger Besitzer keine über § 823 Abs. 1 geschützte Rechtsposition.

b) Nach a.A. ist neben dem rechtmäßigen Besitz auch der **rechtswidrige, gutgläubige, entgeltliche, unverklagte Besitz** geschützt.[11] Dieser rechtswidrige Besitzer dürfe gemäß §§ 987, 988, 990, 993 Abs. 1 a.E. gezogene Nutzungen behalten. Daher stehe ihm neben seinem Abwehrrecht auch ein Nutzungsrecht zu, sodass eine Vergleichbarkeit mit dem Eigentum gegeben sei.

T besitzt das Fahrrad zwar rechtswidrig, jedoch ist er gutgläubig und unverklagt; zudem besitzt er wegen der entrichteten Miete entgeltlich. Demnach hat T nach dieser Auffassung eine durch § 823 Abs. 1 geschützte Rechtsstellung in Form eines sonstigen Rechts.

c) Stellungnahme: Gegen die zuletzt genannte Ansicht spricht, dass die §§ 987 ff. keine Aussage über ein Nutzungsrecht des Besitzers treffen, sondern dem rechtswidrigen, gutgläubigen, entgeltlichen, unverklagten Besitzer wegen seiner Schutzwürdigkeit die bereits gezogenen Nutzungen zuweisen. Die Wertung der EBV-Vorschriften erfolgt im Nachhinein, also nachdem die Nutzung geschehen ist; die §§ 987 ff. treffen aber keine Regelung dahingehend, dass dem rechtswidrigen Besitzer ein Recht zur Nutzung zusteht. Daher ist der rechtswidrige Besitz mangels Nutzungsrechts nicht mit dem Eigentum vergleichbar und somit kein sonstiges Recht.

T steht daher gegen K kein Schadensersatzanspruch aus § 823 Abs. 1 wegen der Beschädigung des Fahrrads zu.

---

10   Hk-BGB/Staudinger § 823 Rn. 34 m.w.N.
11   Medicus/Petersen BR Rn. 307.

Fall 10: Sonstige Rechte – räumlich-gegenständlicher Ehebereich
(nach BGHZ 6, 360)

F ist mit dem Fabrikanten M verheiratet. Aus der Ehe ist eine jetzt 9 Jahre alte Tochter hervorgegangen. M unterhält seit mehreren Jahren ein ehebrecherisches Verhältnis mit der B.

Seit Juli 2019 lebte die F von ihrem Ehemann getrennt in der ehelichen Wohnung zusammen mit ihrer Tochter, führte aber zunächst den gemeinschaftlichen Haushalt weiter. Im November 2019 zog die B in die eheliche Wohnung und benutzte dort ab Januar 2020 zusammen mit dem M ein gemeinschaftliches Zimmer, während die F mit der Tochter im ehelichen Schlafzimmer verblieb und nunmehr einen getrennten Haushalt führte. Die übrigen Räume in der Wohnung wurden gemeinsam benutzt.

Hat F gegen B einen Anspruch auf Verlassen der Ehewohnung und Unterlassen des Zusammenlebens mit M in der ehelichen Wohnung?

A. Anspruch auf Verlassen der Ehewohnung

I. Ein Anspruch der F gegen die B auf Verlassen der ehelichen Wohnung aus **§ 1353 Abs. 1 S. 2** scheidet aus, da M zwar eine schwere Verletzung seiner Verpflichtung zur ehelichen Lebensgemeinschaft – hier Treuepflicht – begangen hat, F daraus aber keine Ansprüche gegen die Ehestörerin B herleiten kann.

II. F könnte gegen die B ein Anspruch auf Verlassen der ehelichen Wohnung aus **§ 823 Abs. 1** zustehen.

1. Dazu müssen die **Voraussetzungen** des haftungsbegründenden Tatbestands gegeben sein.

a) Als Rechtsverletzung kommt die Verletzung eines **sonstigen Rechts** in Betracht.

aa) Die **Ehe** als solches stellt mangels Vergleichbarkeit mit dem Eigentum nach ganz überwiegender Auffassung kein sonstiges Recht i.S.v. § 823 Abs. 1 dar. Das Familienrecht beinhaltet eine ausreichende und auch abschließende Regelung für den Schutz der Ehe.

bb) Es ist jedoch das Recht jedes Ehegatten auf **Schutz des räumlich-gegenständlichen Ehebereichs** (z.B. die gemeinsame Ehewohnung) als sonstiges Recht i.S.v. § 823 Abs. 1 anerkannt.

b) B hat durch das Zusammenleben mit M in der ehelichen Wohnung den räumlich-gegenständlichen Ehebereich äquivalent und adäquat kausal verletzt.

c) Die Rechtswidrigkeit ist durch die Verwirklichung des Tatbestands indiziert und Rechtfertigungsgründe greifen zugunsten der B nicht ein.

d) B hat bewusst und gewollt den räumlich-gegenständlichen Ehebereich durch ihr Zusammenleben mit M innerhalb der Ehewohnung beeinträchtigt. Sie handelte folglich vorsätzlich und daher schuldhaft.

2. Als **Rechtsfolge** muss B der F den entstandenen Schaden gemäß §§ 249 ff. ersetzen. Die gemäß § 249 Abs. 1 geschuldete Naturalrestitution ist auf

Nach a.A. ist die Ehe als solches ein sonstiges Recht. Schadensersatzansprüche des Geschädigten sind dann jedoch auf das sogenannte Abwicklungsinteresse beschränkt.

Herstellung des Zustands gerichtet, der ohne das schädigende Ereignis bestünde. Diesen Zustand kann B durch Verlassen der ehelichen Wohnung herbeiführen.

Demnach ergibt sich ein Anspruch der F gegen B auf Verlassen der ehelichen Wohnung aus § 823 Abs. 1.

III. F könnte gegen B ein Anspruch auf Verlassen der Ehewohnung **analog § 1004 Abs. 1 S. 1** *(quasinegatorischer Beseitigungsanspruch)* zustehen.

Bei analoger Anwendung des § 1004 muss der Anspruch in der Klausur **nach** § 823 Abs. 1 geprüft werden.

1. Dazu müssen die **Voraussetzungen** des haftungsbegründenden Tatbestands gegeben sein.

a) Erforderlich ist eine **Recht- oder Rechtsgutverletzung**.

§ 1004 setzt eine Eigentumsverletzung voraus, die im vorliegenden Fall nicht gegeben ist. Die Regelung wird jedoch nach ganz h.M. auf alle deliktisch geschützten Rechtspositionen analog angewandt, um rechtliche Lücken des Deliktsschutzes zu schließen. Hier liegt eine Verletzung des deliktisch geschützten räumlich-gegenständlichen Ehebereichs vor.

b) B ist Störerin i.S.v. § 1004.

c) Für F besteht keine Duldungspflicht aus § 1004 Abs. 2.

2. Als **Rechtsfolge** muss B die Störungsursache beseitigen – also die Ehewohnung verlassen.

Daher ergibt sich aus § 1004 Abs. 1 S. 1 analog ebenfalls ein Anspruch für F gegen B auf Verlassen der Wohnung.

B. Anspruch auf Unterlassen des Zusammenlebens in der ehelichen Wohnung

I. F könnte gegen die B ein Anspruch auf Unterlassen des Zusammenlebens in der ehelichen Wohnung **aus § 823 Abs. 1** zustehen.

1. Die **Voraussetzungen** des § 823 Abs. 1 liegen vor.

2. § 823 Abs. 1 gewährt als **Rechtsfolge** einen Anspruch auf Ersatz bereits entstandener Schäden, enthält jedoch keinen Unterlassungsanspruch.

II. F könnte gegen die B ein Anspruch auf Unterlassen des Zusammenlebens in der ehelichen Wohnung **analog § 1004 Abs. 1 S. 2** *(quasinegatorischer Unterlassungsanspruch)* zustehen.

1. Dazu müssen die **Voraussetzungen** des haftungsbegründenden Tatbestands vorliegen.

Eine Verletzung des räumlich-gegenständlichen Ehebereichs ist gegeben; B ist Störerin; die erforderliche Wiederholungsgefahr ergibt sich aus der bereits erfolgten Verletzung und für F besteht keine Duldungspflicht aus § 1004 Abs. 2.

2. Als **Rechtsfolge** kann F von B das Unterlassen des Zusammenlebens mit B in der ehelichen Wohnung verlangen.

F steht daher analog § 1004 Abs. 1 S. 2 gegen B ein Anspruch auf Unterlassen des Zusammenlebens mit M in der ehelichen Wohnung zu.

Fall 11: Rahmenrechte – Allgemeines Persönlichkeitsrecht/ eingerichteter und ausgeübter Gewerbebetrieb
(nach BGH NJW 2005, 592 = RÜ 2005, 191)

K betreibt eine gynäkologische Praxis, in der er unter Beachtung der gesetzlichen Bestimmungen Schwangerschaftsabbrüche durchführte. Im April 2019 ging B an mehreren Tagen vor der Praxis mit einem Sandwich-Plakat auf und ab, auf dem sich vorn die Aufschrift: *„Abtreibung tötet ungeborene Kinder"* und auf der Rückseite *„Du sollst nicht töten. Gilt auch für Ärzte"* befand. Außerdem verteilte er Flugblätter, die einen Aufruf zur Hilfe im Kampf gegen die straflose Tötung ungeborener Kinder enthielten. Ferner sprach B Passanten, darunter Frauen, die er für Patientinnen des K hielt, vor dessen Praxis direkt an. Er verwickelte sie in Gespräche über das Thema Abtreibung, in deren Verlauf er darauf hinwies, dass in der Praxis Abtreibungen vorgenommen würden.

In den folgenden Tagen und Wochen sagten ungewöhnlich viele Patientinnen ihre Termine bei K ab. Auf Nachfrage erklärten die Frauen, dass die Aktion des B sie dazu veranlasst habe, den Arzt zu wechseln. Wegen der vielen kurzfristigen Absagen erlitt K im April und Mai 2019 deutliche Verdiensteinbußen.

K verlangt von B Schadensersatz für den im April und Mai 2019 erlittenen Verdienstausfall. Zu Recht?

K könnte gegen B ein Schadensersatzanspruch aus **§ 823 Abs. 1** wegen des Verdienstausfalls zustehen.

I. Dazu müssen die **Voraussetzungen** des haftungsbegründenden Tatbestands vorliegen.

1. Erforderlich ist zunächst eine **Rechts- oder Rechtsgutverletzung**.

a) In Betracht kommt eine **rechtswidrige Verletzung des allgemeinen Persönlichkeitsrechts** des K.

aa) Das allgemeine Persönlichkeitsrecht muss im Rahmen des § 823 Abs. 1 überhaupt **anwendbar** sein.

Das allgemeine Persönlichkeitsrecht ist in der Rspr. als ein durch Art. 2 Abs. 1 i.V.m. Art. 1 Abs. 1 GG verfassungsmäßig garantiertes Grundrecht und zugleich zivilrechtlich nach § 823 Abs. 1 geschütztes *„sonstiges Recht"* anerkannt.[12] Es handelt sich jedoch um einen **Auffangtatbestand**, d.h. soweit speziellere Normen die Rechte wegen Verletzung des allgemeinen Persönlichkeitsrechts abschließend regeln, scheidet ein Anspruch aus § 823 Abs. 1 daneben aus.

Sonderregeln für den hier betroffenen Bereich des Persönlichkeitsrechts sind nicht vorhanden, sodass § 823 Abs. 1 wegen Verletzung des allgemeinen Persönlichkeitsrechts anwendbar ist.

bb) B muss **in das Persönlichkeitsrecht** des K **eingegriffen** haben.

Aufbau beim APR:
I. Anwendbarkeit
II. Eingriff in den Schutzbereich
III. Rechtswidrigkeit (positiv feststellen)
IV. Verschulden

---

12 St.Rspr. seit BGHZ 13, 334.

25

Das allgemeine Persönlichkeitsrecht gewährleistet gegenüber jedermann den Schutz der Menschenwürde und das Recht auf freie Entfaltung der Persönlichkeit. Bei natürlichen Personen wird u.a. die sogenannte **Individualsphäre** (Sozialsphäre) geschützt, die das Selbstbestimmungsrecht und die Ausstrahlung der Persönlichkeit des Einzelnen in seinem öffentlichen, wirtschaftlichen und beruflichen Wirken erfasst.[13]

B wollte mit seiner Aktion Patientinnen des K von einem Besuch dieser Praxis abhalten. Das Geschehen berührt daher den beruflichen Wirkungskreis des K und stellt somit einen Eingriff in die Individualsphäre des K dar.

cc) Der Eingriff in das allgemeine Persönlichkeitsrecht muss **rechtswidrig** gewesen sein.

Rahmenrechte sind Rechtspositionen, die von der Rechtsordnung anerkannt und geschützt werden, bei denen aber nicht jeder Eingriff missbilligt wird.

Beim allgemeinen Persönlichkeitsrecht ist die Rechtswidrigkeit nicht durch die Verletzung indiziert. Es handelt sich um ein sogenanntes **Rahmenrecht**, bei dem die rechtswidrige Verletzung anhand des zu beurteilenden Einzelfalls aufgrund einer **umfassenden Güter- und Interessenabwägung** positiv festzustellen ist.

Aufseiten des Verletzers müssen der von ihm verfolgte Zweck, das verwandte Mittel und seine Grundrechte in Betracht gezogen werden. Beim Verletzten müssen die Schwere des Eingriffs und der Folgen sowie der Anlass der Verletzung berücksichtigt werden.

Diese Interessenabwägung stellt in Klausuren häufig den Schwerpunkt dar. Daher sorgfältig abwägen!

(1) Das Verhalten des B berührt K in seiner Individualsphäre. Der Persönlichkeitsschutz der beruflichen Betätigung reicht zwar keineswegs so weit wie der Schutz des privaten Bereichs im engeren Sinne, doch sind bei schwerwiegenden Auswirkungen auch Eingriffe in die Sozialsphäre unzulässig.

B hat versucht, die Patientinnen von dem Besuch der Praxis des K abzuhalten: Dadurch hat er die berufliche Tätigkeit des K insgesamt herabgewürdigt, obwohl diese legal ist. K selber hat B keinerlei Veranlassung zu diesem Verhalten gegeben. Er hat das Thema nicht in die Öffentlichkeit gebracht, sondern wird von B in eine von ihm nicht gewollte Öffentlichkeit gedrängt. Der Eingriff hat für K auch schwerwiegende Folgen. Dies zeigt sich insbesondere daran, dass infolge der Aktion des B Patientinnen des K ihre Arzttermine abgesagt haben.

Somit liegt ein schwerwiegender Eingriff in das Persönlichkeitsrecht des K vor.

(2) Möglicherweise kann sich B auf die **Meinungsäußerungsfreiheit aus Art. 5 Abs. 1 S. 1 GG** berufen kann, sodass sein Handeln gerechtfertigt ist.

Meinungsäußerungen stehen grundsätzlich unter dem Schutz des Art. 5 Abs. 1 GG. Dabei können Form und Umstände der Meinungskundgabe so gewählt werden, dass damit die größte Verbreitung oder die stärkste Wirkung erzielt wird. Dies gilt jedoch nicht schrankenlos, sondern damit verbundene Beeinträchtigungen der Rechte Dritter müssen zur Erreichung des verfolgten Zwecks geeignet, erforderlich und insgesamt angemessen sein.

---

13 Vgl. zum Schutzbereich des Allgemeinen Persönlichkeitsrechts AS-Skript Schuldrecht BT 4 Rn. 70 ff.

Zugunsten des B muss berücksichtigt werden, dass er keine eigennützigen Ziele verfolgte, sondern sein Vorgehen dem Meinungskampf in einer die Öffentlichkeit wesentlich berührenden und umstrittenen Frage dient. Andererseits will der B dem K durch sein Verhalten auch wirtschaftliche Nachteile zufügen, indem er Patientinnen von dem Arztbesuch bei K abhalten will.

In diesem Zusammenhang ist zu bedenken, dass die Tätigkeit des K gesetzlich erlaubt und im Hinblick auf Hilfe suchende Schwangere Teil der medizinischen Versorgung ist. Abtreibungswillige Frauen müssen die Möglichkeit haben, nach entsprechender Beratung medizinische Hilfe in Anspruch nehmen zu können, ohne dass außenstehende Dritte das Vertrauensverhältnis zwischen Arzt und Patientin belasten. Daher ist das Verhalten des B eine nicht hinzunehmende Behinderung des K bei der Erfüllung legaler beruflicher Aufgaben.

Zudem hat B den K willkürlich aus einer Vielzahl von Abtreibungsmedizinern ausgewählt und als Privatperson gegen seinen Willen in die Öffentlichkeit gedrängt. Dadurch entfaltet das Verhalten des B in unverhältnismäßiger Weise eine Prangerwirkung gegen K.[14]

Somit ergibt die Güter- und Interessenabwägung, dass das Recht des B auf Meinungsäußerungsfreiheit hinter dem Anspruch des K auf Schutz seines Persönlichkeitsrechts zurücktreten muss.

(3) Eventuell kann sich B auf sein **Recht auf Glaubens- und Gewissensfreiheit aus Art. 4 Abs. 1 GG** berufen kann, sodass sein Handeln gerechtfertigt ist.

Dieses Grundrecht gewährleistet, dass sich die maßgeblichen Wertauffassungen frei von staatlicher Beeinflussung in einem freien geistigen Prozess bilden können; jedoch gewährt es dem Einzelnen kein Recht darauf, dass seine Überzeugung zum Maßstab der Gültigkeit genereller Rechtsnormen und ihrer Anwendung gemacht wird.[15]

Folglich kann sich B auf sein Recht auf Glaubens- und Gewissensfreiheit aus Art. 4 Abs. 1 GG ebenfalls nicht mit Erfolg berufen, sodass ein rechtswidriger Eingriff in das allgemeine Persönlichkeitsrecht vorliegt.

b) Das Verhalten des B könnte ferner einen **Eingriff in das Recht** des K **am eingerichteten und ausgeübten Gewerbebetrieb** darstellen.

aa) Der eingerichtete und ausgeübte Gewerbebetrieb muss im Rahmen des § 823 Abs. 1 überhaupt **anwendbar** sein.

Der eingerichtete und ausgeübte Gewerbebetrieb ist als sonstiges Recht i.S.d. § 823 Abs. 1 anerkannt. Es handelt sich allerdings ebenfalls um einen **Auffangtatbestand**, der subsidiären Charakter hat. Jedoch sind Gewerbebetrieb und Persönlichkeitsrecht als jeweils subsidiäre Rechte nebeneinander anwendbar.

bb) Ferner ist ein **Eingriff in den Schutzbereich** erforderlich.

Aufbau:
I. Anwendbarkeit
II. betriebsbezogener Eingriff in den Schutzbereich
III. Rechtswidrigkeit (positiv feststellen)
IV. Verschulden

---

14 BGH NJW 2005, 592.
15 BGH NJW 2005, 592, 593.

(1) Die Arztpraxis des K muss einen eingerichteten und ausgeübten Gewerbebetrieb darstellen.

Erforderlich ist eine erlaubte, selbstständige, auf Gewinnerzielung gerichtete und auf gewisse Dauer angelegte Tätigkeit, wobei nach überwiegender Auffassung auch freiberuflich Erwerbstätige geschützt sind.

Daher ist ein eingerichteter und ausgeübter Gewerbebetrieb mit der Arztpraxis des K gegeben.

(2) B hat mit seinem Verhalten versucht, Patientinnen von einem Arztbesuch bei K abzuhalten, sodass ein **Eingriff** in den Gewerbebetrieb des K vorliegt.

Dieser Eingriff muss jedoch auch **betriebsbezogen**, d.h. gegen den Betrieb als solchen gerichtet sein.

Die Aktion des B war darauf angelegt, in den betrieblichen Organismus der Arztpraxis einzugreifen. Sie richtete sich direkt gegen den betrieblichen Ablauf und war daher betriebsbezogen.

cc) Auch bei dem Gewerbebetrieb handelt es sich um ein sogenanntes Rahmenrecht, d.h. die **Rechtswidrigkeit** muss durch eine umfassende Güter- und Interessenabwägung positiv festgestellt werden, die jedoch zugunsten des K ausfällt (s.o.).

2. B wollte dem K mit seiner Plakat-Aktion sowohl in seinem Ansehen als auch bzgl. seiner Arztpraxis Nachteile zufügen. Folglich handelte B vorsätzlich und damit **schuldhaft**.

II. Als **Rechtsfolge** muss B dem K den entstandenen Schaden gemäß §§ 249 ff. ersetzen. Dazu gehört insbesondere der entgangene Verdienst gemäß § 252.

Fall 12: Sonstige Rechte – Allgemeines Persönlichkeitsrecht
(nach BGH RÜ 2012, 80)

K ist Bildhauer und wirkte insgesamt acht Mal als Darsteller in pornographischen Filmproduktionen mit. Sein Bild ist auf einem Cover für das entsprechende Filmmaterial abgebildet. Er ist in allen Filmen jeweils für kurze Zeit im Bild zu sehen; dabei ist sein Gesicht erkennbar. Sein bürgerlicher Name wird nicht genannt. Bei der Verleihung des Deutschen Filmpreises wurde K von einer bekannten Schauspielerin öffentlich als deren neuer Lebenspartner vorgestellt.

B ist Verlegerin der Zeitschrift „Auf einen Blick". In einer Ausgabe erschien unter der Überschrift „Wenn Frauen zu sehr lieben" ein Artikel, in dem es unter voller Namensnennung u.a. heißt: „Und Fernsehstar …? Was mag sie gefühlt haben, als sie erfuhr, dass ihr neuer Freund … noch vor wenigen Monaten als Pornodarsteller brillierte – ohne Kondom natürlich. Kann es nach einem solchen Vertrauensbruch eine andere Lösung als Trennung geben?"

K sieht sich durch die Berichterstattung in seinem allgemeinen Persönlichkeitsrecht verletzt und nimmt die B auf Unterlassung dieser Berichterstattung in Anspruch. Zu Recht? (Fall nach BGH, Urt. v. 25.10.2011 – VI ZR 332/09, RÜ 2012, 80)

K könnte gegen B ein **quasinegatorischer Unterlassungsanspruch analog § 1004 Abs. 1 S. 2** zustehen.

I. § 1004 Abs. 1 S. 2 wird nach h.M. auf alle deliktisch geschützten Rechte und Rechtsgüter analog angewandt, um Rechtsschutzlücken zu schließen (sogenannter quasinegatorischer Unterlassungsanspruch).

II. Der Unterlassungsanspruch aus § 1004 Abs. 1 S. 2 analog setzt einen rechtswidrigen Eingriff in eine gemäß §§ 823 ff. geschützte Rechtsposition voraus. B könnte durch die Berichterstattung über die Tätigkeit des K als Pornodarsteller das deliktisch gemäß § 823 Abs. 1 geschützte **allgemeine Persönlichkeitsrecht des K rechtswidrig beeinträchtigt** haben.

§§ 823 ff. gewähren keinen Unterlassungsanspruch zur Abwehr drohender Rechtsverletzungen. Insofern besteht eine rechtliche Lücke des Deliktsschutzes.

1. Mangels einschlägiger Sonderregeln für diesen Bereich des Persönlichkeitsrechts ist § 823 Abs. 1 **anwendbar**.

2. Ferner muss ein **Eingriff in den Schutzbereich** des allgemeinen Persönlichkeitsrechts vorliegen.

Das allgemeine Persönlichkeitsrecht gewährleistet gegenüber jedermann den Schutz der Menschenwürde und das Recht auf freie Entfaltung der Persönlichkeit. Bei natürlichen Personen umfasst der Schutzbereich des Persönlichkeitsrechts die Intim-, Privat- und Individualsphäre.

a) B hat in ihrem Artikel über die Verleihung des Deutschen Filmpreises die Mitwirkung des K in kommerziellen Pornofilmen veröffentlicht und könnte dadurch in die **Intimsphäre** des K eingegriffen haben.

Die Intimsphäre ist der unantastbare Bereich des allgemeinen Persönlichkeitsrechts und umfasst die innere Gefühls- und Gedankenwelt des Einzelnen mit ihren äußeren Erscheinungsformen. Zu diesem absolut geschützten Kernbereich gehören grundsätzlich auch die Ausdrucksformen der Sexualität.

29

K hat den absoluten Schutz seiner Intimsphäre nach Auffassung des BGH jedoch dadurch aufgegeben, dass er freiwillig an der Produktion professionell hergestellter und kommerziell zu verwertender Pornofilme in für den Zuschauer erkennbarer Weise mitgewirkt und diesen Bereich seiner Sexualität damit bewusst der interessierten Öffentlichkeit preisgegeben hat. Wer sich als Darsteller in kommerziell zu verwertenden Pornofilmen dem Publikum präsentiere, könne sich gegenüber einer Berichterstattung über diesen Teil seines Wirkens nicht auf den Schutz seiner Intimsphäre berufen.[16]

Infolgedessen ist durch die Berichterstattung der B kein Eingriff in die Intimsphäre des K gegeben.

b) Die Berichterstattung über die Tätigkeit des K als Pornodarsteller könnte jedoch seine **Privatsphäre** verletzen.

Die Privatsphäre umfasst insbesondere Angelegenheiten, die wegen ihres Informationsinhalts typischerweise als „privat" eingestuft werden, weil ihre öffentliche Erörterung oder Zurschaustellung als unschicklich gilt, das Bekanntwerden als peinlich empfunden wird oder nachteilige Reaktionen der Umwelt auslöst. Nach diesen Grundsätzen berührt ein Artikel über die Mitwirkung einer Person in kommerziellen Pornofilmen deren Privatsphäre.

Auch in diesem Bereich des Persönlichkeitsrechts entfällt der Schutz jedoch, wenn der Betroffene seine Privatsphäre nach außen öffnet und bestimmte, gewöhnlich als privat geltende Angelegenheiten der Öffentlichkeit preisgibt.[17]

Folglich hat K hat durch sein freiwilliges Mitwirken in den kommerziellen Pornofilmen auch den Schutz dieses Bereiches seiner Privatsphäre aufgegeben, sodass durch die Berichterstattung der B kein Eingriff in die Privatsphäre des K gegeben ist.

c) B könnte jedoch durch ihren Artikel in die **Individualsphäre** (Sozialsphäre) des K eingegriffen haben. Diese erfasst das Selbstbestimmungsrecht und die Ausstrahlungen der Persönlichkeit des Einzelnen in seinem öffentlichen, beruflichen und wirtschaftlichen Wirken.

Nach Ansicht des BGH ist die öffentliche Bekanntgabe des Umstands, dass der K in pornographischen Filmen mitgewirkt und hierbei kein Kondom verwendet habe, geeignet, das Ansehen des K in der Öffentlichkeit negativ zu beeinflussen (Sozialsphäre) und beeinträchtigt ihn daher in seinem allgemeinen Persönlichkeitsrecht.[18]

3. Der Eingriff muss **rechtswidrig** gewesen sein. Die Rechtswidrigkeit muss beim allgemeinen Persönlichkeitsrecht durch eine **umfassende Güter- und Interessenabwägung** positiv festgestellt werden.

Abzuwägen sind das Interesse des K am Schutz seiner Persönlichkeit mit den durch Art. 5 Abs. 1 GG, Art. 10 EMRK geschützten Äußerungsinteressen der B.

---

16 BGH RÜ 2012, 80, 81.
17 BGH RÜ 2012, 80, 81.
18 BGH RÜ 2012, 80, 82.

Nach st.Rspr. des BGH müssen wahre Tatsachenbehauptungen, insbesondere solche aus dem Bereich der Sozialsphäre, i.d.R. hingenommen werden, auch wenn sie nachteilig für den Betroffenen sind, unwahre dagegen nicht. Allerdings könne auch eine wahre Darstellung das Persönlichkeitsrecht des Betroffenen verletzen, wenn sie einen Persönlichkeitsschaden anzurichten drohe, der außer Verhältnis zu dem Interesse an der Verbreitung der Wahrheit stehe. Dies sei insbesondere der Fall, wenn die Aussagen geeignet seien, eine erhebliche Breitenwirkung zu entfalten und eine besondere Stigmatisierung des Betroffenen nach sich zu ziehen, sodass sie zum Anknüpfungspunkt für eine soziale Ausgrenzung und Isolierung zu werden drohen.

Nach diesen Grundsätzen überwiegt nach Auffassung des BGH das Informationsinteresse der B, da die Mitteilung über die Mitwirkung des K in kommerziellen Pornofilmen, ohne ein Kondom benutzt zu haben, der Wahrheit entspreche und nicht ersichtlich sei, dass er durch die Berichterstattung über seine Tätigkeit stärker diskreditiert werde, als er dies durch die freiwillige Mitwirkung an diesen Pornofilmen bereits selber in Kauf genommen habe. Zudem besteht nach Einschätzung des BGH auch ein nicht unerhebliches Informationsinteresse der Öffentlichkeit an einer Berichterstattung über den K als neuen Lebenspartner einer in Deutschland sehr bekannten und im Licht der Öffentlichkeit stehenden Schauspielerin, nachdem diese ihn mit seinem Einverständnis anlässlich der Verleihung des Deutschen Filmpreises öffentlich als ihren neuen Lebenspartner vorgestellt habe. Dies gelte umso mehr, als der Umgang mit Pornografie und „safer sex" in der Gesellschaft kontrovers diskutiert und eine Berichterstattung hierüber durchaus zur öffentlichen Meinungsbildung beizutragen geeignet sei.[19]

Somit ergibt die Güter- und Interessenabwägung, dass keine rechtswidrige Verletzung des allgemeinen Persönlichkeitsrechts des K vorliegt.

K steht daher kein Unterlassungsanspruch gegen B analog § 1004 Abs. 1 S. 2 zu.

---

19 BGH RÜ 2012, 80, 82, 83.

Fall 13: Allgemeines Persönlichkeitsrecht – Widerruf – Geldentschädigung
(nach BGHZ 128, 1 – Caroline von Monaco)

Caroline von Monaco (C) verlangt von Z, der die Zeitschrift „B." verlegt, einen Widerruf und die Zahlung einer Geldentschädigung für immaterielle Nachteile der Verletzung ihrer Persönlichkeit durch Veröffentlichungen in der Zeitschrift „B.". In der „B." war ein frei erfundenes Interview mit der C veröffentlicht worden, in dem diese angeblich über ihr Privatleben spricht.

Steht der C gegen Z ein Anspruch auf Widerruf und Geldentschädigung zu?

A. Anspruch auf Widerruf

Im **PresseG** ist ein Anspruch auf Widerruf nicht enthalten.

I. C könnte gegen Z ein Anspruch auf Widerruf gemäß **§ 823 Abs. 1** zustehen.

1. Dazu müssen die **Voraussetzungen** des haftungsbegründenden Tatbestands vorliegen.

a) In Betracht kommt die Verletzung des allgemeinen Persönlichkeitsrechts.

aa) Mangels Sonderregeln ist § 823 Abs. 1 wegen Verletzung des allgemeinen Persönlichkeitsrechts **anwendbar**.

bb) Z hat durch die Veröffentlichung eines frei erfundenen Interviews über das Privatleben der C in deren **Privatsphäre eingegriffen**.

b) Das frei erfundene Interview dient allein dem Zweck, die Zeitschrift für die Leser interessanter zu machen, um so die Auflage zu steigern, sodass bei der gebotenen Abwägung die Interessen der C überwiegen und der Eingriff in die Privatsphäre auch **rechtswidrig** erfolgte.

c) Z hat das Persönlichkeitsrecht der C bewusst und gewollt, also vorsätzlich und damit **schuldhaft**, verletzt.

2. Als **Rechtsfolge** muss Z der C den durch die Persönlichkeitsrechtsverletzung entstandenen Schaden gemäß §§ 249 ff. ersetzen. Gemäß § 249 Abs. 1 muss der Schädiger den Zustand herstellen, der ohne das schädigende Ereignis bestünde.

Z kann die Veröffentlichung des frei erfundenen Interviews nicht mehr rückgängig machen. Er kann jedoch einen zumindest vergleichbaren Zustand dadurch herstellen, dass er das Interview widerruft – also den Lesern in der nächsten Ausgabe mitteilt, dass C ein solches Interview nicht gegeben hat und die enthaltenen Informationen frei erfunden waren.

Tatsachenbehauptungen sind nachweisbare, überprüfbare Vorgänge. Werturteile sind höchstpersönliche, nicht überprüfbare Ansichten.

Ein solcher Anspruch auf Widerruf steht dem Geschädigten zu, wenn er durch unwahre Tatsachenbehauptungen in seinen Rechten beeinträchtigt wird.

Ob die C ein Interview über ihr Privatleben gegeben hat, ist ein nachweisbarer, überprüfbarer Vorgang – folglich eine Tatsache. Da die C ein solches Interview tatsächlich nicht gegeben hat, liegt eine unwahre Tatsachenbehauptung seitens Z vor, sodass C ein Anspruch auf Widerruf zusteht.

II. C könnte gegen Z ein Anspruch auf Widerruf **analog § 1004 Abs. 1 S. 1** zustehen.

1. Eine Verletzung des allgemeinen Persönlichkeitsrechts der C liegt vor (s.o.). Z ist Störer und für C besteht keine Duldungspflicht aus § 1004 Abs. 2.

2. Als **Rechtsfolge** kann C von Z Widerruf des Interviews verlangen.

B. Anspruch auf Geldentschädigung für die immateriellen Nachteile

I. C könnte gegen Z ein Anspruch auf eine billige Entschädigung in Geld wegen der Verletzung des allgemeinen Persönlichkeitsrechts aus **§ 823 Abs. 1 i.V.m. § 253 Abs. 2** zustehen.

Dazu muss Z die Voraussetzungen des § 823 Abs. 1 in Bezug auf eines der in § 253 Abs. 2 genannten Rechtsgüter verletzt haben. Erfasst sind in § 253 Abs. 2 jedoch nur die Verletzung des Körpers, der Gesundheit, der Freiheit und der sexuellen Selbstbestimmung, für die Verletzung des allgemeinen Persönlichkeitsrechts ist kein Schmerzensgeld vorgesehen. Daher hat die C keinen Anspruch auf Geldentschädigung aus § 823 Abs. 1 i.V.m. § 253 Abs. 2.

II. C könnte gegen Z ein Entschädigungsanspruch wegen Persönlichkeitsrechtsverletzung aus **§ 823 Abs. 1 i.V.m. § 253 Abs. 2 analog** zustehen.

Ohne Entschädigungen in Geld würden Verletzungen der Würde und Ehre eines Menschen häufig ohne Sanktion bleiben. Daher könnte man erwägen, einen Schmerzensgeldanspruch bei schwerwiegender Verletzung des allgemeinen Persönlichkeitsrechts aus § 253 Abs. 2 analog herzuleiten, wenn der Widerruf nicht möglich ist oder zur Beseitigung der Beeinträchtigung nicht ausreicht.[20] Gegen diese Konstruktion spricht jedoch, dass der Gesetzgeber in § 253 Abs. 1 ausdrücklich geregelt hat, dass eine Entschädigung in Geld bei immateriellen Schäden nur bei gesetzlicher Anordnung zu gewähren ist und eine solche Regelung für Eingriffe in das Persönlichkeitsrecht fehlt. Daher hat die C keinen Anspruch auf Geldentschädigung aus § 823 Abs. 1 i.V.m. § 253 Abs. 2 analog.

III. C könnte gegen Z ein Entschädigungsanspruch wegen Verletzung des allgemeinen Persönlichkeitsrechts aus **§ 823 Abs. 1 i.V.m. Art. 1 Abs. 1 und Art. 2 Abs. 1 GG** zustehen.

Um zu verhindern, dass Verletzungen der Würde und Ehre eines Menschen sanktionslos bleiben, leitet der BGH mittlerweile bei schwerwiegender Verletzung des allgemeinen Persönlichkeitsrechts einen Anspruch auf Geldentschädigung aus dem Schutzauftrag der Grundrechte aus Art. 1 Abs. 1 und Art. 2 Abs. 1 GG ab. Im Unterschied zum Schmerzensgeld steht bei dieser Geldentschädigung die Genugtuung des Opfers im Vordergrund, zudem dient der Anspruch der Prävention.

Z hat das Persönlichkeitsrecht der C durch das erfundene Interview schwerwiegend verletzt und die Beeinträchtigung kann durch den Widerruf nicht ausreichend beseitigt werden. Daher steht der C gegen den Z ein Anspruch auf Geldentschädigung aus § 823 Abs. 1 i.V.m. Art. 1 Abs. 1 und Art. 2 Abs. 1 GG zu.

Auch § 1004 Abs. 1 S. 1 wird nach h.M. auf alle deliktisch geschützten Rechtspositionen analog angewandt, um rechtliche Lücken zu schließen (sogenannter **quasinegatorischer Beseitigungsanspruch**). § 823 gewährt nur bei Verschulden des Schädigers Schadensersatz, während der **Anspruch aus § 1004 Abs. 1 verschuldensunabhängig** ist.

Die Analogie verbietet sich mangels Planwidrigkeit der Regelungslücke.

---

20 So der BGH früher zu § 847 analog – vgl. BGHZ 26, 349.

Fall 14: Sonstige Rechte – Postmortaler Persönlichkeitsschutz
(nach BGH NJW 2006, 605 = RÜ 2006, 187)

Im Oktober 2018 wurde die 80-jährige Mutter des K von dessen Schwester unter dem Einfluss einer Psychose in dem von Mutter und Schwester gemeinsam bewohnten Haus erschlagen. Ein Kamerateam der B, dem die Polizei Zutritt zu dem Haus gewährt hatte, filmte den teils entkleideten Leichnam der Mutter zunächst im Haus und später noch einmal im Obduktionssaal. Die ersichtlich nicht vernehmungsfähige Schwester des K wurde unmittelbar nach ihrer vorläufigen Festnahme von einem Mitarbeiter der B befragt und mit angelegten Handschellen gefilmt.

Am 28.02.2019 strahlte der Fernsehsender SAT 1 einen dreißigminütigen Filmbericht der B aus. In dem Filmbericht wurden lediglich Aufnahmen von der getöteten Mutter sowie der Schwester des K gezeigt, nicht aber der K erwähnt oder gezeigt.

Steht K ein Anspruch auf Geldentschädigung für immaterielle Nachteile gegen B wegen Verletzung des postmortalen Persönlichkeitsrechts seiner Mutter oder wegen Verletzung seines eigenen allgemeinen Persönlichkeitsrechts zu?

A. Anspruch des K auf Geldentschädigung für immaterielle Nachteile **wegen der Verletzung eines postmortalen Persönlichkeitsrechts seiner verstorbenen Mutter aus § 823 Abs. 1 i.V.m. Art. 1 und Art. 2 GG**

I. Die Verletzung des allgemeinen Persönlichkeitsrechts kann bei einer lebenden Person einen Anspruch auf Ausgleich immaterieller Schäden begründen, wenn es sich um einen schwerwiegenden Eingriff handelt und die Beeinträchtigung nicht in anderer Weise befriedigend ausgeglichen werden kann. Dieser Anspruch auf Geldentschädigung beruht nach gefestigter Rspr. auf dem Schutzauftrag der Grundrechte und wird demgemäß aus § 823 Abs. 1 i.V.m Art. 1 und Art. 2 GG hergeleitet.

II. Fraglich ist, ob die Persönlichkeit des Menschen auch über den Tod hinaus geschützt wird.

Ein solcher **postmortaler Persönlichkeitsschutz** ist durch Art. 1 Abs. 1 GG zwingend geboten, wonach die Würde des Menschen unantastbar ist.[21] Problematisch ist jedoch, welche Ansprüche für den Betroffenen daraus erwachsen. Dabei ist zu unterscheiden, welcher Bereich des postmortalen Persönlichkeitsrechts berührt ist: Bei einer postmortalen Verletzung der **ideellen Bestandteile** stehen dem Wahrnehmungsberechtigten lediglich Abwehransprüche, nicht aber Schadensersatzansprüche zu; nur wenn die **kommerziellen Bestandteile** des Persönlichkeitsrechts betroffen sind, hat der Erbe auch Schadensersatzansprüche.[22]

Bei der Verletzung ideeller Bestandteile des postmortalen Persönlichkeitsrechts kann die mit der Geldentschädigung für immaterielle Nachteile verfolgte Genugtuungsfunktion nicht erreicht werden, denn einem Toten

*Abwehransprüche wegen Verletzung der **ideellen Bestandteile** des postmortalen APR stehen dem **Wahrnehmungsberechtigten** zu. **Schadensersatzansprüche** wegen Verletzung der **kommerziellen Bestandteile** des postmortalen APR stehen dem **Erben** zu.*

---

21 Vgl. zur zeitlichen Schutzdauer des postmortalen Persönlichkeitsrechts BGH NJW 2007, 684 = RÜ 2007, 173 – kinski-klaus.de.

22 BGHZ 143, 214 – Marlene Dietrich.

kann keine Genugtuung mehr verschafft werden. Daher steht der Anspruch auf immateriellen Schadensersatz wegen Verletzung des Persönlichkeitsrechts nur dem Rechtsträger und nur zu dessen Lebzeiten zu.[23]

Somit scheidet ein Anspruch des K auf Geldentschädigung wegen der Verletzung eines postmortalen Persönlichkeitsrechts seiner verstorbenen Mutter aus.

B. Anspruch des K auf Geldentschädigung **wegen Verletzung seines eigenen Persönlichkeitsrechts aus § 823 Abs. 1 i.V.m. Art. 1 und Art. 2 GG**

I. Die Verletzung des allgemeinen Persönlichkeitsrechts begründet einen Anspruch auf Geldentschädigung, wenn es sich um einen schwerwiegenden Eingriff handelt und die Beeinträchtigung nicht in anderer Weise befriedigend ausgeglichen werden kann. Ob eine so schwerwiegende Verletzung des Persönlichkeitsrechts vorliegt, dass die Zahlung einer Geldentschädigung erforderlich ist, kann nur aufgrund der gesamten Umstände des Einzelfalls beurteilt werden. Hierbei sind insbesondere die Bedeutung und Tragweite des Eingriffs, ferner Anlass und Beweggrund des Handelnden sowie der Grad seines Verschuldens zu berücksichtigen.

II. Möglicherweise wurde K durch die Ausstrahlung des Filmbeitrags mit den Bildern seiner toten Mutter in seinem Persönlichkeitsrecht verletzt.

1. Grundsätzlich kann sich nur der unmittelbar Verletzte auf einen Eingriff berufen. K selber wurde jedoch in dem Bericht weder erwähnt noch gezeigt, war also nicht unmittelbar betroffen.

2. Der Eingriff in das Persönlichkeitsrecht der Mutter des K könnte jedoch so schwerwiegende Auswirkungen auf das Persönlichkeitsrecht des K haben, dass sie einen eigenen Eingriff aufseiten des K darstellen. Erforderlich ist also, dass mit der Verletzung des Persönlichkeitsrechts der verstorbenen Mutter zugleich das Persönlichkeitsrecht des K unmittelbar berührt wird.

Dazu müsste der K jedoch persönlich in den Filmbericht miteinbezogen worden sein oder zumindest zum Thema zugehörig erscheinen. Es reicht nicht aus, dass K sich wegen seiner engen verwandtschaftlichen Beziehung zu den dargestellten Personen persönlich betroffen fühlt. K selbst wurde aber in dem Bericht weder ausdrücklich noch stillschweigend erwähnt, es wurden auch keine Umstände aus seiner Persönlichkeitssphäre publiziert, sodass ein Eingriff in das Persönlichkeitsrecht des K durch den ausgestrahlten Filmbericht nicht gegeben ist.

Folglich steht dem K auch kein Anspruch auf Geldentschädigung wegen Verletzung seines eigenen Persönlichkeitsrechts zu.

---

23 BGH NJW 2006, 605, 606 f.

Fall 15: Sonstige Rechte – eingerichteter und ausgeübter Gewerbebetrieb (1)
(nach BGH NJW 2003, 1040 = RÜ 2003, 161)

Die K ist Eiskunstläuferin und bildet mit P ein seit Jahren international bekanntes und erfolgreiches Eiskunstlaufpaar. Nachdem P bei einem Verkehrsunfall verletzt worden war, konnten beide den gemeinsamen Paarlauf wegen der Verletzungen des P vorübergehend nicht ausüben. B, die Haftpflichtversicherung des Unfallverursachers S, hat dem P einen Betrag von 150.000 € gezahlt und dabei auch Schadenspositionen berücksichtigt, die sich aufgrund der zeitweiligen Beeinträchtigung der Sportausübung ergaben.

Nunmehr verlangt die K von der B Ersatz des ihr insoweit entstandenen Schadens (Ausfall von Wettkämpfen, Verlust von Sponsoren- und Preisgeldern etc.). Zu Recht?

K könnte gegen B ein Anspruch aus **§ 115 Abs. 1 S. 1 Nr. 1 VVG i.V.m. § 823 Abs. 1 wegen Verletzung des Rechts am eingerichteten und ausgeübten Gewerbebetrieb** zustehen.

Nach § 115 Abs. 1 S. 1 Nr. 1 VVG haftet B als Haftpflichtversicherung des S, soweit dieser gegenüber K wegen des Verkehrsunfalls ersatzpflichtig ist. S könnte gegenüber K wegen Eingriffs in ihr Recht am eingerichteten und ausgeübten Gewerbebetrieb aus § 823 Abs. 1 ersatzpflichtig sein.

Aufbau:
I. Anwendbarkeit
II. Eingriff in den Schutzbereich (betriebsbezogen)
III. Rechtswidrigkeit (positiv feststellen)
IV. Verschulden

Dazu müssen die **Voraussetzungen** des haftungsbegründenden Tatbestands vorliegen.

I. Mangels einschlägiger Sonderregeln ist § 823 Abs. 1 wegen Eingriffs in den Gewerbebetrieb **anwendbar**.

II. Ferner ist ein **Eingriff in den Schutzbereich** erforderlich.

1. Der von K und P gemeinsam ausgeübte Eiskunstlauf muss einen eingerichteten und ausgeübten Gewerbebetrieb darstellen.

Erforderlich ist eine erlaubte, selbstständige, auf Gewinnerzielung gerichtete und auf gewisse Dauer angelegte Tätigkeit; dabei unterfallen heutzutage auch freiberufliche Tätigkeiten dem Schutz des Rechts am eingerichteten und ausgeübten Gewerbebetrieb.

Problematisch ist jedoch, ob eine Sportlergruppe – wie ein Eiskunstlaufpaar –, bei der jeder Partner für eine optimale und finanzielle Vorteile sichernde Sportausübung zwingend auf die Mitwirkung des anderen Partners angewiesen ist, überhaupt als „eingerichteter und ausgeübter Gewerbebetrieb" angesehen werden kann.

Dafür spricht, dass Profisportler, die nicht durch einen Arbeitsvertrag an einen Verein gebunden sind, ihre sportliche Tätigkeit im eigenen wirtschaftlichen Interesse vermarkten und insofern mit einem Unternehmen vergleichbar sind. Auf der anderen Seite könnte bei einem Eiskunstlaufpaar auch die sportliche Tätigkeit als solche, also die Teilnahme an Wettkämpfen und das damit verbundene Training, im Vordergrund stehen.

Zwar ist die wirtschaftliche Vermarktungsmöglichkeit bei Sportlern erheblich von ihrer sportlichen Leistungsfähigkeit abhängig, also insbesondere von erfolgreicher Teilnahme an Wettkämpfen, letztlich vermarkten sie diese Erfolge jedoch wie jeder andere Unternehmer. Daher ist der von K und P gemeinsam ausgeübte Eiskunstlauf als eingerichteter und ausgeübter Gewerbebetrieb anzuerkennen.[24]

2. K und P konnten wegen der Verletzungen des P, die er durch den von S allein verschuldeten Verkehrsunfall erlitten hatte, den gemeinsamen Eiskunstlauf nicht ausüben. Damit liegt ein Eingriff in den Gewerbebetrieb vor.

Dieser Eingriff muss jedoch auch **betriebsbezogen** sein. Betriebsbezogen sind nur solche Eingriffe, die sich gegen den Betrieb als solchen richten und nicht nur vom Betrieb ohne Weiteres ablösbare Rechte oder Rechtsgüter betreffen. Störungen des Betriebsablaufs aufgrund eines Ereignisses, das in keiner Beziehung zu dem Betrieb steht, sind keine betriebsbezogenen Eingriffe, selbst wenn dadurch eine für das Funktionieren des Betriebs maßgebliche Person oder Sache betroffen ist.

Dem Unfallereignis, für das die B einzustehen hat, fehlt jeder Bezug zu der sportlichen Betätigung der K und ihres Partners, also dem maßgeblichen „Gewerbebetrieb". Folglich liegt kein betriebsbezogener Eingriff vor und S ist der K demnach nicht ersatzpflichtig.

Daher hat K keinen Schadensersatzanspruch gegen die B aus § 115 Abs. 1 S. 1 Nr. 1 VVG i.V.m. § 823 Abs. 1 wegen Verletzung des Rechts am eingerichteten und ausgeübten Gewerbebetrieb.

---

24 BGH hat diese Entscheidung im Originalfall offen gelassen, NJW 2003, 1040.

> ### Fall 16: Sonstige Rechte – eingerichteter und ausgeübter Gewerbebetrieb (2)
> (nach BGH NJW 2009, 2958 = RÜ 2009, 695)
>
> Die K-GbR ist eine Gesellschaft bürgerlichen Rechts, die in F eine Rechtsanwaltskanzlei betreibt. Die B-GmbH ist eine Gesellschaft mit beschränkter Haftung, deren Geschäftsführer der G ist. G sandte am 22.02.2019 eine E-Mail an die K-GbR, mit der er einen von der B-GmbH erstellten Newsletter übersandte. Das 15 Seiten umfassende Schriftstück enthielt Informationen für Kapitalanleger.
>
> Mit Schreiben vom 23.02.2019 mahnte die K-GbR die B-GmbH ab. Diese weigerte sich, die begehrte Unterwerfungserklärung abzugeben; sie erklärte stattdessen, von einer weiteren Zusendung des Newsletters an die K-GbR abzusehen.
>
> Daraufhin erhob die K-GbR gegen die B-GmbH vor dem zuständigen Landgericht eine Klage mit dem Antrag, die B-GmbH unter Androhung der gesetzlichen Ordnungsmittel zu verurteilen, es zu unterlassen, die K-GbR geschäftsmäßig per E-Mail anzuschreiben, um Informationen zu Entwicklungen am Kapitalmarkt in Form eines Newsletters zu übermitteln und/oder solche Handlungen durch Dritte vornehmen zu lassen, ohne dass das tatsächliche oder vermutete Einverständnis der K-GbR vorhanden ist.
>
> Ist die Klage begründet?

Die Klage ist begründet, wenn der K-GbR gegen die B-GmbH ein Anspruch auf Unterlassung der Zusendung geschäftlicher Werbe-E-Mails zusteht. Der Unterlassungsanspruch könnte sich aus **§ 1004 Abs. 1 S. 2 analog** ergeben.

I. Dazu müssen die **Voraussetzungen** des haftungsbegründenden Tatbestands vorliegen.

1. § 1004 Abs. 1 S. 2 wird nach h.M. auf alle deliktisch geschützten Rechtspositionen analog angewandt, um Rechtsschutzlücken zu schließen (sogenannter **quasinegatorischer Unterlassungsanspruch**). Die B-GmbH könnte durch die Zusendung der Werbe-E-Mail rechtswidrig in den eingerichteten und ausgeübten Gewerbebetrieb der K-GbR eingegriffen haben.

Anmerkung:
Ein Unterlassungsanspruch aus § 8 Abs. 1 S. 1, Abs. 3 Nr. 1 UWG steht der K-GbR gegen die B-GmbH nicht zu, da die Parteien nicht Mitbewerber i.S.v. § 2 Abs. 1 Nr. 3 UWG sind.

a) Der K-GbR stehen gegen die B-GmbH keine speziellen Unterlassungsansprüche – insbesondere keine wettbewerbsrechtlichen aus dem UWG – zu, sodass das subsidiäre Recht am eingerichteten und ausgeübten Gewerbebetrieb **anwendbar** ist.

b) Ferner muss ein **Eingriff in den Schutzbereich** gegeben sein.

aa) Die von der K-GbR betriebene Rechtsanwaltskanzlei ist auf eine erlaubte, selbstständige, auf Gewinnerzielung gerichtete und auf gewisse Dauer angelegte Tätigkeit gerichtet. Dass es sich dabei um eine freiberufliche Tätigkeit handelt, die kein Gewerbe im handelsrechtlichen Sinn darstellt, ist unproblematisch, da wegen identischer Schutzwürdigkeit auch freiberufliche Tätigkeiten dem Schutzbereich des Rechts am eingerichteten und ausgeübten Gewerbebetrieb unterfallen.

bb) Die zugesandte Werbe-E-Mail musste von der K-GbR zumindest gesichtet und aussortiert werden, sodass auch ein Eingriff in ihren Gewerbebetrieb vorliegt.

Dieser Eingriff muss jedoch **betriebsbezogen** sein. Betriebsbezogen sind nur solche Eingriffe, die sich spezifisch gegen den betrieblichen Organismus oder die unternehmerische Entscheidungsfreiheit richten, die die Grundlagen des Betriebs bedrohen oder die Tätigkeit des Unternehmens oder die unternehmerische Verwertung infrage stellen.[25]

Nach Auffassung des BGH beeinträchtigt unverlangt zugesandte E-Mail-Werbung regelmäßig den Betriebsablauf des Unternehmens: Mit dem Sichten und Aussortieren unerbetener E-Mails sei ein zusätzlicher Arbeitsaufwand verbunden. Zudem könnten, soweit kein festes Entgelt vereinbart sei, zusätzliche Kosten für die Herstellung der Online-Verbindung und die Übermittlung der E-Mail durch den Provider anfallen. Die Zusatzkosten für den Abruf der einzelnen E-Mail könnten zwar gering sein und auch der Arbeitsaufwand für das Aussortieren einer E-Mail könne sich in engen Grenzen halten, wenn sich bereits aus dem Betreff entnehmen ließe, dass es sich um Werbung handelt. Dies stelle sich jedoch anders dar, wenn es sich um eine größere Zahl unerbetener E-Mails handele. Mit der häufigen Übermittlung von Werbe-E-Mails ohne vorherige Einwilligung des Empfängers sei aber immer dann zu rechnen, wenn die Übermittlung einzelner E-Mails zulässig sei. Denn im Hinblick auf die billige, schnelle und durch Automatisierung arbeitssparende Versendungsmöglichkeit sei ohne Einschränkung der E-Mail-Werbung mit einem immer weiteren Umsichgreifen dieser Werbeart zu rechnen.[26]

Infolgedessen stellt bereits die einmalige Zusendung einer Werbe-E-Mail einen betriebsbezogenen Eingriff in den Gewerbebetrieb der K-GbR dar.

c) Die **Rechtswidrigkeit** muss beim eingerichteten und ausgeübten Gewerbebetrieb durch eine umfassende Güter- und Interessenabwägung positiv festgestellt werden.

Ob die unverlangte Zusendung von E-Mails mit Werbung an Gewerbetreibende einen rechtswidrigen Eingriff in den eingerichteten und ausgeübten Gewerbebetrieb darstellt, ist **umstritten**.

aa) Zum Teil wird ein rechtswidriger Eingriff jedenfalls bei einer einmaligen Zusendung einer E-Mail mit Werbung verneint.[27]

bb) Die überwiegende Ansicht bejaht dagegen auch bei einer einmaligen E-Mail-Versendung eine entsprechende Rechtsverletzung.[28]

Der BGH hat sich mit der vorliegenden Entscheidung der h.M. angeschlossen: Nach § 7 Abs. 2 Nr. 3 UWG stelle grundsätzlich jede Werbung unter Verwendung elektronischer Post ohne vorherige ausdrückliche Einwilligung des Adressaten eine unzumutbare Belästigung dar. Diese gesetzgeberische Wertung sei bei der Beurteilung der Generalklausen des BGB eben-

---

25 BGHZ 45, 296, 306 f.
26 BGH NJW 2009, 2958, 2959.
27 AG Dresden NJW 2005, 2561.
28 OLG Düsseldorf MMR 2004, 820; OLG Bamberg MMR 2006, 481; OLG Naumburg DB 2007, 911; LG Berlin NJW 2002, 2569; Fezer/Mankowski UWG § 7 Rn. 97.

falls heranzuziehen, um Wertungswidersprüche zu vermeiden. Wegen des unzumutbar belästigenden Charakters derartiger Werbung gegenüber dem Empfänger sei die Übersendung einer Werbe-E-Mail ohne vorherige ausdrückliche Einwilligung grundsätzlich rechtswidrig.[29]

2. Der Geschäftsführer G der B-GmbH hat die Beeinträchtigung des Gewerbebetriebs der K-GbR durch die Zusendung der E-Mail adäquat verursacht und dieses Verhalten wird der B-GmbH gemäß § 31 analog zugerechnet, sodass sie **Handlungsstörerin** i.S.v. § 1004 ist.

3. Die erforderliche **Wiederholungsgefahr** wird aufgrund der vorangegangenen Beeinträchtigung vermutet und diese Vermutung ist von der B-GmbH nicht widerlegt worden. Somit liegen die Voraussetzungen des § 1004 Abs. 1 S. 2 analog vor.

II. Als **Rechtsfolge** schuldet die B-GmbH der K-GbR künftige Unterlassung der Zusendung von Werbe-E-Mails.

Infolgedessen steht der K-GbR der begehrte Unterlassungsanspruch zu, sodass die Klage begründet ist.

---

29 BGH NJW 2009, 2958, 2959.

2. Verhalten; haftungsbegründende Kausalität und Zurechnung

Fall 17: Verhalten
    (nach BGHZ 39, 103)

K, sein Bruder F und der B waren Mitglieder eines Kegelklubs. Bei einem Kegelabend wollte F gegen den Willen der Kegelbrüder anstelle des gerade abwesenden K die Kugel werfen; obwohl sich ihm ein anderes Vereinsmitglied in den Weg stellte, machte er mehrere Würfe. B nahm ihm daraufhin die Kugel von hinten aus der Hand. Infolgedessen kam es zu einer handgreiflichen Auseinandersetzung zwischen F und B. Die von B zuvor in der Hand gehaltene Kugel traf den in der Nähe stehenden K mitten im Gesicht; er wurde an der Unterlippe verletzt und verlor vier Schneidezähne.

K behauptet, der B habe die Kugel auf den sich nähernden F geworfen, aber ihn getroffen, da sich F gebückt habe. B bestreitet, die Kugel geworfen zu haben; sie sei ihm vielmehr infolge eines schweren Schlages, den F ihm versetzt habe, aus der Hand gefallen. Was tatsächlich passiert ist, lässt sich nicht aufklären.

Steht K gegen B ein Anspruch auf Schadensersatz zu?

A. K könnte gegen den B ein Schadensersatzanspruch aus **§ 823 Abs. 1** zustehen.

Dazu müssen die **Voraussetzungen** des haftungsbegründenden Tatbestands vorliegen.

I. K hat eine **Körper- und Gesundheitsverletzung** erlitten.

II. Diese muss **durch ein Verhalten** des B verursacht worden sein.

Es lässt sich nicht mehr feststellen, ob B die Kugel geworfen hat oder ob sie ihm durch einen Schlag des F aus der Hand gefallen ist. Daher ist fraglich, ob überhaupt ein Verhalten des B vorliegt.

Verhalten ist ein menschliches Tun, das der Bewusstseinskontrolle und Willenslenkung unterliegt und somit beherrschbar ist. Keine Handlungen sind daher körperliche Bewegungen, die unter physischem Zwang ausgeführt oder als unwillkürlicher Reflex durch fremde Einwirkung ausgelöst werden.[30]

> Verhalten ist ein menschliches Tun, das der Bewusstseinskontrolle und Willenslenkung unterliegt und somit beherrschbar ist.

Sollte B die Kugel geworfen haben, so ist ein Verhalten des B gegeben. Wenn ihm die Kugel jedoch durch einen Schlag des F aus der Hand gefallen ist, so liegt kein von B beherrschbares Tun vor, sodass es an einem Verhalten des B fehlt.

Es steht daher nicht fest, ob ein Verhalten des B gegeben ist. Fraglich ist, wie sich diese Unaufklärbarkeit des Sachverhalts auf den Anspruch des K aus § 823 Abs. 1 auswirkt.

---

30 BGHZ 39, 103, 106.

Nach den allgemeinen Beweislastgrundsätzen des Zivilrechts muss jeder die Tatsachen darlegen und gegebenenfalls beweisen, die für ihn günstig sind. D.h. der Anspruchsteller muss im Rahmen des Anspruchs aus § 823 Abs. 1 die Tatsachen für sämtliche Anspruchsvoraussetzungen darlegen und beweisen.

Daher muss K nachweisen, dass ein Verhalten des B vorliegt und für seine Verletzung ursächlich war. Diesen Nachweis kann K nicht erbringen, sodass zu seinem Nachteil davon ausgegangen wird, dass kein Verhalten des B vorliegt.

Daher steht dem K gegen den B kein Anspruch auf Schadensersatz aus § 823 Abs. 1 zu.

B. Aus demselben Grund scheitert auch ein Schadensersatzanspruch aus **§ 823 Abs. 2 i.V.m. § 229 StGB**.

C. K könnte gegen B (und F) ein Anspruch aus **§ 830 Abs. 1 S. 2** auf Schadensersatz zustehen.

Gemäß § 830 Abs. 1 S. 2 sind alle Beteiligten für einen Schaden verantwortlich, wenn sich nicht ermitteln lässt, wer von mehreren Beteiligten den Schaden durch seine Handlung verursacht hat.

Voraussetzung ist also zunächst, dass bei mehreren Beteiligten ein anspruchsbegründendes Verhalten gegeben ist, wenn man vom Nachweis der Kausalität absieht.

Hier ist jedoch nicht die Kausalität zweifelhaft, sondern es steht bereits nicht fest, dass ein Verhalten des B vorliegt. Folglich liegen die Voraussetzungen des § 830 Abs. 1 S. 2 nicht vor.

Daher hat der K auch keinen Anspruch aus § 830 Abs. 1 S. 2 gegen B (und F).

Fall 18: Abgrenzung positives Tun – Unterlassen

Putzfrau P wischte auftragsgemäß in einem Bürohaus das mit Holzdielen ausgelegte Treppenhaus mit Bohnerwachs. Da sie sehr in Eile war, weil sie noch andere Aufträge zu erledigen hatte, vergaß sie, Schilder mit dem Hinweis „Vorsicht – frisch gebohnert!" aufzustellen. Als K kurze Zeit später durch das Treppenhaus ging, rutschte er auf dem glatten Boden aus und brach sich ein Bein.

K verlangt von P Ersatz seiner Heilbehandlungskosten sowie ein angemessenes Schmerzensgeld.

A. K könnte gegen P ein Anspruch auf Schadensersatz aus **§ 823 Abs. 1** zustehen.

I. Dazu müssen die **Voraussetzungen** des haftungsbegründenden Tatbestands vorliegen.

1. K hat infolge des Beinbruchs eine **Körper- und Gesundheitsverletzung** erlitten.

2. Diese muss **durch ein Verhalten** der P verursacht worden sein.

a) Das **Verhalten** der P könnte in dem Wischen der Treppe mit Bohnerwachs zu sehen sein – **positives Tun** – oder in dem **Unterlassen** des Aufstellens der Warnschilder gesehen werden. Wie die Abgrenzung zwischen positivem Tun und Unterlassen vorzunehmen ist, wird nicht einheitlich beurteilt.

aa) Nach einer Ansicht erfolgt die Abgrenzung – wie im Strafrecht – nach dem sozialen Sinngehalt des Schwerpunkts der Vorwerfbarkeit.[31]

Dass die Putzfrau die Treppe überhaupt mit Bohnerwachs gewischt hat und so für die Gefahrenquelle „glatte Treppe" gesorgt hat, kann ihr nicht vorgeworfen werden, da dieses Verhalten ihrem Auftrag entsprach und von ihr auch ordnungsgemäß ausgeführt worden ist. Sie hätte jedoch die Benutzer der Treppe durch Warnhinweise auf diese Gefahr aufmerksam machen müssen. Der Schwerpunkt der Vorwerfbarkeit liegt daher auf dem Unterlassen.

bb) Eine andere Ansicht stellt für die Abgrenzung zwischen Tun und Unterlassen auf die Gefahrerhöhung durch den Täter ab: Jemand, der sich einem fremden Rechtsgut gefährlich nähert, handelt; jemand, der, ohne die Gefahr durch sein Tun zu erhöhen, die Gefahr nicht abwendet, unterlässt.[32]

P hat durch ihr eigenes Tun – Wischen der Treppe – eine Gefahr für Körper und Gesundheit anderer Menschen geschaffen. Sie hat sich also durch ihr Verhalten einem fremden Rechtsgut gefährlich genähert, folglich gehandelt.

cc) Stellungnahme: Im Fall eines Unterlassens sind noch zusätzliche Tatbestandsmerkmale zu prüfen, während bei einer Handlung ohne weitere Prüfung ein Verhalten des Schädigers gegeben ist. Infolgedessen kann die Entscheidung des Meinungsstreits nicht dahinstehen.

Beachte:
Abgrenzung Tun und Unterlassen kann in einer Klausur nicht dahinstehen, da im Fall eines Unterlassens zusätzliche Tatbestandsmerkmale zu prüfen sind.

---

31 BGH NJW 1953, 211; Peifer § 3 Rn. 55; Wandt § 16 Rn. 102.
32 Jauernig/Teichmann § 823 Rn. 30; Staudinger/Hager § 823 Rn. H 6.

Wenn jemand durch sein eigenes Verhalten eine Gefahrenquelle schafft, kommt die zuletzt genannte Auffassung nach ihren Abgrenzungskriterien immer zu einer Handlung des Täters und somit ohne weitere Prüfung zu einem tatbestandsmäßigen Verhalten. Dies erscheint insofern unbillig, als die Schaffung von Gefahrenquellen von der Rechtsordnung nicht generell missbilligt wird. Daher ist es überzeugender, die Abgrenzung zwischen Tun und Unterlassen nach dem Schwerpunkt der Vorwerfbarkeit vorzunehmen.

Somit ist von einem Unterlassen der P auszugehen. Ein Unterlassen stellt nur dann ein tatbestandsmäßiges Verhalten i.S.v. § 823 Abs. 1 dar, wenn für den Unterlassenden eine **Rechtspflicht zum Handeln** gegenüber dem Geschädigten bestanden und er diese durch sein Unterlassen verletzt hat.

Prüfungsaufbau:
1. Bestehen einer Verkehrssicherungspflicht
2. Gegenüber dem Anspruchsgegner
3. Verletzung der Verkehrssicherungspflicht

Eine solche Rechtspflicht zum Handeln könnte sich für P aus einer **allgemeinen Verkehrssicherungspflicht** ergeben. Eine Verkehrssicherungspflicht besteht für denjenigen, der eine Gefahrenquelle schafft oder unterhält. Er muss dann die notwendigen und zumutbaren Vorkehrungen treffen, um Schäden anderer zu verhindern.

P hat durch das Wischen der Treppe mit Bohnerwachs die Gefahr geschaffen, dass andere Personen auf der glatten Treppe ausrutschen und sich verletzen. Es bestand daher für sie gegenüber jedermann, der die Treppe befugtermaßen benutzt, die Pflicht, dafür zu sorgen, dass diese Personen keine Schäden erleiden. Dazu wäre es erforderlich gewesen, Hinweisschilder aufzustellen, die auf die Ausrutschgefahr aufmerksam machen. Dieser Pflicht ist P nicht nachgekommen, sodass sie eine ihr gegenüber K obliegende Verkehrssicherungspflicht verletzt hat. Infolgedessen ist ihr Unterlassen tatbestandsmäßig und steht dem positiven Tun gleich. Mithin liegt ein Verhalten der P vor.

b) Das Verhalten der P muss **äquivalent kausal** für die Körper- und Gesundheitsverletzung des K gewesen sein. Ein Unterlassen ist äquivalent kausal, wenn das pflichtgemäße Handeln den Eintritt des Verletzungserfolgs mit an Sicherheit grenzender Wahrscheinlichkeit verhindert hätte.

Wenn P Hinweisschilder aufgestellt hätte, die auf die Gefahr des Ausrutschens aufmerksam gemacht hätten, so wäre K mit an Sicherheit grenzender Wahrscheinlichkeit vorsichtiger über die Treppe gegangen und es wäre nicht zu seinem Sturz und dem Beinbruch gekommen. Somit ist das Unterlassen der P äquivalent kausal für die Körperverletzung des K.

c) Das Verhalten der P muss auch **adäquat kausal** für die Verletzung des K gewesen sein.

Adäquat kausal ist jeder Umstand, der generell geeignet ist, den Verletzungserfolg herbeizuführen. Das Unterlassen des Aufstellens der Hinweisschilder war generell dazu geeignet, den Sturz des K und damit seine Verletzung herbeizuführen. Somit war das Verhalten der P adäquat kausal.

d) Das Verhalten der P hat nicht unmittelbar zur Körperverletzung des K geführt, sondern es ist noch ein eigenes Verhalten des K – Betreten der Treppe – hinzugetreten. Folglich liegt nur eine **mittelbare Verursachung** seitens der P vor. Fraglich ist daher, ob der Verletzungserfolg, der durch eigenes Verhalten des K herbeigeführt worden ist, der P noch zugerechnet werden kann.

Nach der **Lehre vom Schutzzweck der Norm** muss überprüft werden, ob die vom Schädiger verletzte Norm gerade dazu dient, den eingetretenen Verletzungserfolg zu verhindern.

P hat die ihr gegenüber K obliegende Verkehrssicherungspflicht verletzt. Diese Verkehrssicherungspflicht sollte gerade Verletzungen anderer Personen infolge der von P geschaffenen Gefahrenquelle verhindern. Somit kann P der von ihr mittelbar verursachte Verletzungserfolg zugerechnet werden.

Demnach ist die Körper- und Gesundheitsverletzung des K durch ein Verhalten der P verursacht worden, sodass der Tatbestand des § 823 Abs. 1 verwirklicht ist.

Beachte:
Verkehrssicherungspflichten haben zwei Funktionen:
1. Rechtspflicht zum Handeln (beim Verhalten zu prüfen)
2. Zurechnungszusammenhang bei mittelbarer Verursachung

3. Die **Rechtswidrigkeit** ist indiziert und Rechtfertigungsgründe greifen zugunsten der P nicht ein.

4. P hat in der Eile vergessen, die entsprechenden Warnschilder aufzustellen. Infolgedessen hat sie die im Verkehr erforderliche Sorgfalt außer Acht gelassen, somit handelte sie fahrlässig i.S.v. § 276 Abs. 2 und daher **schuldhaft**.

II. Als **Rechtsfolge** muss P dem K den durch die Körper- und Gesundheitsverletzung verursachten Schaden gemäß §§ 249 ff. ersetzen. D.h., sie ist zum Ersatz der Heilbehandlungskosten gemäß § 249 Abs. 2 verpflichtet; zudem muss sie K gemäß § 253 Abs. 2 ein angemessenes Schmerzensgeld zahlen.

B. Ferner ergibt sich auch aus **§ 823 Abs. 2 i.V.m. § 229 StGB** ein Anspruch des K gegen die P auf Ersatz der Heilungskosten sowie Zahlung eines angemessenen Schmerzensgeldes.

Fall 19: Geschützter Personenkreis bei Verkehrssicherungspflichten

Bauunternehmer U errichtete auf einem Grundstück in der X-Straße ein Haus. Das Tor zur Baustelleneinfahrt wurde dabei jeweils von dem letzten auf der Baustelle tätigen Bauarbeiter abgeschlossen. An einem Freitag war Bauarbeiter B noch allein bis 16.30 Uhr auf der Baustelle tätig. Er wollte an diesem Tag jedoch auf jeden Fall um 17.00 Uhr zu Hause sein, um ein Fußballspiel im Fernsehen zu verfolgen. Infolgedessen vergaß er in der Eile, die Baustelleneinfahrt zu verschließen.

Die zehnjährige K bemerkte bei einem Streifzug das offenstehende Baustellentor und betrat die Baustelle. Sie kletterte auf ein Gerüst, stürzte ab und brach sich ein Bein. K verlangt von B Ersatz ihrer Heilbehandlungskosten sowie ein angemessenes Schmerzensgeld.

A. K könnte gegen B ein Anspruch auf Schadensersatz aus **§ 823 Abs. 1** zustehen.

I. Dazu müssen die Voraussetzungen des haftungsbegründenden Tatbestands vorliegen.

1. K hat eine **Körper- und Gesundheitsverletzung** erlitten.

2. Diese muss **durch ein Verhalten des B** verursacht worden sein.

a) B hat es **unterlassen**, das Baustellentor abzuschließen. Ein Unterlassen stellt nur dann ein tatbestandsmäßiges Verhalten i.S.v. § 823 Abs. 1 dar, wenn für den Unterlassenden eine **Rechtspflicht zum Handeln** gegenüber dem Geschädigten bestanden hat und er diese durch sein Unterlassen verletzt hat. Eine Rechtspflicht zum Handeln könnte sich für B aus einer **allgemeinen Verkehrssicherungspflicht** ergeben.

aa) Dazu muss für B eine **Verkehrssicherungspflicht bestehen.**

Eine Verkehrssicherungspflicht besteht für denjenigen, der eine Gefahrenquelle schafft oder unterhält.

B hat das Tor zur Baustelleneinfahrt nicht abgeschlossen. Dadurch hat er die Gefahr geschaffen, dass Personen die Baustelle betreten und sich an den vorhandenen Geräten verletzen oder auf die Gerüste klettern und abstürzen. Somit bestand für B eine Verkehrssicherungspflicht.

bb) Die Verkehrssicherungspflicht muss **gegenüber K bestanden** haben.

Verkehrssicherungspflichten bestehen grundsätzlich nur gegenüber Personen, die befugtermaßen mit der Gefahrenquelle in Berührung kommen; Ausnahme: Auch gegenüber Unbefugten, wenn diese die Gefahr nicht erkennen können.

Grundsätzlich bestehen Verkehrssicherungspflichten nur gegenüber Personen, die befugtermaßen mit der Gefahrenquelle in Berührung kommen sollen oder kommen können.

K hat die Baustelle unbefugt betreten und kommt daher mit der Gefahrenquelle nicht befugt in Berührung. Demnach besteht die Verkehrssicherungspflicht grundsätzlich nicht gegenüber der K.

Kinder handeln jedoch erfahrungsgemäß Zutrittsverboten zuwider, da sie deren Bedeutung und die ihnen drohende Gefahr aufgrund mangelnder Lebenserfahrung nicht hinreichend erfassen können. Daher muss der Verkehrssicherungspflichtige Schutzmaßnahmen ergreifen, um Kinder vor ihrer Unerfahrenheit und Unbesonnenheit zu schützen, wenn die Gefahr besteht, dass Kinder trotz Verbots einen Bereich zum Spielen benutzen und sie sich dabei verletzen können.

Baustellen üben auf Kinder eine besonders große Anziehungskraft aus, folglich war mit dem Betreten der Baustelle durch Kinder zu rechnen, wenn das Tor nicht abgeschlossen war. Somit bestand die Verkehrssicherungspflicht des B auch gegenüber K, obwohl sie unbefugt mit der Gefahrenquelle in Berührung kam.

cc) B muss die **Verkehrssicherungspflicht verletzt** haben. D.h., er muss die erforderlichen und zumutbaren Absicherungsmaßnahmen unterlassen haben. Zur Absicherung der Gefahrenquelle wäre es erforderlich und auch zumutbar gewesen, die Baustelleneinfahrt zu verschließen. Dies hat B unterlassen, sodass er seine Verkehrssicherungspflicht verletzt hat. Infolgedessen ist das Unterlassen des B tatbestandsmäßig und es liegt ein Verhalten vor.

b) Hätte B die Baustelleneinfahrt verschlossen, hätte K mit an Sicherheit grenzender Wahrscheinlichkeit nicht auf das Baugerüst klettern können, wäre nicht abgestürzt und hätte sich nicht verletzt. Das Verhalten des B war somit **äquivalent kausal** für die Verletzung der K.

c) Es liegt auch nicht außerhalb der Lebenserfahrung, dass Kinder nicht verschlossene Baustellen betreten und sich dort verletzen, sodass das Verhalten des B auch **adäquat kausal** für die Verletzung der K war.

d) Der erforderliche **Zurechnungszusammenhang** ergibt sich aus der bereits festgestellten Verkehrssicherungspflichtverletzung.

3. Die **Rechtswidrigkeit** ist indiziert.

4. Indem B in der Eile vergaß, die Baustelleneinfahrt zu verschließen, hat er die im Verkehr erforderliche Sorgfalt außer Acht gelassen und somit **fahrlässig** i.S.v. § 276 Abs. 2 und daher schuldhaft gehandelt.

II. Als **Rechtsfolge** muss B der K den durch die Rechtsgutverletzung verursachten Schaden gemäß §§ 249 ff. ersetzen.

1. Gemäß § 249 Abs. 2 S. 1 ist er zum Ersatz der Heilungskosten verpflichtet und er muss gemäß § 253 Abs. 2 angemessenes Schmerzensgeld zahlen.

2. In Betracht kommt eine Anspruchskürzung gemäß § 254 aufgrund Mitverschuldens der K.

a) Mitverschulden ist ein Verschulden gegen sich selbst und setzt daher Verschuldensfähigkeit voraus. Hinsichtlich der **(Mit-)Verschuldensfähigkeit gelten die §§ 827, 828 analog.**

Bei einem Minderjährigen im Alter von 7–18 Jahren ist analog § 828 Abs. 3 auf die Fähigkeit abzustellen, die Gefährlichkeit seines Verhaltens zu erkennen und entsprechend zu handeln. Es sind also die individuelle Einsichtsfähigkeit und der Grad der Mitverursachung der 10-jährigen K zu berücksichtigen. Da der Gesetzgeber in § 828 Abs. 3 grundsätzlich von der Einsichtsfähigkeit ausgeht und im Sachverhalt keine entgegenstehenden Hinweise enthalten sind, ist von der Einsichtsfähigkeit der K und somit ihrer (Mit-) Verschuldensfähigkeit auszugehen.

b) Sie hat ihre Körperverletzung mitverursacht, indem sie die Baustelle betreten hat und auf das Gerüst geklettert ist, sodass ihr Anspruch gegen B daher gemäß § 254 Abs. 1 wegen Mitverschuldens zu kürzen ist.

B. Ferner besteht ein Anspruch der K gegen B aus **§ 823 Abs. 2 i.V.m. § 229 StGB**, der aber ebenfalls wegen Mitverschuldens der K gekürzt wird.

Beachte:
Mitverschulden setzt Verschuldensfähigkeit voraus. Diese beurteilt sich nach §§ 827, 828 analog.

Fall 20: Umfang von Verkehrssicherungspflichten
(frei nach OLG Frankfurt MDR 2011, 725 = RÜ 2011, 558)

Die B veranstaltete im Jahre 2019 ein Bundesligafußballspiel in Frankfurt. Bei diesem Spiel handelte es sich um ein sogenanntes „Risikospiel", da die Fans beider Vereine seit Jahren rivalisieren und es bei entsprechenden Paarungen bereits in der Vergangenheit zu überdurchschnittlichen Ausschreitungen gekommen war.

Der K war bei diesem Spiel als Rasenpfleger für den Stadionbetreiber, die C-GmbH, eingesetzt. Während des Spiels kam es – vermutlich aus einem mit Anhängern des Gästevereins besetzten Block heraus – zur Zündung mehrerer Feuerwerkskörper.

K hat vorgetragen, er habe sich zu diesem Zeitpunkt weisungsgemäß in der Nähe eines der vier Marathontore aufgehalten. Zumindest ein Feuerwerkskörper sei in der Nähe seines Kopfes explodiert. Er habe dadurch einen Tinnitus, verbunden mit einer Minderung der Hörfähigkeit auf einem Ohr um 35%, als Dauerschaden erlitten. Zudem leide er unter Kopfschmerzen, Schwindel und Schlafstörungen.

K begehrt von B ein angemessenes Schmerzensgeld, da B die Zuschauer – insbesondere die Gästefans – nicht ausreichend kontrolliert habe.

B behauptet, alles Mögliche und Zumutbare zur Vermeidung des Mitführens von Sprengkörpern getan zu haben: Sie habe nach ihrem Sicherheitskonzept für „Risikospiele" alle Zuschauer vor dem Betreten des Stadions einer Kontrolle – insbesondere auch auf das verbotene Mitführen von Feuerwerkskörpern – unterzogen; zudem seien die Fans des Gästevereins zusätzlich ein zweites Mal vor Betreten des Stadionblocks kontrolliert worden und schließlich habe man stichprobenweise einzelne Fans ein drittes Mal kontrolliert. Dieser Kontrollumfang sei bei derartigen Sportveranstaltungen national und international üblich.

Steht K gegen B ein Anspruch auf angemessenes Schmerzensgeld aus § 823 Abs. 1 i.V.m. § 253 Abs. 2 zu?

A. K könnte gegen B ein Anspruch auf angemessenes Schmerzensgeld aus **§ 823 Abs. 1 i.V.m. § 253 Abs. 2** zustehen.

Dazu müssen die Voraussetzungen des haftungsbegründenden Tatbestands vorliegen.

I. K hat infolge des in der Nähe seines Kopfes explodierten Feuerwerkskörpers eine Körper- und Gesundheitsverletzung erlitten.

II. Dies muss **durch ein Verhalten der B** verursacht worden sein.

1. B hat es unterlassen, die Zuschauer des Fußballspiels – insbesondere die Gästefans – so zu kontrollieren, dass ein Mitführen von verbotenen Feuerwerkskörpern auf jeden Fall ausgeschlossen war. Ein Unterlassen ist jedoch nur dann ein tatbestandsmäßiges Verhalten, wenn für den Anspruchsgegner eine **Rechtspflicht zum Handeln** bestanden hat und er dieser nicht nachgekommen ist.

Eine Rechtspflicht zum Handeln könnte sich für B aus einer **allgemeinen Verkehrssicherungspflicht** ergeben.

a) Dazu muss für B eine **Verkehrssicherungspflicht bestehen.**

Eine Verkehrssicherungspflicht besteht für denjenigen, der eine Gefahrenquelle schafft oder unterhält.

Der Veranstalter eines planmäßig durchgeführten sportlichen Wettkampfes mit öffentlichem Interesse, zu dem Zuschauer gegen Entgelt eingeladen werden, „schafft" eine Gefahr, indem er den Zustand, von dem für die Zuschauer eine Gefährdung ausgehen kann, herbeiführt oder andauern lässt.

Somit bestand für B eine Verkehrssicherungspflicht.

b) Die Verkehrssicherungspflicht muss **gegenüber K bestanden** haben.

Grundsätzlich bestehen Verkehrssicherungspflichten nur gegenüber Personen, die befugtermaßen mit der Gefahrenquelle in Berührung kommen sollen oder kommen können.

K war bei diesem Spiel als Rasenpfleger für den Stadionbetreiber eingesetzt und hielt sich daher während des Spiels befugtermaßen im Stadion auf, sodass die Verkehrssicherungspflicht gegenüber ihm bestanden hat.

c) B muss die **Verkehrssicherungspflicht verletzt** haben. D.h., sie muss die erforderlichen und zumutbaren Absicherungsmaßnahmen unterlassen haben.

Ob die Verkehrssicherungspflicht verletzt worden ist, hängt von den Umständen des Einzelfalls ab. Maßgeblich ist insbesondere, welche Rücksichtnahme gefordert und zumutbarerweise erwartet werden kann. Dabei ist jedoch zu berücksichtigen, dass nicht jeder abstrakten Gefahr vorbeugend begegnet werden kann. Eine Verkehrssicherung, die jede Schädigung ausschließt, ist im praktischen Leben nicht erreichbar. Deshalb muss nicht für alle denkbaren Möglichkeiten eines Schadenseintritts Vorsorge getroffen werden. **Es sind vielmehr nur die Vorkehrungen zu treffen, die geeignet sind, die Schädigung anderer tunlichst abzuwenden.** Daher reicht es anerkanntermaßen aus, diejenigen Sicherheitsvorkehrungen zu treffen, die ein verständiger, umsichtiger, vorsichtiger und gewissenhafter Angehöriger der betroffenen Verkehrskreise – hier: der Sportveranstalter – für ausreichend halten darf, um andere Personen – hier: Zuschauer und andere im Stadion anwesende Personen – vor Schäden zu bewahren, und die ihm den Umständen nach zuzumuten sind.

B hat nach ihrem Sicherheitskonzept für „Risikospiele" alle Zuschauer vor dem Betreten des Stadions einer Kontrolle unterzogen, bei der insbesondere auch das verbotene Mitführen von Feuerwerkskörpern untersucht wurde; zudem sind die Fans des Gästevereins zusätzlich ein zweites Mal vor dem Betreten ihres Stadionblocks kontrolliert und schließlich sind stichprobenweise einzelne Fans ein drittes Mal kontrolliert worden.

Mit diesen Kontrollen hat B die Sicherheitsvorkehrungen getroffen, die ein verständiger und gewissenhafter Sportveranstalter zum Schutz der Zuschauer und anderer Personen für ausreichend gehalten hätte.

> Verkehrssicherungspflichten sind erfüllt, wenn man diejenigen Sicherheitsvorkehrungen trifft, die ein verständiger Angehöriger des betroffenen Verkehrskreises für ausreichend halten darf, um andere Personen vor Schäden zu bewahren, und die ihm den Umständen nach zuzumuten sind.

Auch wenn man davon ausgeht, dass bei Sportveranstaltungen, insbesondere Fußballspielen, an den Schadensverhütungsaufwand besonders große Anforderungen zu stellen sind, weil durch das Aufeinandertreffen rivalisierender, emotionsaufgeladener und zum Teil sogar gewaltbereiter Fans in großer Zahl die nicht unerhebliche Gefahr bewusster tätlicher Auseinandersetzungen besteht, hat B die an ihre Sicherungspflicht zu stellenden Anforderungen (gerade noch) erfüllt, da der Umfang der Kontrollen dem entsprach, was bei vergleichbaren anderen Sportveranstaltungen üblich ist.

Dabei kommt es nicht darauf an, dass bessere Kontrollen technisch möglich und den Veranstaltern von Bundesliga-Fußballspielen auch – finanziell – zumutbar sind. **Maßgeblich ist nur, ob der Verkehrssicherungspflichtige die Sicherungsvorkehrungen getroffen hat, die die in dem entsprechenden Bereich herrschende Verkehrsauffassung für erforderlich hält.** Da der Veranstalter die Kontrollen durchgeführt hat, die bei anderen – nationalen und internationalen – Fußballspielen üblich sind, hat er seiner Verkehrssicherungspflicht genügt.

2. Somit steht K gegen B mangels Verletzung einer Verkehrssicherungspflicht kein Anspruch auf angemessenes Schmerzensgeld aus § 823 Abs. 1 i.V.m. § 253 Abs. 2 zu.

B. Mangels einer Rechtspflicht zum Handeln aufseiten der B besteht auch kein Anspruch des K gegen B aus **§ 823 Abs. 2 i.V.m. § 229 StGB i.V.m. § 253 Abs. 2**.

Fall 21: Adäquanz
   (nach BGHZ 3, 261)

H und E kamen gleichzeitig mit ihren Schiffen an einer Schleuse an. Die Schleusung wurde in Abwesenheit des Schleusenmeisters durch den Schleusengehilfen T durchgeführt.

Dieser fragte vor Beginn der Schleusung H und E nach der Breite ihrer Schiffe. E gab die Breite richtig mit 6,67 m an, während der H die Breite unrichtig mit 5 m angab, obwohl sie tatsächlich 5,87 m betrug. Der Schleusengehilfe hielt die sich hiernach ergebende Gesamtbreite für ausreichend und veranlasste die Leerung der Schleusenkammer.

Während des Wasserablaufs pressten sich die ursprünglich frei schwimmenden Schiffe gegeneinander und hinterließen auch an den beiden Schleusenmauern Reibungsspuren. T erkannte die Gefährlichkeit der Situation zu spät.

Schließlich beschloss er, den Wasserspiegel wieder zu erhöhen, um die Klemmlage der Schiffe zu beseitigen. Die verklemmten Schiffe schwammen jedoch nicht gleichmäßig auf. Sie hoben sich nur schräg an, blieben aber mit starker Schlagseite an ihren Berührungsflächen mit der Schleusenmauer hängen.

Wegen Stromausfalls konnte T den Wasserzulauf nicht stoppen; das für solche Fälle vorhandene Notstromaggregat sprang nicht an. Das Schiff des E lief voll Wasser und sank.

E verlangt von H Schadensersatz für das gesunkene Schiff.

E könnte gegen H ein Schadensersatzanspruch aus **§ 823 Abs. 1** zustehen.

Dazu müssen die Voraussetzungen des haftungsbegründenden Tatbestands vorliegen.

I. Das Schiff des E ist gesunken, infolgedessen ist sein **Eigentum** an dem Schiff **verletzt**.

II. Die Eigentumsverletzung muss **durch ein Verhalten** des H verursacht worden sein.

1. Das **Verhalten** des H besteht in seiner falschen Angabe bzgl. der Schiffsbreite.

2. Hätte H die Breite seines Schiffes korrekt angegeben, hätte der Schleusengehilfe die Schleusung der beiden Schiffe nicht gleichzeitig durchgeführt und das Schiff des E wäre nicht gesunken. Somit war das Verhalten des H **äquivalent kausal** für die Eigentumsverletzung des E.

3. Das Verhalten des H – die falsche Breitenangabe – muss **adäquat kausal** für die Eigentumsverletzung des E gewesen sein.

Adäquat kausal ist ein Umstand, der generell und nicht nur unter ganz besonders einzigartigen, ganz unwahrscheinlichen und nach dem regelmäßigen Verlauf der Dinge außer Betracht zu lassenden Umständen geeignet ist, den Erfolg allein oder im Zusammenwirken mit anderen Umständen herbeizuführen. Nicht mehr adäquat kausal sind daher solche Verletzungserfolge, die so weit außerhalb aller Wahrscheinlichkeit liegen, dass mit ihrem Eintritt auch **vom Standpunkt eines optimalen Beobachters** vernünftigerweise nicht zu rechnen ist.

Die Eigentumsverletzung des E beruht auf einer Verkettung mehrerer Umstände: Die beiden Schiffe füllten fast die gesamte Breite der Schleuse aus, sodass es auf wenige Zentimeter ankam und die fehlerhafte Angabe des H relevant wurde; der Schleusengehilfe hat die Klemmlage der Schiffe zu spät bemerkt und die von ihm zur Lösung der Situation eingeleitete Wasserzufuhr war offenbar nicht geeignet, das Problem zu beseitigen; die Wasserzufuhr konnte wegen des Stromausfalls nicht gestoppt werden und das für derartige Situationen vorhandene Notstromaggregat sprang nicht an.

Jeder Umstand für sich genommen ist generell geeignet, den Erfolg herbeizuführen und daher adäquat kausal.

Dass jedoch diese verschiedenen Ursachen zusammentreffen und in ihrer Kombination zum Sinken des Schiffes führen, liegt derart außerhalb aller Wahrscheinlichkeit, dass mit ihrem Eintritt vernünftigerweise – auch vom Standpunkt eines optimalen Beobachters – nicht zu rechnen war. Daher war die falsche Breitenangabe seitens des H nicht adäquat kausal für die Eigentumsverletzung des E.

Infolgedessen steht E kein Schadensersatzanspruch gegen H wegen des gesunkenen Schiffes aus § 823 Abs. 1 zu.

Fall 22: Schutzzweck der Norm – Schockschaden (1)
(nach BGHZ 56, 163)

Der Ehemann der F wurde im Alter von 64 Jahren durch den Pkw des B tödlich verletzt. B war für den Unfall allein verantwortlich. F erlitt bei der Nachricht vom Unfalltod ihres Ehemanns einen Nervenzusammenbruch, der ärztlich behandelt werden musste.

F verlangt Ersatz für die Gesundheitsschäden, die sie selbst anlässlich des Unfalltodes des Ehemannes erlitten hat, sowie ein angemessenes Schmerzensgeld.

A. F könnte gegen B ein Anspruch auf Schadensersatz aus **§ 823 Abs. 1** zustehen.

I. Dazu müssen die **Voraussetzungen** des haftungsbegründenden Tatbestands vorliegen.

1. Der Nervenzusammenbruch der F könnte eine **Gesundheitsverletzung** darstellen.

Fraglich ist, inwieweit psychische Beeinträchtigungen als Gesundheitsverletzung i.S.v. § 823 Abs. 1 anzuerkennen sind. Würde man bei jeder psychischen Beeinträchtigung eine Gesundheitsverletzung annehmen, so würde die Haftung aus § 823 Abs. 1 unüberschaubar ausufern. Daher ist eine wertende Einschränkung geboten.

Psychische Beeinträchtigungen sind demnach eine Gesundheitsverletzung, wenn es zu **medizinisch erheblichen Folgewirkungen** kommt, die das Maß an Erregung und Trauer überschreiten, mit dem normalerweise gerechnet werden muss. Die Beeinträchtigung muss einen „echten Krankheitswert" haben.[33]

F hat durch die Nachricht vom Unfalltod ihres Ehemannes einen Nervenzusammenbruch erlitten, der ärztlicher Behandlung bedurfte. Mithin liegt eine psychische Beeinträchtigung vor, die eine medizinisch erhebliche Folgewirkung ausgelöst hat, sodass eine Gesundheitsverletzung der F gegeben ist.

2. Die Gesundheitsverletzung der F muss **durch ein Verhalten** des B verursacht worden sein.

a) Wäre B nicht mit dem Auto gefahren, hätte er den Ehemann der F nicht tödlich verletzt und F hätte keinen Nervenzusammenbruch infolge der Übermittlung dieser Nachricht erlitten, sodass das **Verhalten** des B **äquivalent kausal** für die Gesundheitsverletzung der F gewesen ist.

b) Es liegt auch nicht außerhalb der Lebenserfahrung, dass eine Ehefrau infolge der Mitteilung des Unfalltodes ihres Ehemannes einen Nervenzusammenbruch erleidet. Folglich war das Verhalten des B auch **adäquat kausal** für die Gesundheitsverletzung der F.

c) Ferner muss der erforderliche **Zurechnungszusammenhang nach der Lehre vom Schutzzweck der Norm** gegeben sein.

Beachte:
Nicht jede psychische Beeinträchtigung ist eine Gesundheitsverletzung. Nur wenn die psychische Beeinträchtigung einen **medizinisch diagnostizierbaren Krankheitswert** aufweist, ist eine Gesundheitsverletzung gegeben.

---

33 BGHZ 56, 163, 165.

Das Verhalten des B – Verursachung des Unfalls – hat nicht unmittelbar in die Gesundheit der F eingegriffen, sondern erst die Nachricht vom dadurch verursachten Unfalltod ihres Mannes hat bei ihr den Nervenzusammenbruch ausgelöst. Daher ist fraglich, ob B die Gesundheitsverletzung der F zugerechnet werden kann.

Nach der Lehre vom Schutzzweck der Norm muss überprüft werden, ob die vom Schädiger verletzte Norm gerade dazu dient, den eingetretenen Verletzungserfolg zu verhindern.

Der Schutzzweck des § 823 Abs. 1 ist darauf gerichtet, Personen vor der unmittelbaren Verletzung der dort genannten Rechtsgüter zu schützen.

Beachte:
Schockschäden sind dem Schädiger nur zuzurechnen, wenn ein **naher Angehöriger** des Verletzten/Getöteten den Schock erleidet oder eine **sonstige enge persönliche Beziehung** besteht!

Problematisch ist, ob dies auch für eine durch ein schockierendes Ereignis psychisch vermittelte Gesundheitsverletzung gilt. Um eine Ausuferung der Haftung zu vermeiden, wird ein derartiger Schockschaden dem Schädiger nur dann zugerechnet, wenn die Verletzung nicht dem allgemeinen Lebensrisiko des Verletzten zuzurechnen ist, sondern wenn der Tote oder Verletzte ein **naher Angehöriger** ist oder eine **sonstige enge persönliche Beziehung** besteht.

Der Getötete war der Ehemann der F, folglich ein naher Angehöriger, sodass die durch das schockierende Ereignis psychisch vermittelte Gesundheitsverletzung der F dem B zuzurechnen ist.

Infolgedessen ist der Tatbestand des § 823 Abs. 1 verwirklicht.

3. Die **Rechtswidrigkeit** ist indiziert und Rechtfertigungsgründe greifen zugunsten des B nicht ein.

4. Laut Sachverhalt trifft B ein **Verschulden**.

II. Als **Rechtsfolge** muss B der F den durch die Körper- und Gesundheitsverletzung verursachten Schaden gemäß §§ 249 ff. ersetzen. D.h., er ist zum Ersatz der Heilbehandlungskosten gemäß § 249 Abs. 2 verpflichtet; zudem muss er F gemäß § 253 Abs. 2 ein angemessenes Schmerzensgeld zahlen.

B. Ferner ergibt sich ein Anspruch der F gegen B aus **§ 823 Abs. 2 i.V.m. § 229 StGB** auf Ersatz der Heilbehandlungskosten und Zahlung eines angemessenen Schmerzensgeldes.

Fall 23: Schutzzweck der Norm – Schockschaden (2)
(nach BGH RÜ 2018, 490)

S, ein ehemaliger Schüler der Berufsbildenden Schule in L, begab sich am 18.02.2019 während der Unterrichtszeit in das Schulgebäude. Er war mit einem Messer und einer geladenen Schreckschusspistole bewaffnet und führte bengalische Feuer mit sich. Er wollte seinen früheren Lehrer B und den Schulleiter Z töten. Mittels der Feuerwerkskörper wollte er Feueralarm und damit Chaos auslösen, um sodann weitere Lehrer sowie Schüler töten zu können.

Nach Betreten des Schulgebäudes traf S auf den Lehrer B und tötete diesen durch fünf Messerstiche. Im Anschluss daran löste er Feueralarm aus. Er bedrohte drei Lehrer, denen er im Treppenhaus begegnete, mit der Schreckschusspistole, schlug einen der Lehrer zu Boden und gab mehrere Schüsse aus seiner Schreckschusspistole ab, darunter einen auf den Schulleiter Z, der ihn zum Aufgeben bewegen wollte.

Zu den nach Verständigung der Polizei zum Tatort beorderten Polizeibeamten gehörte der Polizeibeamte K, der mit drei weiteren Kollegen das Schulgebäude betrat und es gezielt nach dem mutmaßlichen Amokläufer durchsuchte. Nachdem die Polizisten den S gestellt hatten, forderten sie ihn unter Vorhalt ihrer Dienstwaffen zur Aufgabe auf. S warf daraufhin seine Schreckschusspistole und eine Umhängetasche weg und ließ sich festnehmen.

Bei dem Polizeibeamten K lag infolge dieses Vorfalls eine Anpassungsstörung als Reaktion auf eine schwere seelische Belastung vor, die eine medizinische Behandlungsbedürftigkeit zur Folge hatte und zu einer Dienstunfähigkeit vom 22.02.2019 bis 13.03.2019 führte.

K verlangt von S Ersatz seines Verdienstausfalls i.H.v. 3.000 €. Zu Recht?

A. In Betracht kommt ein Anspruch des K gegen S auf Ersatz seines Verdienstausfalls aus **§ 823 Abs. 1.**

I. Dazu müssen die **Voraussetzungen** des haftungsbegründenden Tatbestands gegeben sein.

1. Es muss es sich bei der psychischen Beeinträchtigung des K um eine **Gesundheitsverletzung** handeln.

Um eine Ausuferung der deliktischen Haftung zu vermeiden, stellen psychische Beeinträchtigungen nur dann eine Gesundheitsverletzung dar, wenn es zu medizinisch erheblichen Folgewirkungen kommt, die das Maß an Erregung und Trauer überschreiten, mit dem normalerweise gerechnet werden muss.

Bei K ist es infolge des Amoklaufs zu einer Anpassungsstörung als Reaktion auf eine schwere seelische Belastung gekommen, die eine medizinische Behandlungsbedürftigkeit zur Folge hatte, sodass die psychische Beeinträchtigung eine Gesundheitsverletzung darstellt.

2. Diese muss **durch ein Verhalten des S** verursacht worden sein.

a) Ohne den Amoklauf des S wäre K nicht zum Tatort beordert worden, um zusammen mit seinen Kollegen das Schulgebäude nach dem mutmaßlichen Amokläufer zu durchsuchen, und hätte keine psychische Beeinträchtigung erlitten. Infolgedessen war das Verhalten des S **äquivalent kausal** für die Gesundheitsverletzung des K.

b) Ferner liegt es auch nicht außerhalb aller Lebenswahrscheinlichkeit, dass ein Polizeibeamter, der zum Tatort eines Amoklaufs gerufen wird, aufgrund der unmittelbaren Beteiligung an dem Geschehen eine psychische Beeinträchtigung erleidet, sodass die Handlung des S auch **adäquat kausal** gewesen ist.

c) Fraglich ist jedoch, ob der Verletzungserfolg dem S **nach der Lehre vom Schutzzweck der Norm objektiv zurechenbar** ist, **obwohl sich durch den Einsatz des K bei dem Amoklauf des S das berufsspezifische Risiko eines Polizeibeamten realisiert hat.**

Eine Schadensersatzpflicht besteht nach der Lehre vom Schutzzweck der Norm nur, wenn die Tatfolgen, für die Ersatz begehrt wird, aus dem Bereich der Gefahren stammen, zu deren Abwendung die verletzte Norm erlassen worden ist. Hierfür muss die Norm den Schutz des Rechtsguts gerade gegen die vorliegende Schädigungsart bezwecken; die geltend gemachte Rechtsgutverletzung bzw. der geltend gemachte Schaden müssen also auch nach Art und Entstehungsweise unter den Schutzzweck der verletzten Norm fallen. **Daran fehlt es in der Regel, wenn sich eine Gefahr realisiert hat, die dem allgemeinen Lebensrisiko und damit dem Risikobereich des Geschädigten zuzurechnen ist.**

Für Verkehrsunfälle hat der BGH entschieden, dass dem allgemeinen Lebensrisiko eine psychische Schädigung von Personen zuzuordnen ist, die an dem eigentlichen Unfallgeschehen nicht selbst beteiligt waren, deren Schädigung aus der bloßen Anwesenheit bei dem Unfallgeschehen herrührt und die mit den eigentlichen Unfallbeteiligten nicht in näherer Beziehung stehen. Im Gegensatz dazu hat der BGH die Haftpflicht eines Unfallverursachers in Fällen anerkannt, in denen der Geschädigte als direkt am Unfall Beteiligter eine psychische Gesundheitsverletzung erlitten hat. Maßgeblich für die Zurechnung war dabei, dass der **Schädiger dem Geschädigten die Rolle eines unmittelbaren Unfallbeteiligten aufgezwungen** hat und dieser das Unfallgeschehen psychisch nicht verkraften konnte. **Nichts anderes kann nach Ansicht des BGH für eine aufgezwungene unmittelbare Beteiligung des Geschädigten an einem Geschehen gelten, das durch eine vorsätzlich begangene Straftat ausgelöst wurde.**[34]

S habe mit dem Amoklauf eine Gefahrenlage geschaffen. Er habe den Polizeibeamten, die zum Tatort beordert wurden, eine unmittelbare Beteiligung an dem Geschehen dahingehend aufgezwungen, sich in die Gefahrenlage zu begeben und diese mit der Festnahme des S zu beenden. Für die Rolle der Polizeibeamten als unmittelbar an dem Geschehen Beteiligte sei es nicht erheblich, wie sich S bis zu seiner Festnahme ihnen gegenüber verhalten habe; insbesondere sei es nicht erforderlich, dass sie Opfer eines gezielten Angriffs des S geworden seien. Die infolge der unmittelbaren Be-

Die für die Zurechnung von Schockschäden erforderliche persönliche Nähebeziehung kann sich als auch daraus ergeben, dass der Schädiger dem Geschädigten die Rolle eines unmittelbaren Unfallbeteiligten aufgezwungen hat.

---

34 BGH RÜ 2018, 490, 491.

teiligung an dem Geschehen eingetretene psychische Gesundheitsverletzung des Polizeibeamten K gehe daher über das hinaus, was als zum allgemeinen Lebensrisiko gehörig hinzunehmen sei.

Der Umstand, dass sich in der psychischen Gesundheitsverletzung des Polizeibeamten K das speziell mit einem beruflichen Einsatz von Polizeibeamten verbundene, also berufsspezifische Risiko verwirklicht hat, stehe der Zurechnung im vorliegenden Fall nicht entgegen. Jedenfalls bei vorsätzlichen schweren Gewaltverbrechen, mit denen typischerweise Angst und Schrecken verbreitet werden sollen und verbreitet werden, bestehe im Rahmen der gebotenen wertenden Betrachtung kein Grund, die psychischen Auswirkungen des Geschehens auf einen daran unmittelbar beteiligten Polizeibeamten von der Zurechnung an den Schädiger auszunehmen. Zwar gehöre es zur Ausbildung und zum Beruf eines Polizeibeamten, sich auf derartige Belastungssituationen vorzubereiten, mit ihnen umzugehen, sie zu bewältigen und zu verarbeiten. Das Risiko, dass er aus einer solchen Belastungssituation eine psychische Gesundheitsverletzung davontrage, sei aber jedenfalls bei Straftaten der vorliegenden Art nicht allein seiner Sphäre zuzurechnen. **Das Verhalten eines Amokläufers zeichne sich durch ein hohes Maß an Aggressivität gegenüber nicht nur der körperlichen, sondern auch der seelischen Unversehrtheit der Betroffenen aus. Ihm das Haftungsrisiko für die psychischen Auswirkungen seines Tuns insoweit abzunehmen, als davon Polizeibeamte betroffen sind, lasse sich bei wertender Betrachtung nicht rechtfertigen.**[35]

Demnach liegt der Tatbestand des § 823 Abs. 1 vor.

Letztlich geht es dem BGH darum, den Amokläufer nicht zu privilegieren.

3. Die **Rechtswidrigkeit** ist durch die Verwirklichung des Tatbestands indiziert und Rechtfertigungsgründe greifen zugunsten des S nicht ein.

4. Schließlich muss S auch **schuldhaft** – also vorsätzlich oder fahrlässig – gehandelt haben. S wird damit gerechnet haben, dass sein Amoklauf einen Polizeieinsatz zur Folge hat und infolgedessen möglicherweise auch die zum Tatort beorderten Polizeibeamten verletzt werden. Bereits der Umstand, dass er seinen Plan trotzdem in die Tat umgesetzt hat, zeigt, dass er die Verletzung der Polizisten zumindest billigend in Kauf genommen hat. Demnach hat S vorsätzlich und somit schuldhaft gehandelt.

II. Als **Rechtsfolge** muss S dem K den aus der Gesundheitsverletzung entstandenen Schaden gemäß §§ 249 ff. ersetzen. Folglich muss S dem K den entgangenen Verdienst i.H.v. 3.000 € gemäß § 251 Abs. 1 Alt. 1 erstatten.

Daher steht K gegen S ein Anspruch aus § 823 Abs. 1 i.H.v. 3.000 € zu.

B. Ferner steht K gegen S ein Anspruch **aus § 823 Abs. 2 i.V.m. § 223 StGB** zu.

---

35 BGH RÜ 2018, 490, 492.

> ### Fall 24: Schutzzweck der Norm – mittelbare Verursachung – spezielle Verhaltenspflicht
> (nach BGHZ 107, 359)
>
> B missachtete die Vorfahrt des K und verursachte dadurch schuldhaft einen Verkehrsunfall. Bei der Befragung durch die Polizei versuchte B, den für den Unfall nicht verantwortlichen K als wahren Schuldigen darzustellen. Dies erregte den an Bluthochdruck (Hypertonie) leidenden K derart, dass er einen Schlaganfall erlitt.
>
> K, der infolge des Schlaganfalls arbeitsunfähig ist, verlangt von B Schadensersatz aus § 823 Abs. 1.

A. K könnte gegen B ein Anspruch auf Schadensersatz aus **§ 823 Abs. 1 *wegen der Vorfahrtsmissachtung*** zustehen.

Dazu müssen die **Voraussetzungen** des haftungsbegründenden Tatbestands gegeben sein.

I. K hat einen Schlaganfall und somit eine **Körper- und Gesundheitsverletzung** erlitten.

II. Diese muss **durch ein Verhalten des B** verursacht worden sein.

1. B hat die Vorfahrt des K missachtet.

2. Hätte B die Vorfahrt des K nicht missachtet und dadurch den Unfall verursacht, wäre es nicht zu der polizeilichen Befragung gekommen, bei der B falsche Anschuldigungen zulasten des K erhoben hat. Folglich hätte sich K auch nicht über die unzutreffenden Vorwürfe des B aufgeregt und hätte keinen Schlaganfall wegen seiner Hypertonie erlitten. Somit war das Verhalten des B **äquivalent kausal** für die Verletzung des K.

3. Das Verhalten des B muss auch **adäquat kausal** für die Verletzung des K gewesen sein.

Adäquat kausal ist jeder Umstand, der generell geeignet ist, den Verletzungserfolg herbeizuführen. Die Verursachung eines Unfalls durch Missachtung der Vorfahrtsregeln ist generell dazu geeignet, bei einem an Bluthochdruck leidenden Menschen einen heftigen Erregungszustand auszulösen, sodass er infolgedessen einen Schlaganfall erleidet.

Möglicherweise ist die Adäquanz zu verneinen, weil der Schlaganfall im Wesentlichen auf der Bluthochdruckerkrankung des K beruhte und bei einem gesunden Menschen ein solcher Verletzungserfolg nicht eingetreten wäre.

Es liegt jedoch nicht außerhalb der Vorhersehbarkeit, dass ein Verkehrsteilnehmer an Bluthochdruck leidet. Insofern muss ein Unfallverursacher auch damit rechnen, dass der Geschädigte infolge der Hypertonie aus der Aufregung über den Unfall einen Gesundheitsschaden erleidet.

Demnach ist das Verhalten des B adäquat kausal für die Gesundheitsverletzung des K.

4. Ferner muss der erforderliche **Zurechnungszusammenhang nach der Lehre vom Schutzzweck der Norm** gegeben sein.

a) Ein gesunder Mensch hätte infolge der durch den Unfall verursachten Aufregung keinen Schlaganfall erlitten. Der Verletzungserfolg basierte also in erster Linie auf der Hypertonie des K. Fraglich ist daher, ob dem B die Gesundheitsverletzung des K wegen der bestehenden **Vorschädigung** nicht zugerechnet werden kann.

Ein Schädiger kann jedoch nicht verlangen, so behandelt zu werden, als ob er einen gesunden Menschen verletzt hätte. Denn er hat das konkrete Risiko, eine vorgeschädigte Person zu verletzen, gesetzt. Daher sind dem Schädiger auch diejenigen Auswirkungen seiner Verletzungshandlung zuzurechnen, die sich erst deshalb ergeben haben, weil der Verletzte bereits einen Körperschaden oder eine sonstige konstitutionelle Schwäche hatte.

b) Das Verhalten des B – Verursachung des Unfalls durch Missachtung der Vorfahrt – hat jedoch nicht unmittelbar in die Gesundheit des K eingegriffen, sondern erst die Erregung über das spätere Verhalten des B bei der polizeilichen Befragung hat bei K wegen seiner Hypertonie zu dem Schlaganfall geführt. Folglich liegt nur eine **mittelbare Verursachung** der Gesundheitsverletzung durch den Verkehrsunfall vor, sodass auch aus diesem Grund fraglich ist, ob dem B der Verletzungserfolg noch zugerechnet werden kann.

Nach der Lehre vom Schutzzweck der Norm muss überprüft werden, ob die vom Schädiger verletzte Norm gerade dazu dient, den eingetretenen Verletzungserfolg zu verhindern.

B hat die Vorfahrt des K missachtet und somit § 8 StVO verletzt.

Der Schutzzweck des § 8 StVO erstreckt sich auf die Verhütung von Unfallrisiken und die mit dieser Gefahr für Leben und Gesundheit in einem unmittelbaren Zusammenhang stehenden Gesundheitsschäden. Der Schutzzweck geht jedoch nicht soweit, dass der Vorfahrtsberechtigte auch vor den psychischen und physischen Belastungen bei der Unfallaufklärung bewahrt werden soll.[36]

Der Schlaganfall des K ist jedoch erst durch seine Aufregung über die falsche Anschuldigung seitens B bei der polizeilichen Befragung eingetreten, also durch ein Verhalten des B nach dem Unfall ausgelöst worden. Daher ist der eingetretene Verletzungserfolg nicht vom Schutzzweck des § 8 StVO erfasst und somit dem B nicht zuzurechnen.

Folglich hat K gegen den B keinen Schadensersatzanspruch aus § 823 Abs. 1 wegen der Vorfahrtsverletzung.

B. K könnte gegen B ein Anspruch auf Schadensersatz aus **§ 823 Abs. 1 wegen der falschen Anschuldigung bei der polizeilichen Befragung** zustehen.

Dazu müssen die **Voraussetzungen** des haftungsbegründenden Tatbestands vorliegen.

I. K hat einen Schlaganfall und somit eine **Körper- und Gesundheitsverletzung** erlitten.

Beachte:
Schutzzweck der Norm kann in zweifacher Hinsicht problematisch sein:
1. Bzgl. des Verletzungserfolges (Schockschäden, Vorschädigung)
2. Bzgl. der Verletzungshandlung (mittelbare Verursachung)

---

36 BGHZ 107, 359; Dunz JR 1990, 115; Hentschel/König/Dauer § 8 StVO Rn. 68; a.A. Börgers NJW 1990, 2535.

II. Diese muss **durch ein Verhalten des B** verursacht worden sein.

1. Hätte B bei der polizeilichen Befragung keine falschen Anschuldigungen zulasten des K erhoben, hätte sich K nicht so aufgeregt und hätte keinen Schlaganfall wegen seiner Hypertonie erlitten. Somit war das Verhalten des B **äquivalent kausal** für die Verletzung des K.

2. Es liegt nicht außerhalb der Lebenserfahrung, dass eine Person, die unter Bluthochdruck leidet, sich bei falschen Anschuldigungen derart aufregt, dass sie infolgedessen eine Gesundheitsverletzung erleidet. Demnach war das Verhalten des B auch **adäquat kausal** für die Verletzung des K.

3. Ferner muss der erforderliche **Zurechnungszusammenhang nach der Lehre vom Schutzzweck der Norm** gegeben sein.

Das Verhalten des B – die falsche Anschuldigung des K gegenüber der Polizei – hat die Gesundheitsverletzung des K nicht unmittelbar verursacht, sondern erst dessen eigene Erregung darüber hat wegen der Hypertonie zu dem Schlaganfall geführt. Daher muss nach dem Schutzzweck der Norm geprüft werden, ob der Schädiger eine Verhaltenspflicht verletzt hat, deren Sinn und Zweck es ist, den eingetretenen Verletzungserfolg zu verhindern.

Dass Unfallbeteiligte gegenüber den zur Unfallaufnahme erschienenen Polizeibeamten eine falsche Unfalldarstellung geben, verstößt jedoch gegen keine Verhaltenspflicht. Ein solches Auftreten von Verkehrsteilnehmern mit dem Versuch, das Verschulden an einem Unfall der anderen Seite zuzuschieben, überschreitet, sofern nicht weitere Umstände hinzutreten, noch nicht das Maß dessen, was jeder Verkehrsteilnehmer nach einem Unfall ohne Anspruch auf Schadensersatz hinzunehmen hat.[37]

Daher ist dem B die Gesundheitsverletzung auch nicht wegen seiner falschen Anschuldigung zuzurechnen.

Folglich hat K gegen den B keinen Schadensersatzanspruch aus § 823 Abs. 1 wegen der falschen Anschuldigung des B gegenüber der Polizei.

---

37 BGHZ 107, 359, 365.

Fall 25: Schutzzweck der Norm – mittelbare Verursachung – Herausforderung

(nach BGH NJW 1996, 1533 = RÜ 1996, 269)

Die Polizeibeamten P und M führten am 13.08. den damals knapp 17-jährigen B, der aufgrund eines Ermittlungsverfahrens wegen mehrerer Pkw-Aufbrüche und Diebstähle aus Wohnungen festgenommen worden war, dem Haftrichter vor. Der Tatverdächtige war wegen solcher Delikte bereits mehrfach vorbestraft. Nach der richterlichen Vernehmung nutzte B ein Gespräch der Polizeibeamten mit dem Haftrichter zur Flucht durch einen Sprung aus dem etwa 4 m über dem Erdboden gelegenen Fenster im ersten Obergeschoss des Gerichtsgebäudes. Die Polizeibeamten nahmen sofort die Verfolgung auf; während M die Treppe hinunterlief, eilte der damals 31 Jahre alte P zum Fenster und sprang dem Flüchtenden nach. B war bei seinem Sprung unverletzt geblieben; P erlitt Frakturen an beiden Beinen, die operativ versorgt werden mussten. Er wurde etwa sechs Monate lang stationär behandelt und war insgesamt rund 1 1/2 Jahre dienstunfähig.

P verlangt von B Schadensersatz aus § 823 Abs. 1.

P könnte gegen B ein Schadensersatzanspruch aus **§ 823 Abs. 1** zustehen.

I. Dazu müssen die **Voraussetzungen** des haftungsbegründenden Tatbestands vorliegen.

1. P hat eine **Körper- und Gesundheitsverletzung** erlitten.

2. Diese muss **durch ein Verhalten des B** verursacht worden sein.

a) Wäre B nicht aus dem Fenster gesprungen, um zu fliehen, wäre P nicht hinterher gesprungen und hätte sich nicht verletzt. Folglich war das **Verhalten** des B **äquivalent kausal** für die Verletzung des P.

b) Es liegt auch nicht außerhalb der Lebenserfahrung, dass ein Polizist einen flüchtigen Verdächtigen verfolgt und sich dabei verletzt. Somit war das Verhalten des B auch **adäquat kausal** für die Verletzung des P.

c) Ferner muss der erforderliche **Zurechnungszusammenhang nach der Lehre vom Schutzzweck der Norm** gegeben sein.

Das Verhalten des B – Sprung aus dem Fenster – hat nicht unmittelbar zur Körperverletzung des P geführt, sondern P hat die Verfolgung des B und den Sprung aus dem Fenster aufgrund eines selbstständigen Entschlusses aufgenommen. Folglich liegt nur eine mittelbare Verursachung der Körperverletzung des P durch das Verhalten des B vor, sodass fraglich ist, ob dem B der Verletzungserfolg zugerechnet werden kann.

Es handelt sich um einen Fall der sogenannten **psychisch vermittelten Kausalität**, bei dem nach der Lehre vom Schutzzweck der Norm wertend festgestellt werden muss, ob der Verletzungserfolg im Bereich der Gefahren liegt, um deretwillen die verletzte Rechtsnorm erlassen wurde.

B hat weder eine speziell geregelte Verhaltenspflicht noch eine allgemeine Verkehrssicherungspflicht verletzt. Er könnte jedoch die von der Rspr. mit der sogenannten **Herausforderungsformel** entwickelte Verhaltensnorm verletzt haben.

Danach kann jemand, der durch vorwerfbares Tun einen anderen zu selbstgefährdendem Verhalten herausfordert, diesem anderen dann, wenn dessen Willensentschluss auf einer mindestens im Ansatz billigenswerten Motivation beruht, aus unerlaubter Handlung zum Ersatz des Schadens verpflichtet sein, der infolge des durch die Herausforderung gesteigerten Risikos entstanden ist.[38]

Voraussetzungen der Herausforderungsformel:
1. Dritter wurde herausgefordert (vernünftiger Anlass)
2. Angemessenes Verhältnis zwischen Zweck der herausgeforderten Handlung und erkennbaren Risiken
3. Realisierung des gesteigerten Risikos (kein allgemeines Lebensrisiko)

aa) P muss zunächst durch das Verhalten des B zu seinem eigenen, selbstgefährdenden Verhalten aufgrund einer billigenswerten Motivation herausgefordert worden sein **(vernünftiger Anlass)**.

P war für die Bewachung des Tatverdächtigen B während der Vernehmung durch den Haftrichter aufgrund seiner Dienstpflichten zuständig. Daher gehörte auch die Verfolgung des flüchtenden B zur Erfüllung seiner beruflichen Aufgaben. Insofern bestand für P ein vernünftiger Anlass zur Verfolgung des B, mithin eine billigenswerte Motivation.

bb) Zwischen dem **Zweck der herausgeforderten Handlung und dem** für P **erkennbaren Risiko** muss ein **angemessenes Verhältnis** bestanden haben.

Zweck der Verfolgung des B und des damit verbundenen Sprunges aus dem Fenster durch den P waren die Aufklärung und Ahndung gewichtiger Straftaten, da es um die Aufbrüche von Autos und um Diebstähle aus Wohnungen ging. Zudem musste bei einer erfolgreichen Flucht des B mit der Begehung weiterer derartiger Straftaten gerechnet werden, da der Tatverdächtige wegen solcher Delikte bereits mehrfach vorbestraft war.

Andererseits war für P erkennbar, dass bei einem Sprung aus einem Fenster in etwa vier Meter Höhe ein erhebliches Verletzungsrisiko besteht. Dabei ist jedoch zu bedenken, dass sich P in der konkreten Situation sehr schnell entscheiden musste, ob er dem B hinterher springt oder wie sein Kollege M die Verfolgung über die Treppe aufnimmt. Ferner hat P vor seinem Entschluss gesehen, dass B den Sprung aus dem Fenster zumindest so unversehrt überstanden hat, dass er noch davonlaufen konnte. Infolgedessen stellte sich das für P erkennbare Verletzungsrisiko nicht als so erheblich dar.

Demzufolge besteht ein angemessenes Verhältnis zwischen dem Zweck der herausgeforderten Handlung und dem für P erkennbaren Risiko.

cc) Die **Verletzung** des P **muss** schließlich noch **auf dem gesteigerten Risiko der herausgeforderten Handlung beruhen**; es darf sich also nicht um die Realisierung des allgemeinen Lebensrisikos handeln.

Der Sprung aus einem Fenster in 4 m Höhe birgt die Gefahr erheblicher Verletzungen beim Aufprall. Insofern hat sich in der Körperverletzung des P, die er beim Aufprall erlitten hat, das gesteigerte Risiko der herausgeforderten Handlung realisiert.

Möglicherweise verbietet sich jedoch eine Zurechnung des Verletzungserfolgs an B deshalb, weil das Verfolgungsrisiko des P zu seinem beruflichen Einsatzrisiko gehört.

---

38 BGH NJW 1996, 1533; NJW 2007, 2764 = RÜ 2007, 468.

Es geht nicht um die zum allgemeinen Lebensrisiko gehörende normale Gefährlichkeit polizeilicher Tätigkeit, sondern das besondere Gefahrenpotential, das mit der pflichtgemäßen und von der Rechtsordnung gewünschten Verfolgung des B verbunden ist, wurde erst durch die Flucht des B ausgelöst. Folglich hat sich bei der Körperverletzung nicht das allgemeine Lebensrisiko des P realisiert, sondern das gesteigerte Risiko der herausgeforderten Handlung, sodass die Voraussetzungen der Herausforderungsformel gegeben sind und dem B daher die verfolgungsbedingten Verletzungen des P objektiv zuzurechnen sind.

3. Die **Rechtswidrigkeit** ist indiziert und Rechtfertigungsgründe greifen zugunsten des B nicht ein.

4. B muss **schuldhaft** gehandelt haben.

a) Die **Verschuldensfähigkeit** wird bei einem 17-jährigen gemäß § 828 Abs. 3 vermutet.

b) B hat bei seinem Fluchtversuch die im Verkehr erforderliche Sorgfalt außer Acht gelassen. Er handelte daher **fahrlässig** i.S.v. § 276 Abs. 2 und somit schuldhaft.

II. Als **Rechtsfolge** muss B dem P den durch die Rechtsgutverletzung entstandenen Schaden gemäß §§ 249 ff. ersetzen.

1. Dazu gehören gemäß § 249 Abs. 2 sämtliche Behandlungskosten. Ferner muss B gemäß § 253 Abs. 2 ein angemessenes Schmerzensgeld zahlen.

2. Der Umfang der Haftung könnte jedoch durch ein **Mitverschulden des P gemäß § 254** gemindert sein.

P hat seine Verletzung durch seinen eigenen Entschluss, dem B hinterher zu springen, mitverursacht. Fraglich ist, ob ihm diese Mitverursachung auch vorgeworfen werden kann, da B ihn zu diesem Verhalten in vorwerfbarer Weise herausgefordert hat.

P konnte trotz der Eile, in der er seinen Entschluss fällen musste, erkennen, dass der Sprung aus etwa 4 m Höhe ein nicht unerhebliches Verletzungsrisiko birgt. Infolgedessen hätte bei sorgfältiger Abwägung auch einiges gegen den Nachsprung und das damit verbundene Gefahrenpotential gesprochen. Demnach erscheint es angemessen, dem P ein Mitverschulden anzulasten und den Anspruch gemäß § 254 zu kürzen.

P steht daher gegen den B ein nach § 254 geminderter Schadensersatzanspruch aus § 823 Abs. 1 zu.

3. Rechtswidrigkeit

Fall 26: Rechtfertigungsgründe – § 904

K ging an einem einsam gelegenen See spazieren, als er plötzlich Hilferufe vernahm. Diese stammten von S, der beim Schwimmen einen Krampf erlitten hatte und nunmehr zu ertrinken drohte. Da K selbst nicht schwimmen konnte und andere Personen sich nicht in der Nähe befanden, suchte er verzweifelt nach einer Rettungsmöglichkeit. In 100 m Entfernung fand er ein Bootshaus, dessen Tür jedoch verschlossen war. K schlug ein Fenster ein, kletterte in das Bootshaus und brach anschließend die Tür von innen mit einem dort liegenden Stahlrohr auf. Daraufhin schob er ein im Bootshaus befindliches Ruderboot ins Wasser und konnte so den S retten.

E, der Eigentümer des Bootshauses, verlangt von K Schadensersatz für die Beschädigung des Bootshauses.

A. E könnte gegen K ein Schadensersatzanspruch **aus § 823 Abs. 1 wegen der Beschädigung des Bootshauses** zustehen.

Dazu müssen die **Voraussetzungen** gegeben sein.

I. Durch das eingeschlagene Fenster und die aufgebrochene Tür ist eine **Eigentumsverletzung** aufseiten des E gegeben.

II. K hat das Fenster eingeschlagen und die Tür aufgebrochen, sodass sein **Verhalten äquivalent kausal** für die Eigentumsverletzung gewesen ist.

III. Die **Rechtswidrigkeit** ist durch die Verwirklichung des Tatbestands indiziert. Zugunsten des K könnte jedoch der Rechtfertigungsgrund des § 904 S. 1 **(aggressiver Notstand)** eingreifen.

Aggressiver Notstand, § 904 S. 1
I. Voraussetzungen
1. Notstandslage
2. Notstandshandlung
II. Rechtsfolge
Duldungspflicht des Eigentümers

§ 904 S. 1 verpflichtet den Eigentümer, eine fremde Einwirkung auf seine Sache zu dulden, damit mit ihrer Hilfe eine gegenwärtige, nicht von der Sache selbst ausgehende Gefahr abgewendet werden kann. **Voraussetzung** dafür ist jedoch, dass der durch die gegenwärtige Gefahr drohende Schaden im Vergleich zu dem Schaden, der dem Eigentümer durch die Einwirkung entsteht, unverhältnismäßig groß ist.

1. Es muss zunächst eine **Notstandslage** vorgelegen haben. D.h., für ein Rechtsgut muss eine gegenwärtige Gefahr bestanden haben. Diese liegt vor, wenn zur Abwendung eines Schadens für das Rechtsgut sofortige Abhilfe erforderlich ist. [39]

Für S bestand die akute Gefahr, in dem See zu ertrinken. Zur Abwendung der Lebensgefahr war ein sofortiges Einschreiten des K geboten. Daher ist die erforderliche Notstandslage gegeben.

2. K muss eine **Notstandshandlung** vorgenommen haben. D.h., er muss eine zur Abwendung der gegenwärtigen Gefahr notwendige und vom Verteidigungswillen getragene Einwirkung auf die Sache vorgenommen haben, wobei der dem Rechtsgut drohende Schaden im Vergleich zu dem durch die Notstandshandlung verursachten Schaden unverhältnismäßig groß sein muss.

---

39 Palandt/Herrler § 904 Rn. 2.

a) Die Einwirkung auf das Bootshaus muss also notwendig gewesen sein und die Gefahrabwehr bezweckt haben.

Da K selber nicht schwimmen konnte, musste er zur Rettung des S an das eingeschlossene Boot gelangen. Dafür musste er zwangsläufig das Fenster einschlagen und die Tür aufbrechen. Somit war die Einwirkung auf die Sache notwendig. K hat das Fenster und die Tür des Bootshauses auch beschädigt, um den S zu retten, folglich hat er zur Gefahrabwehr gehandelt.

b) Der dem S drohende Schaden muss im Verhältnis zur Beschädigung des Bootshauses unverhältnismäßig groß sein.

S befindet sich in akuter Lebensgefahr, während E lediglich ein Sachschaden durch das Einschlagen des Fensters und das Aufbrechen der Tür entsteht. Eine Gefahr für das Leben wiegt generell schwerer als ein Sachschaden, daher hat K eine Notstandshandlung i.S.v. § 904 S. 1 vorgenommen.

Somit ist die Eigentumsverletzung gemäß § 904 S. 1 gerechtfertigt und ein Anspruch aus § 823 Abs. 1 scheidet daher aus.

B. Infolgedessen scheidet ein Schadensersatzanspruch aus **§ 823 Abs. 2 i.V.m. § 303 StGB** ebenfalls aus.

C. E könnte gegen den K ein Schadensersatzanspruch **aus § 904 S. 2 wegen der Beschädigung des Bootshauses** zustehen.

Gemäß § 904 S. 2 kann derjenige, der gemäß § 904 S. 1 die Einwirkung auf seine Sache dulden muss, Ersatz seines Schadens verlangen. Mangels gesetzlicher Regelung ist jedoch fraglich, wer Schuldner dieses Anspruchs ist.

I. Nach **überwiegender Auffassung** ist der Anspruch aus § 904 S. 2 gegen den Einwirkenden gerichtet, da dieser für den Geschädigten leichter zu ermitteln ist als der Begünstigte. Zudem ist der Schadensersatzanspruch der Ausgleich für die Duldungspflicht und diese besteht nur gegenüber dem Einwirkenden.[40]

II. Nach **a.A.** ist der Begünstigte der Schuldner des Anspruchs aus § 904 S. 2, da die Befugnisse des Eigentümers zugunsten des höherrangigen Rechtsguts dieser Person zurücktreten müssen.[41]

III. Stellungnahme: Der Geschädigte muss schon die Einwirkung auf seine Sache hinnehmen. Daher sollte ihm die Verwirklichung seines Ersatzanspruchs möglichst einfach gemacht werden. Da der Einwirkende in der Regel für ihn leichter zu ermitteln sein wird, sollte dieser als Schuldner des Anspruchs aus § 904 S. 2 anzusehen sein. Dies ist für den Einwirkenden auch nicht unbillig, da er seinerseits beim Begünstigten über §§ 677, 683 S. 1, 670 sowie §§ 812 ff. Regress nehmen kann.

Daher kann E gemäß § 904 S. 2 von K Ersatz für das beschädigte Bootshaus verlangen. D.h., K hat E die Reparaturkosten gemäß § 249 Abs. 2 zu ersetzen.

Beachte:
Dem Eigentümer steht gemäß § 904 S. 2 ein verschuldensunabhängiger Schadensersatzanspruch als Ausgleich für seine Duldungspflicht zu!

---

40 Jauernig/Berger § 904 Rn. 5.
41 Larenz SchR II/2 § 85 I b.

Fall 27: Rechtfertigungsgründe – Einwilligung
(frei nach OLG Hamm RÜ 2013, 15)

Bei einem Meisterschaftsspiel der Kreisliga A 3 des Kreises Dortmund war der K am 18.04.2019 vom B, einem Spieler der gegnerischen Mannschaft, mit gestrecktem Bein gefoult worden. Durch das vom Schiedsrichter wegen Verstoßes gegen die DFB-Fußballregel Nr. 12 mit der gelben Karte geahndete Foul zog sich der K eine schwere Knieverletzung zu, in deren Folge er seinen Beruf als Maler und Lackierer bis heute nicht mehr ausüben kann.

Für die nach seiner Darstellung durch eine grob regelwidrige Spielweise zugefügte Verletzung verlangt K von B die Zahlung eines angemessenen Schmerzensgeldes. Der haftpflichtversicherte B hat demgegenüber vorgetragen, dass seine Haftung ausgeschlossen sei, da sich der K bei einem regelgerechten Zweikampf um den Ball eine unglückliche Verletzung zugezogen habe.

Steht K gegen B ein Anspruch auf Zahlung eines angemessenen Schmerzensgeldes zu, wenn feststeht, dass B mit großer Wucht in den Zweikampf gegangen ist und dabei den Grenzbereich der noch hinzunehmenden Härte deutlich überschritten hat?

DFB-Fußballregel Nr. 12:

Für Regelverstöße und unsportliches Verhalten werden verschiedene Strafen verhängt:

Ein direkter Freistoß wird vom Schiedsrichter als Strafe verhängt, wenn sich ein Spieler rücksichtslos und besonders grob verhält, etwa durch: Treten des Gegners, Bein stellen, Anrempeln, Anspringen, Schlagen oder Stoßen, Anspucken, oder wenn sich ein Spieler regelwidrig verhält durch: Berühren des Gegners vorm Ball beim Abblocken (Tackling), Anhalten des Gegners, Handspiel. Selbst der Versuch eines Fouls ist strafbar.

A. K könnte gegen B ein Anspruch aus **§ 823 Abs. 1 i.V.m. § 253 Abs. 2** auf Zahlung eines angemessenen Schmerzensgeldes zustehen.

I. Dazu müssen die **Voraussetzungen** des haftungsbegründenden Tatbestands vorliegen.

1. K hat durch seine Knieverletzung eine **Körper- und Gesundheitsverletzung** erlitten.

2. Der Knieverletzung ist durch das gestreckte Bein des B beim Zweikampf mit K verursacht worden, sodass das **Verhalten des B** für die Körperverletzung des K **äquivalent und adäquat kausal** war.

3. Die Verwirklichung des Tatbestands indiziert grundsätzlich die **Rechtswidrigkeit**. K könnte durch die freiwillige Teilnahme an dem Fußballspiel in etwaige Verletzungen **eingewilligt** haben.

Eine rechtfertigende Einwilligung durch ein **„Handeln auf eigene Gefahr"** setzt voraus, dass das Verhalten des Geschädigten ohne künstliche Unterstellung als Einwilligung in die als möglich vorgestellte Rechtsgutverletzung aufgefasst werden kann; zudem muss dem Geschädigten die Verfügungsgewalt über das verletzte Rechtsgut zustehen und er muss die erforderliche Einsichtsfähigkeit besitzen.

Es ist bereits fraglich, ob die freiwillige Teilnahme an dem Fußballspiel als Einwilligung in den Verletzungserfolg angesehen werden kann. Jedem Fußballspieler ist bewusst, dass es bei der Sportausübung zu Verletzungen durch den Gegner kommen kann. Aus der Tatsache, dass man trotz dieses erkennbaren Risikos an dem Spiel teilnimmt, kann jedoch nicht geschlossen werden, dass man mit etwaigen Verletzungen auch einverstanden ist. Man vertraut vielmehr darauf, dass schon nichts passieren wird. Die Annahme einer rechtfertigenden Einwilligung in den Verletzungserfolg aufgrund freiwilliger Teilnahme an einem Fußballspiel stellt daher eine künstliche Unterstellung dar und ist folglich abzulehnen.

> Bei besonders gefährlichen Sportarten (z.B. Boxen) kann demgegenüber eine rechtfertigende Einwilligung angenommen werden.

Das Verhalten des B war demnach rechtswidrig.

4. Das Verhalten des B muss **schuldhaft**, also vorsätzlich oder fahrlässig gewesen sein. Gemäß § 276 Abs. 2 handelt fahrlässig, wer die im Verkehr erforderliche Sorgfalt außer Acht lässt.

Geht man mit gestrecktem Bein in einen Zweikampf, besteht immer die Gefahr, auch die Beine des Gegners zu treffen und diesen dadurch zu verletzen. Bei sorgfältiger Abwägung hätte der B daher angesichts der Verletzungsgefahr davon absehen müssen, mit gestrecktem Bein in den Zweikampf zu gehen. Er hat sich jedoch trotz der möglichen Verletzung des Gegenspielers zu diesem Verhalten entschlossen. Folglich hat B die im Verkehr erforderliche Sorgfalt außer Acht gelassen, somit fahrlässig und daher schuldhaft gehandelt.

> Eine Modifizierung des Haftungsmaßstabs auf grobe Fahrlässigkeit bei Sportveranstaltungen dieser Art ist weder im Gesetz vorgesehen noch von den Teilnehmern vorab vereinbart worden.[42]

5. Die Haftung des B könnte jedoch **gemäß § 242 ausgeschlossen** sein.

Einen Gegenspieler beim Fußballspiel aus Versehen trotz Einhaltung der Regeln zu verletzen, kann jedem der Teilnehmer passieren. D.h., jedem Fußballspieler ist bewusst, dass er selber im Rahmen des Spiels Verursacher oder Opfer einer solchen Verletzung sein kann. Daher verstößt es gegen das Verbot des treuwidrigen Selbstwiderspruchs (venire contra factum proprium) gemäß § 242, wenn der Geschädigte den Schädiger für Verletzungen, die bei regelgerechtem Spiel oder bei geringfügigen Regelverletzungen entstehen, in Anspruch nimmt, obwohl er ebenso gut in die Lage hätte kommen können, in der sich nun der Schädiger befindet.[44]

> Über die dogmatische Einordnung des Haftungsausschlusses bei regelgerechtem Verhalten des Schädigers oder auch bei geringfügigen Regelverstößen ist man sich nicht einig: In der Lit. wird die Problematik zum Teil in der Rechtswidrigkeit erörtert, andere – z.B. OLG Hamm[43] – diskutieren in diesen Fällen das Verschulden.

B ist jedoch mit gestrecktem Bein in den Lauf seines Gegenspielers gegrätscht, ohne jede Rücksicht auf die Gefahr oder die Folgen seines Einsteigens für K. Folglich hat B bei seinem Regelverstoß rücksichtslos gehandelt.

Der Anspruch des K ist daher nicht gemäß § 242 ausgeschlossen.

II. Als **Rechtsfolge** kann K von B gemäß § 253 Abs. 2 die Zahlung einer billigen Entschädigung in Geld verlangen.

B. Daneben steht K gegen B ein Schmerzensgeldanspruch **aus § 823 Abs. 2 i.V.m. § 229 StGB i.V.m. § 253 Abs. 2** zu.

---

42   BGH NJW 2010, 537.
43   OLG Hamm RÜ 2013, 15.
44   BGHZ 63, 140 144.

Fall 28: Verschuldensfähigkeit – § 828 Abs. 1 – § 832 – § 829

Der 4-jährige K wohnt mit seinen Eltern E in einem Einfamilienhaus mit großem Garten. Vor der Garage befindet sich eine längere Einfahrt, auf der Freunde und Bekannte bei Besuchen ihre Autos abstellen.

K darf nach Absprache mit seinen Eltern auf dem gesamten Grundstück spielen, das Grundstück aber nicht ohne ein Elternteil verlassen.

An einem Freitagabend war F, ein Arbeitskollege des Vaters, auf ein Feierabendbier zu Besuch. Sein Auto hatte er – wie sonst auch – auf der Einfahrt geparkt. Während die Eltern E und der F auf der Terrasse saßen, spielte K in Sichtweite im Garten. Da ihm nach einiger Zeit langweilig war, lief er aus dem Garten zur Einfahrt. Dort fand er neben dem Auto des F einen spitzen Stein. Mit diesem ritzte er dann in den Autolack eine Reihe von Strichmännchen.

F ist von dieser Verzierung seines Autos nicht begeistert und verlangt Schadensersatz von K und E. K verfügt außer seinem Taschengeld i.H.v. 2 € pro Woche weder über eigenes Einkommen noch Vermögen.

A. Ansprüche F gegen K aus § 823

I. F könnte ein Schadensersatzanspruch gegen K gemäß **§ 823 Abs. 1** zustehen.

Dazu müssen die **Voraussetzungen** des haftungsbegründenden Tatbestands vorliegen.

1. Durch die Beschädigung des Kfz ist eine **Eigentumsverletzung** gegeben.

2. Diese hat K durch sein Verhalten **äquivalent und adäquat kausal verursacht**, indem er Strichmännchen in den Autolack geritzt hat.

3. Die **Rechtswidrigkeit** ist indiziert und Rechtfertigungsgründe greifen zugunsten des K nicht ein.

4. K muss **schuldhaft** gehandelt haben. Das setzt zunächst voraus, dass der 4-jährige K überhaupt verschuldensfähig war.

Verschuldensfähigkeit ist in einer Klausur nur anzusprechen, wenn der Sachverhalt dafür Anlass bietet.

Die **Verschuldensfähigkeit** Minderjähriger ist in § 828 geregelt. Gemäß § 828 Abs. 1 sind Minderjährige, die das 7. Lebensjahr nicht vollendet haben, nicht schuldfähig. Infolgedessen fehlt dem 4-jährigen K die Verschuldensfähigkeit.

Daher steht dem F kein Anspruch gegen den K aus § 823 Abs. 1 zu.

II. Ein Anspruch des F gegen K aus **§ 823 Abs. 2 i.V.m. § 303 StGB** scheidet daher mangels Verschuldensfähigkeit des K ebenfalls aus.

F stehen demnach gegen K keine Ansprüche aus § 823 zu.

B. Ansprüche F gegen die Eltern E

F könnte ein Schadensersatzanspruch gegen E gemäß **§ 832 Abs. 1** zustehen.

Dazu müssen die **Voraussetzungen** des haftungsbegründenden Tatbestands vorliegen.

I. Die Eltern E müssen die **Aufsichtspflicht** gegenüber einer **aufsichtsbedürftigen Person** gehabt haben.

Die Eltern E sind gemäß § 1626 Abs. 1 Inhaber der elterlichen Sorge für ihr minderjähriges Kind K. Dazu gehört gemäß § 1626 Abs. 1 S. 2 insbesondere die Personensorge. Diese umfasst gemäß § 1631 Abs. 1 auch die Aufsichtspflicht.

Daher sind E gegenüber K kraft Gesetzes aufsichtspflichtig.

II. Der aufsichtsbedürftige K muss eine **tatbestandsmäßige und rechtswidrige unerlaubte Handlung** begangen haben.

K hat das Eigentum des F durch sein Verhalten rechtswidrig beschädigt und daher den § 823 Abs. 1 tatbestandsmäßig und rechtswidrig verwirklicht (s.o.).

III. Das **Verschulden der aufsichtspflichtigen Eltern E wird vermutet.** Die Haftung tritt jedoch nicht ein, wenn der Aufsichtspflichtige den Entlastungsbeweis gemäß § 832 Abs. 1 S. 2 führt, indem er nachweist, dass er seiner Aufsichtspflicht genügt hat oder dass der Schaden auch bei gehöriger Aufsicht entstanden wäre.

Fraglich ist, ob die Eltern E ihrer Aufsichtspflicht genügt haben.

Das Maß der gebotenen Sorgfalt über Minderjährige bestimmt sich nach Alter, Eigenart und Charakter des Kindes, nach der Vorhersehbarkeit des schädigenden Verhaltens sowie danach, was verständigen Eltern nach vernünftigen Anforderungen in der konkreten Situation zugemutet werden kann.

Eine ständige Überwachung der Kinder ist den Eltern weder möglich noch zumutbar. Ein 4-Jähriger bedarf natürlich einer größeren Kontrolle als ein älteres Kind, jedoch kann auch hier nicht verlangt werden, dass die Eltern den 4-Jährigen ständig beaufsichtigen. K war es gewohnt, sich alleine auf dem Grundstück frei zu bewegen. Insofern kann den E kein Vorwurf daraus gemacht werden, dass sie dem K nicht sofort hinterher gelaufen sind, als dieser sich aus ihrer Sichtweite entfernte.

Ebenso war es für K normal, dass auf der Einfahrt fremde Autos abgestellt werden und er hatte bis zu diesem Vorfall keine Neigung gezeigt, diese zu beschädigen. Folglich war auch in der konkreten Situation für die E kein Anlass zu besonderer Kontrolle des K gegeben.

Infolgedessen haben die Eltern ihrer Aufsichtspflicht genügt, sodass ein Anspruch aus § 832 Abs. 1 ausscheidet.

Demnach steht dem F gegen die Eltern E kein Schadensersatzanspruch wegen der Beschädigung des Autos durch den K zu.

C. Anspruch F gegen K aus § 829

F könnte wegen der Beschädigung des Autos gegen K ein Schadensersatzanspruch aus **§ 829** zustehen.

Damit die Voraussetzungen des haftungsbegründenden Tatbestands vorliegen, muss K eine tatbestandsmäßige und rechtswidrige unerlaubte Handlung begangen haben, für die er mangels Deliktsfähigkeit nicht verantwortlich ist; zudem darf kein Ersatzanspruch des Geschädigten gegen

---

Aufbau § 832 Abs. 1:
1. Aufsichtspflichtiger, Aufsichtsbefohlener
2. Tatbestandsmäßige und widerrechtliche unerlaubte Handlung des Aufsichtsbedürftigen
3. Verschuldensvermutung – Exkulpation
4. Rechtsfolge

§ 829 ist eine eigene Anspruchsgrundlage.

einen aufsichtspflichtigen Dritten bestehen und die Billigkeit muss die Schadloshaltung des Betroffenen erfordern.

I. K hat eine tatbestandsmäßige und rechtswidrige unerlaubte Handlung begangen (s.o.).

II. Ferner fehlt dem K die Deliktsfähigkeit.

Beachte:
§ 829 ist **subsidiär** gegenüber dem Anspruch aus § 832.

III. Zudem ist auch kein Ersatz von einem aufsichtspflichtigen Dritten zu erlangen (s.o.).

IV. Schließlich muss die **Billigkeit** nach den Umständen, insbesondere nach den Verhältnissen der Beteiligten, **eine Schadloshaltung des Geschädigten erfordern** und dem Schädiger dürfen nicht die Mittel entzogen werden, derer er zum angemessenen Unterhalt sowie zur Erfüllung seiner gesetzlichen Unterhaltspflichten bedarf.

Bei der Beurteilung der Frage, ob die Billigkeit eine Schadloshaltung erfordert, sind insbesondere die wirtschaftlichen Verhältnisse der Beteiligten zu berücksichtigen; diese müssen grundsätzlich ein erhebliches wirtschaftliches Gefälle aufweisen. Darüber hinaus müssen jedoch die gesamten Einzelfallumstände beachtet werden, u.a. die Besonderheiten der die Schadensersatzpflicht auslösenden Handlung.

Der 4-jährige K verfügt außer seinem Taschengeld über kein eigenes Vermögen oder Einkommen. Insofern weisen die wirtschaftlichen Verhältnisse der Beteiligten kein erhebliches Gefälle zugunsten des K auf, sodass die Billigkeit keine Schadloshaltung des F durch K fordert.

Daher scheidet auch ein Anspruch des F gegen K aus § 829 aus.

F stehen somit keinerlei Ersatzansprüche gegen E und K wegen der Beschädigung des Autos zu.

Fall 29: Verschuldensfähigkeit – § 828 Abs. 2, 3
(nach BGH NJW 2009, 631)

K hatte seinen Pkw – einen Mazda Premacy – auf dem Parkplatz der Realschule in W geparkt. Die Parkplätze sind rechtwinklig zum davor verlaufenden Gehweg angeordnet. Die 8-jährige B befuhr mit ihrem Fahrrad den Gehweg und stieß dabei, nachdem sie einige geparkte Fahrzeuge passiert hatte, gegen die linke Heckseite des Pkw des K, wodurch ein Sachschaden von insgesamt 950,53 € entstand. Ob der Pkw des K zum Unfallzeitpunkt ordnungsgemäß geparkt war oder das Fahrzeug weiter als die daneben stehenden Kfz in den Gehweg ragte, ist zwischen den Parteien streitig.

Steht K gegen B ein Anspruch auf Schadensersatz i.H.v. 950, 53 € zu?

A. K könnte gegen B ein Anspruch gemäß **§ 823 Abs. 1** zustehen.

I. Dazu müssen die **Voraussetzungen** des haftungsbegründenden Tatbestands vorliegen.

1. Durch die Beschädigung des Kfz ist eine **Eigentumsverletzung** gegeben.

2. B ist mit ihrem Fahrrad gegen das Kfz des K gefahren, sodass das Verhalten der B **äquivalent und adäquat kausal** für die Eigentumsverletzung des K gewesen ist.

3. Die **Rechtswidrigkeit** ist indiziert und Rechtfertigungsgründe greifen zugunsten der B nicht ein.

4. B muss **schuldhaft** gehandelt haben.

a) Dazu muss die 8-jährige B überhaupt **verschuldensfähig** gewesen sein. Die Verschuldensfähigkeit Minderjähriger ist in § 828 geregelt.

aa) Gemäß § 828 Abs. 2 S. 1 sind Minderjährige, die das 7., aber nicht das 10. Lebensjahr vollendet haben, für einen Schaden, den sie „bei einem Unfall mit einem Kraftfahrzeug" einem anderen zufügen, nicht verantwortlich, es sei denn, die Verletzung wurde vorsätzlich herbeigeführt.

Die 8-jährige B hat beim Fahrradfahren im öffentlichen Straßenverkehr das Auto des K beschädigt. Somit könnte es sich um einen Unfall mit einem Kraftfahrzeug i.S.d. § 828 Abs. 2 handeln, sodass B nicht schuldfähig wäre.

Fraglich ist jedoch, ob § 828 Abs. 2 bei einem Unfall mit einem geparkten Kfz überhaupt einschlägig ist. Unter einem „Unfall" i.S.v. § 828 Abs. 2 könnte auch nur ein Verkehrsunfall im fließenden Verkehr, d.h. mit einem Kfz „in Bewegung" zu verstehen sein. Daher muss durch **Auslegung des § 828 Abs. 2 S. 1** ermittelt werden, wie der Begriff „bei einem Unfall mit einem Kraftfahrzeug" zu verstehen ist.

(1) Für die Auslegung der Norm ist zunächst deren **Wortlaut** heranzuziehen.

Aus dem Wortlaut des § 828 Abs. 2 geht jedoch nicht hervor, dass das Haftungsprivileg davon abhängen soll, ob sich das an dem Unfall beteiligte Kraftfahrzeug im fließenden oder im ruhenden Verkehr befindet.

(2) Ferner können sich aus der **systematischen Stellung** der Norm Anhaltspunkte für die Auslegung ergeben.

Auslegungsgrundsätze:
1. Wortlaut
2. Systematische Stellung
3. Wille des Gesetzgebers
4. Sinn und Zweck der Norm

Der Gesetzgeber hat das Haftungsprivileg für Minderjährige bei Unfällen mit einem Kfz bewusst im allgemeinen Deliktsrecht des BGB und nicht im StVG geregelt. Daher ergibt sich auch aus der systematischen Stellung der Vorschrift nicht, dass der Gesetzgeber einen bestimmten Betriebszustand des Kraftfahrzeugs zugrunde legen wollte.[45]

(3) Schließlich muss der **Wille des Gesetzgebers** berücksichtigt werden.

Der Gesetzgeber wollte mit der Einführung des § 828 Abs. 2 der Erkenntnis Rechnung tragen, dass Kinder regelmäßig frühestens ab Vollendung des zehnten Lebensjahres imstande sind, die besonderen Gefahren des **motorisierten Straßenverkehrs** zu erkennen, insbesondere Entfernungen und Geschwindigkeiten richtig einzuschätzen, und sich den Gefahren entsprechend zu verhalten.[46] Daher wollte der Gesetzgeber nur dann eine Ausnahme von der Deliktsfähigkeit bei Kindern vor Vollendung des zehnten Lebensjahres schaffen, wenn sich bei einem Schadensfall eine **typische Überforderungssituation des Kindes durch die spezifischen Gefahren des motorisierten Verkehrs** verwirklicht hat.

Demnach ist § 828 Abs. 2 so auszulegen, dass diese Ausnahmevorschrift nur eingreift, wenn ein Unfall in einer typischen Überforderungssituation des Kindes durch die spezifischen Gefahren des motorisierten Straßenverkehrs geschehen ist.[47]

bb) Entscheidend ist daher, ob sich bei dem Zusammenstoß der B mit dem Kfz des K eine „besondere Überforderungssituation" realisiert hat.

Dagegen spricht, dass B gegen das geparkte Auto des K gefahren ist und sich im ruhenden Straßenverkehr grundsätzlich eine spezifische Überforderungssituation für die Kinder nicht realisiert. Andererseits können sich in besonders gelagerten Fällen auch im ruhenden Verkehr spezifische Gefahren des motorisierten Verkehrs verwirklichen. Sollte K sein Fahrzeug so geparkt haben, dass es in den Gehweg hineinragte, ist nicht auszuschließen, dass die 8-jährige B dadurch in ihrer Reaktionsfähigkeit überfordert worden ist und daher eine typische Überforderungssituation gegeben ist.

Grundsätzlich muss jeder die Tatsachen darlegen und beweisen, die für ihn günstig sind.

Ob für B im Unfallzeitpunkt eine typische Überforderungssituation vorgelegen hat, hängt folglich davon ab, ob K sein Fahrzeug ordnungsgemäß geparkt hatte. Da dieser Umstand zwischen den Parteien streitig ist, ist **fraglich, wer die Beweislast für das Vorliegen einer typischen Überforderungssituation trägt.**

§ 828 Abs. 2 enthält eine gesetzliche Vermutung für die Deliktsunfähigkeit des Minderjährigen im Alter zwischen sieben und zehn Jahren im motorisierten Straßenverkehr, d.h., der Gesetzgeber vermutet in diesem Fall eine Überforderungssituation des Kindes. Infolgedessen trägt nach allgemeinen Beweislastregeln der Minderjährige die Beweislast für die Vorausset-

---

45 BGH NJW 2005, 354.
46 BT-Drs. 14/7752, S. 16, 26.
47 BGH NJW 2007, 2113, 2114 = RÜ 2007, 351, 352; NJW 2008, 147 = RÜ 2008, 87; RÜ 2008, 359.

zungen des § 828 Abs. 2 S. 1, d.h., er muss beweisen, dass er zum Unfallzeitpunkt noch nicht das 10. Lebensjahr vollendet hatte.

Demgegenüber handelt es sich um die Ausnahme vom Regelfall, wenn die nach dem Normzweck erforderliche besondere Überforderungssituation fehlt und deshalb die Haftungsfreistellung nicht zur Anwendung kommt. Der Geschädigte, der sich darauf beruft, hat deshalb darzulegen und erforderlichenfalls zu beweisen, dass sich nach den Umständen des Falles die typische Überforderungssituation des Kindes durch die spezifischen Gefahren des motorisierten Verkehrs bei einem Unfall nicht realisiert hat.

Diese Beweislastverteilung ist auch interessengerecht: Ob eine Fallkonstellation vorliegt, in der sich die typische Überforderungssituation des Kindes durch die spezifischen Gefahren des motorisierten Verkehrs nicht realisiert hat, kann nur für den jeweiligen Einzelfall bestimmt werden. Es ist aber nicht mit der gesetzgeberischen Intention zu vereinbaren, die Altersgrenze für die Deliktsfähigkeit eines Minderjährigen im motorisierten Verkehr generell auf die Vollendung des zehnten Lebensjahres heraufzusetzen, wenn der Minderjährige seine eigene Überforderung im Einzelfall beweisen muss. § 828 Abs. 2 würde im Hinblick auf die Beweisschwierigkeiten des Kindes häufig nicht greifen, obwohl die Überforderung des Minderjährigen nach dem Gesetz bei einem Unfall mit einem Kraftfahrzeug grundsätzlich vermutet wird.

K hat nicht bewiesen, dass eine typische Überforderungssituation für die B nicht gegeben war: Die 8-jährige B durfte gemäß § 2 Abs. 5 StVO auch den Gehweg mit ihrem Fahrrad befahren und schon der Umstand, dass sie gegen die linke Heckseite stieß, nachdem sie an anderen Fahrzeugen vorbeigefahren war, legt nahe, dass das Fahrzeug weiter als die daneben geparkten Pkw in den Gehweg ragte und B dadurch in ihrer Reaktionsfähigkeit überfordert worden ist. Dies kann jedenfalls nicht ausgeschlossen werden.

b) Da K nicht nachgewiesen hat, dass der Unfall nicht aufgrund einer Überforderung der B geschehen ist, ist § 828 Abs. 2 nicht teleologisch zu reduzieren und die Deliktsfähigkeit der B ist daher ausgeschlossen.

II. Folglich steht K mangels Verschuldensfähigkeit der B kein Anspruch auf Schadensersatz aus § 823 Abs. 1 zu.

B. Ein Schadensersatzanspruch K gegen B aus **§ 823 Abs. 2 i.V.m. § 1 Abs. 2 StVO** scheitert ebenfalls an der fehlenden Deliktsfähigkeit der B.

2. Teil: Grundtatbestand des § 823 Abs. 2

> **Fall 30: Schutzgesetz i.S.v. § 823 Abs. 2 – Individualschutz**
> (nach OLG Düsseldorf NJW 2004, 3640 = RÜ 2005, 80)
>
> Die K nimmt die B als Gesamtschuldner auf Zahlung von Schmerzensgeld wegen einer zu ihrem Nachteil begangenen Vergewaltigung in Anspruch. Die B haben dabei den Tatbestand der unterlassenen Hilfeleistung nach § 323 c StGB verwirklicht, indem sie gegen die Vergewaltigung der K durch zwei andere Männer nicht eingeschritten sind, obwohl es ihnen möglich und zumutbar war.

K könnte gegen die B ein Anspruch auf Zahlung eines angemessenen Schmerzensgeldes **gemäß § 823 Abs. 2 i.V.m. § 323 c StGB i.V.m. § 253 Abs. 2** zustehen.

I. Dazu müssen die **Voraussetzungen** des haftungsbegründenden Tatbestands vorliegen.

1. Die B müssen ein **Schutzgesetz i.S.v. § 823 Abs. 2 verletzt** haben.

a) Als **Schutzgesetz** kommt § 323 c StGB – unterlassene Hilfeleistung – in Betracht. Fraglich ist, ob § 323 c StGB ein Schutzgesetz i.S.d. § 823 Abs. 2 darstellt.

Schutzgesetz ist jede Norm, die gerade (auch) dazu dienen soll, den Einzelnen oder einzelne Personenkreise gegen die Verletzung eines ihrer Rechtsgüter zu schützen.

aa) Bei der Regelung des § 323 c StGB handelt es sich um ein **Gesetz**.

bb) Die Regelung des § 323 c StGB verbietet das Unterlassen einer zumutbaren Hilfeleistung und ist daher eine **Verbotsnorm** mit Befehlscharakter.

cc) Die Norm muss „den Schutz eines anderen bezwecken", d.h. nach ihrem **persönlichen und sachlichen Schutzbereich** eine Ersatzpflicht für den konkreten Fall vorsehen.

(1) Das Gesetz muss zunächst **überhaupt einen Individualschutz bezwecken**, d.h., es muss jedenfalls auch den Schutz des Einzelnen oder eines bestimmten Personenkreises zum Ziel haben.

Ob der Straftatbestand der unterlassenen Hilfeleistung Schutzgesetzcharakter hat, ist umstritten.

(a) Eine Ansicht verneint den Schutzgesetzcharakter des § 323 c StGB, da die Norm nur dem Interesse der Allgemeinheit an solidarischer Schadensabwehr in akuten Notlagen diene. Die Wahrung der Interessen des jeweils Betroffenen sei lediglich unselbstständiger Reflex. Zudem könne es nicht sein, dass derjenige, welcher eine bloße Hilfeleistung unterlasse, in gleicher Weise haften solle wie der Schädiger.[48]

(b) Nach der Gegenansicht dient § 323 c StGB gerade auch dem Schutz des Einzelnen und hat somit Schutzgesetzcharakter i.S.v. § 823 Abs. 2.[49] Der

---

48   OLG Frankfurt NJW-RR 1989, 794; BeckOK/Förster § 823 Rn. 290.
49   BGH RÜ 2013, 483; OLG Düsseldorf NJW 2004, 3640 = RÜ 2005, 80.

Schutz der Individualrechtsgüter des durch einen Unglücksfall Betroffenen sei nicht nur Rechtsreflex, sondern jedenfalls auch Ziel der Norm. Die zivilrechtliche Haftung des die Hilfeleistung Unterlassenden sei auch nicht unbillig, da diesem in der Regel ein Regressanspruch gegen den Verursacher der Notlage aus §§ 840, 426 zustehe.

(c) Stellungnahme: Für ein Schutzgesetz i.S.v. § 823 Abs. 2 reicht es aus, dass der Individualschutz eines der gesetzgeberischen Ziele ist, die Norm muss sich nicht in der Gewährung von Individualschutz erschöpfen. Bei § 323 c StGB geht es dem Gesetzgeber zumindest auch um die Schadensabwehr zum Schutz der Individualrechtsgüter der in Not geratenen Personen. Daher dient die Regelung auch dem Schutz der Interessen des Einzelnen und weist folglich den erforderlichen Individualschutz auf.

(2) Das Vergewaltigungsopfer K befand sich in einer Notsituation und gehört zu dem Personenkreis, den § 323 c StGB schützen will.

(3) Durch die Regelung des § 323 c StGB soll u.a. verhindert werden, dass z.B. Straftaten begangen werden, die durch das zumutbare Einschreiten anderer Personen hätten verhindert werden können. Folglich ist der sachliche Schutzbereich des § 323 c StGB durch die Vergewaltigung der K, die die B hätten verhindern können, betroffen.

b) Die B haben der K vorsätzlich keine Hilfe geleistet, obwohl dies erforderlich und zumutbar war. Folglich haben sie den Tatbestand des § 323 c StGB verwirklicht und somit ein Schutzgesetz verletzt.

2. Die Schutzgesetzverletzung indiziert die **Rechtswidrigkeit**, und Rechtfertigungsgründe greifen zugunsten der B nicht ein.

3. Die B handelten **schuldhaft** (s.o.).

II. Als **Rechtsfolge** sind die B der K zum Ersatz des durch die Schutzgesetzverletzung verursachten Schadens gemäß §§ 249 ff. verpflichtet.

Dazu gehört im Fall der Verletzung der sexuellen Selbstbestimmung auch ein angemessenes Schmerzensgeld gemäß § 253 Abs. 2. B haben durch ihre unterlassene Hilfeleistung gegen die Vergewaltigung der K in deren sexuelle Selbstbestimmung eingegriffen und sind daher zur Zahlung eines angemessenen Schmerzensgeldes verpflichtet. Gemäß § 840 Abs. 1 haften sie gegenüber K als Gesamtschuldner.

Fall 31: Schutzgesetz i.S.v. § 823 Abs. 2 – persönlicher Individualschutz

Ausgerechnet am Morgen einer wichtigen Semesterabschlussklausur verschläft Student S, weil er den Wecker falsch gestellt hatte. Da S weder ein eigenes Auto noch ein eigenes Fahrrad besitzt, nimmt er sich kurz entschlossen ein unabgeschlossenes Fahrrad, das vor dem Studentenwohnheim steht und E gehört. Er möchte das Rad nur „ausleihen" und es nach Gebrauch wieder an den alten Platz zurückstellen. Auf dem Weg in die Uni fährt S aus Unachtsamkeit die Fußgängerin F an, die sich infolgedessen ihr Handgelenk bricht.

F verlangt von S Schadensersatz sowie ein angemessenes Schmerzensgeld.

A. F könnte gegen S ein Anspruch aus **§ 823 Abs. 1** zustehen.

I. Dazu müssen die **Voraussetzungen** des haftungsbegründenden Tatbestands gegeben sein.

1. F hat infolge des Beinbruchs eine **Körper- und Gesundheitsverletzung** erlitten.

2. Diese ist **durch ein Verhalten** des S – Anfahren der F mit dem Fahrrad – äquivalent und adäquat kausal verursacht worden.

3. Die **Rechtswidrigkeit** ist indiziert und Rechtfertigungsgründe kommen für S nicht in Betracht.

4. S hat die F aus Unachtsamkeit angefahren, sodass er fahrlässig und damit **schuldhaft** gehandelt hat.

II. Als **Rechtsfolge** muss S der F den durch die Körper- und Gesundheitsverletzung entstandenen Schaden gemäß §§ 249 ff. ersetzen.

Infolgedessen steht F gegen S ein Anspruch auf Schadensersatz und Schmerzensgeld aus § 823 Abs. 1 zu.

B. Ferner steht F gegen S ein Anspruch auf Schadensersatz und angemessenes Schmerzensgeld aus **§ 823 Abs. 2 i.V.m. § 229 StGB** zu.

C. Zudem könnte F gegen S ein Anspruch aus **§ 823 Abs. 2 i.V.m. § 248 b Abs. 1 StGB** zustehen.

Dazu müssen die **Voraussetzungen** des haftungsbegründenden Tatbestands gegeben sein.

S muss ein Schutzgesetz i.S.v. § 823 Abs. 2 verletzt haben. In Betracht kommt § 248 b Abs. 1 StGB (unbefugter Gebrauch eines Fahrzeugs). Fraglich ist, ob § 248 b Abs. 1 StGB ein Schutzgesetz i.S.d. § 823 Abs. 2 darstellt.

Schutzgesetz ist jede Norm, die gerade (auch) dazu dienen soll, den Einzelnen oder einzelne Personenkreise gegen die Verletzung eines ihrer Rechtsgüter zu schützen.

I. Bei der Regelung des § 248 b StGB handelt es sich um ein **Gesetz**.

II. Die Regelung des § 248 b StGB verbietet den unbefugten Gebrauch eines Fahrzeugs und ist daher eine **Verbotsnorm** mit Befehlscharakter.

III. Die Norm muss nach ihrem **persönlichen und sachlichen Schutzbereich** eine Ersatzpflicht für den konkreten Fall vorsehen.

1. Das Gesetz muss zunächst **überhaupt einen Individualschutz bezwecken**, d.h., es muss jedenfalls auch den Schutz des Einzelnen oder eines bestimmten Personenkreises zum Ziel haben.

§ 248 b StGB schützt den Gebrauchsberechtigten vor unbefugter Nutzung des Fahrzeugs, sodass die Regelung zumindest auch dem Schutz von Individualinteressen dient.

2. Der Verletzte muss zu dem Personenkreis gehören, den die Norm schützen will (**persönlicher Individualschutz**).

Fraglich ist, ob F zu dem Personenkreis gehört, den § 248 b Abs. 1 StGB schützen will. § 248 b StGB will den Gebrauchsberechtigten davor schützen, dass ein Unbefugter das Kfz oder das Fahrrad benutzt. Die Norm dient also **nur dem Schutz des Gebrauchsberechtigten**, jedoch nicht dem Schutz von Verkehrsteilnehmern, die durch den Schwarzfahrer verletzt werden. Dies kommt insbesondere dadurch zum Ausdruck, dass der Gesetzgeber den § 248 b StGB in den Abschnitt über die Vermögensdelikte eingefügt hat.[50]

Daher gehört F nicht zum geschützten Personenkreis des § 248 b StGB, sodass ein Anspruch aus § 823 Abs. 2 i.V.m. § 248 b StGB ausscheidet.

> Hier muss geprüft werden, ob der Geschädigte zu dem Personenkreis gehört, der durch die Norm geschützt werden soll.

---

50 BGHZ 22, 293, 297.

> **Fall 32: Schutzgesetz i.S.v. § 823 Abs. 2 – sachlicher Individual-
> schutz**
> (nach BGH NJW 2004, 356 = RÜ 2004, 61)
>
> Die K führte am 07.05.2019 und an weiteren Tagen Kran- und Schwer-
> lasttransportarbeiten für eine Bauunternehmerin zum Zweck von Bau-
> arbeiten auf einem Privatgrundstück aus. Dazu war wegen der Größe
> des Krans die Sperrung der Straße notwendig. Mit Genehmigung der
> Stadt hatte die K daher ein Halteverbot durch Zeichen Nr. 283 zu § 41
> Abs. 1 StVO mit dem Zusatz „ab 07.05.2019 7.00 Uhr Krananfahrt" einge-
> richtet.
>
> Am Morgen des 07.05.2019 parkte die B mit ihrem Pkw im Halteverbot
> und verhinderte dadurch die Anfahrt des Krans. Nachdem die Halterin
> des Autos nicht ausfindig gemacht werden konnte, wurde dieses vom
> Ordnungsamt abgeschleppt.
>
> K verlangt von B Schadensersatz i.H.v. 2.500 €, weil sie den Kraneinsatz
> wegen des Parkens der B erst verspätet habe durchführen können.
>
> Steht K der geltend gemachte Schadensersatzanspruch i.H.v. 2.500 €
> gegen B zu?

A. K könnte wegen des verspäteten Kraneinsatzes gegen B ein Schadensersatzanspruch gemäß **§ 823 Abs. 1** i.H.v. 2.500 € **wegen einer Eigentumsverletzung** zustehen.

Dazu müssen die **Voraussetzungen** des haftungsbegründenden Tatbestands vorliegen.

Durch das Parken der B im Halteverbot könnte eine **Eigentumsverletzung**
seitens K gegeben sein.

Eine Verletzung des Eigentums liegt nicht nur bei Eingriffen in die Sachsubstanz vor, sondern kann auch durch eine Beeinträchtigung der Eigentümerbefugnisse gegeben sein.

Zu den Befugnissen des Eigentümers gehört gemäß § 903 insbesondere, die
Sache nach Belieben zu benutzen. Demnach kann auch eine **Gebrauchsbeeinträchtigung** der Sache eine Eigentumsverletzung darstellen. Dazu
muss jedoch eine nicht unerhebliche Beeinträchtigung der bestimmungsgemäßen Verwendung der Sache vorliegen; eine bloß vorübergehende
Einschränkung der wirtschaftlichen Nutzungsmöglichkeit reicht nicht aus.

Durch das Parken der B im Halteverbot konnte der Kran in diesem Zeitraum
gar nicht als Arbeits- und Fortbewegungsmittel verwendet werden, die
Nutzungsmöglichkeit der Sache ist also für K komplett weggefallen. Die
Dauer der Beeinträchtigung betrug allerdings nur eine sehr kurze Zeitspan-
ne bis zum Abschleppen des Pkw der B durch das Ordnungsamt. Die K war
daher nur vorübergehend in der wirtschaftlichen Nutzungsmöglichkeit der
Sache eingeschränkt.

Nach alledem stellt sich die Anfahrtsverhinderung für den Kran durch das
Parken der B im Halteverbot als eine unerhebliche Beeinträchtigung des
bestimmungsgemäßen Gebrauchs dar, sodass eine Eigentumsverletzung
in Form der Gebrauchsbeeinträchtigung ausscheidet.

Folglich steht der K gegen die B kein Schadensersatzanspruch aus § 823 Abs. 1 wegen Verletzung des Eigentums zu.

B. K könnte gegen B ein Schadensersatzanspruch gemäß **§ 823 Abs. 2 i.V.m. § 41 Abs. 1 StVO i.V.m. Zeichen 283 der Anlage 2** i.H.v. 2.500 € **wegen des verspäteten Kraneinsatzes zustehen**.

Dazu müssen die **Voraussetzungen** des haftungsbegründenden Tatbestands gegeben sein.

Zunächst muss B ein den Schutz der K bezweckendes Gesetz i.S.v. § 823 Abs. 2 rechtswidrig und schuldhaft verletzt haben.

Als **Schutzgesetz** kommt die Regelung des § 41 Abs. 1 StVO i.V.m. Zeichen 283 der Anlage 2 (absolutes Halteverbot) in Betracht.

Schutzgesetz i.S.v. § 823 Abs. 2 ist eine Rechtsnorm, die nach Zweck und Inhalt zumindest auch dazu dienen soll, den Einzelnen oder einzelne Personenkreise gegen die Verletzung eines bestimmten Rechtsgutes zu schützen. Erforderlich ist also ein Gesetz mit Verbots- oder Gebotscharakter, das persönlichen und sachlichen Individualschutz für den Verletzten und sein geltend gemachtes Interesse aufweist.

I. Bei der Regelung des § 41 Abs. 1 StVO i.V.m. Zeichen 283 handelt es sich um ein **Gesetz**.

II. Die Regelung des § 41 Abs. 1 StVO verbietet ein Parken im Halteverbot und ist daher eine **Verbotsnorm** mit Befehlscharakter.

III. Fraglich ist jedoch, ob diese Regelungen in Bezug auf die K und ihren geltend gemachten Schaden **individualschützend** sind.

Problematisch ist insbesondere, ob der von K geltend gemachte Vermögensschaden vom **sachlichen Schutzzweck** der Regelungen erfasst ist.

Bzgl. des vorliegend als Schutzgesetz in Betracht kommenden § 41 Abs. 1 StVO i.V.m. Zeichen 283 ist **umstritten, ob bei Halteverboten im Rahmen von Baustellen das Vermögen des Bauunternehmers und eines von diesem beauftragten weiteren Unternehmers geschützt ist**.

1. Nach einer Ansicht handelt es sich bei § 41 Abs. 1 StVO i.V.m. Zeichen 283 StVO um ein Schutzgesetz zugunsten der Vermögensinteressen der beteiligten Bauunternehmer. Das Halteverbot solle die ungehinderte Durchführung der Bauarbeiten gewährleisten. Daher diene das Halteverbot auch dem Schutz der Bauunternehmer und ihrer damit verbundenen Vermögensinteressen.[51]

2. Nach anderer Auffassung stellt § 41 Abs. 1 StVO i.V.m. Zeichen 283 kein Schutzgesetz zugunsten der Vermögensinteressen der beteiligten Bauunternehmer dar.[52] Das absolute Halteverbot des § 41 Abs. 1 StVO i.V.m. Zeichen 283 sei zwar nicht nur darauf beschränkt, den Ablauf des fließenden Verkehrs zu erleichtern, sondern es solle auch Fußgängern, die die Straße betreten wollen, eine bessere Übersicht über den Verkehrsablauf ermöglichen, und habe folglich insoweit individualschützenden Charakter, als es um die Gesundheit der die Fahrbahn überquerenden Fußgänger gehe. Da-

Hier ist zu prüfen, ob das vom Geschädigten geltend gemachte Interesse vom Schutzzweck der Norm erfasst wird.

---

51 AG Waiblingen NZV 2002, 272.
52 Hentschel/König/Dauer, § 12 StVO Rn. 29.

raus folge aber nicht, dass auch die Vermögensinteressen der beteiligten Bauunternehmer zu schützen seien. Weder aus dem Wortlaut der Vorschriften noch aus den Gesetzgebungsmaterialien lasse sich ein über die Sicherheit und Leichtigkeit des Straßenverkehrs hinausgehender Schutzzweck dieser Normen entnehmen.[53]

3. Stellungnahme: Der Schutz des § 41 Abs. 1 StVO i.V.m. Zeichen 283 ist auf die Sicherheit und Leichtigkeit des Straßenverkehrs gerichtet. Ein darüber hinausgehender Wille des Gesetzgebers, auch die Vermögensinteressen der beteiligten Bauunternehmer schützen zu wollen, lässt sich nicht feststellen. Bei den Vorteilen für die Bauunternehmer handelt es sich vielmehr nur um einen Reflex der im Allgemeininteresse getroffenen Maßnahmen. Daher handelt es sich bei § 41 Abs. 1 StVO i.V.m. Zeichen 283 nicht um ein Schutzgesetz zugunsten der Vermögensinteressen der K.

Folglich hat die K gegen die B keinen Schadensersatzanspruch i.H.v. 2.500 € aus § 823 Abs. 2 i.V.m. § 41 Abs. 1 StVO i.V.m. Zeichen 283.

Aufbau:
Wegen der Subsidiarität des Rechts am eingerichteten und ausgeübten Gewerbebetrieb kann dieser Anspruch erst nach der Erörterung des Anspruchs aus § 823 Abs. 2 i.V.m. SchutzG geprüft werden.

C. K könnte wegen des verspäteten Kraneinsatzes gegen B ein Schadensersatzanspruch gemäß **§ 823 Abs. 1** i.H.v. 2.500 € wegen **Eingriffs in den eingerichteten und ausgeübten Gewerbebetrieb** zustehen.

I. Mangels einschlägiger Sonderregeln ist § 823 Abs. 1 wegen Eingriffs in den Gewerbebetrieb **anwendbar**.

II. Ferner ist ein **Eingriff in den Schutzbereich** erforderlich.

1. Das Bauunternehmen der K stellt eine bereits vorhandene, nach außen erkennbare, erlaubte, planmäßige, selbstständige und mit Gewinnerzielungsabsicht betriebene Tätigkeit und somit einen **eingerichteten und ausgeübten Gewerbebetrieb** dar.

2. Durch das Parken der B im Halteverbot konnte die K ihren Kran nicht zum geplanten Zeitpunkt zum Einsatz bringen. Damit hat B in den eingerichteten und ausgeübten Gewerbebetrieb der K **eingegriffen**.

Um den Deliktsschutz des eingerichteten und ausgeübten Gewerbebetriebs nicht in einen allgemeinen deliktischen Vermögensschutz ausufern zu lassen, reicht nicht jeder Eingriff aus, sondern es bedarf eines unmittelbaren Eingriffs in dem Sinne, dass sich der Eingriff gegen den Betrieb als solchen richtet, also **„betriebsbezogen"** ist und nicht vom Gewebebetrieb ohne Weiteres ablösbare Rechte oder Rechtsgüter betrifft. Einer vorübergehenden Behinderung der Straßenbenutzung kann jeder andere Rechtsträger ausgesetzt sein und er müsste diese Beeinträchtigung entschädigungslos hinnehmen. Daher fehlt es an einem betriebsbezogenen Eingriff, sodass ein Anspruch auf Schadensersatz aus § 823 Abs. 1 wegen Eingriffs in den eingerichteten und ausgeübten Gewerbebetrieb ausscheidet.

Demnach hat K gegen die B auch keinen Schadensersatzanspruch aus § 823 Abs. 1 wegen Eingriffs in den eingerichteten und ausgeübten Gewerbebetrieb.

---

53 BGH NJW 2004, 356, 358 zum alten § 12 Abs. 1 Nr. 6a StVO.

3. Teil: Grundtatbestand des § 826

Fall 33: Vorsätzliche, sittenwidrige Schädigung – § 826

Die B-Bank hatte mit dem S, der sich in finanziellen Schwierigkeiten befand, einen formgültigen Ratenkreditvertrag über 20.000 € geschlossen. Der vereinbarte Zins lag weit über dem Doppelten des marktüblichen Zinssatzes. S erbrachte in der Folgezeit Ratenzahlungen, die eine Summe von 20.000 € erreichten, musste dann jedoch die restliche Tilgung einstellen, da er seinen Arbeitsplatz verloren hatte und ihm keine Geldmittel mehr zur Verfügung standen. Die B-Bank erwirkte zunächst einen Mahnbescheid und anschließend einen Vollstreckungsbescheid über die ausstehende Summe gegen den S.

Nachdem S die unangenehme Angelegenheit zunächst erfolgreich verdrängt hatte, fällt ihm der Vollstreckungsbescheid vier Wochen nach dessen Zustellung bei einer spontanen Putzaktion wieder in die Hände.

Kann S jetzt noch erfolgreich rechtliche Schritte gegen den Vollstreckungsbescheid bzw. gegen die Zwangsvollstreckung einleiten?

A. Ein **Einspruch gegen den Vollstreckungsbescheid gemäß § 700 Abs. 1 ZPO i.V.m. §§ 338 ff. ZPO** scheidet aus, da die Einspruchsfrist von 2 Wochen, vgl. § 700 Abs. 1 i.V.m. § 339 ZPO, bereits verstrichen ist und eine Wiedereinsetzung in den vorigen Stand gemäß § 233 ZPO wegen seines Verschuldens bzgl. der Fristversäumnis nicht in Betracht kommt.

B. S könnte mit einer **Vollstreckungsgegenklage gemäß § 767 ZPO** beantragen, dass die Zwangsvollstreckung aus dem Vollstreckungsbescheid für unzulässig erklärt wird.

I. Eine Vollstreckungsabwehrklage ist gemäß § 795 i.V.m. § 794 Abs. 1 Nr. 4 ZPO auch gegen Vollstreckungsbescheide **statthaft**, sodass eine entsprechende Klage **zulässig** wäre.

II. Es besteht auch eine materiell-rechtliche Einwendung gegen den titulierten Anspruch – die Sittenwidrigkeit der Darlehensabrede. Diese Einwendung hat jedoch bereits mit Vertragsabschluss vorgelegen, sodass sie **gemäß § 767 Abs. 2 i.V.m. § 796 Abs. 2 ZPO ausgeschlossen** (präkludiert) ist. Infolgedessen ist eine Vollstreckungsabwehrklage gemäß § 767 ZPO unbegründet.

C. S könnte gegen die B-Bank ein **Anspruch auf Herausgabe des Vollstreckungsbescheids und Unterlassen der Zwangsvollstreckung gemäß § 826** zustehen.

Nach ständiger höchstrichterlicher Rspr. ist die Zwangsvollstreckung aus einem unrichtigen rechtskräftigen Titel unzulässig, wenn es mit dem Gerechtigkeitsgedanken schlechthin unvereinbar wäre, dass der Titelgläubiger seine formelle Rechtsstellung unter Missachtung der materiellen Rechtslage zulasten des Schuldners ausnutzt.[54]

Nach a.A. ist diese Rspr. abzulehnen, da sie die gesetzlichen Vorschriften über die Wiederaufnahme des Verfahrens gemäß §§ 578 ff. ZPO unterläuft.

---

54 BGHZ, 101, 380 m.w.N.

I. Dazu müssen die **Voraussetzungen des § 826**[55] vorliegen.

1. Zunächst muss S ein **Schaden** zugefügt worden sein. Schaden bedeutet i.S.d. § 826 jede nachteilige Einwirkung auf die Vermögenslage.

Dem von der B-Bank erwirkten Vollstreckungsbescheid lag wegen der Sittenwidrigkeit des Ratenkreditvertrags kein materiell-rechtlich berechtigter Anspruch zugrunde, sodass der vollstreckbar erklärte Anspruch nicht besteht. Die B-Bank kann jedoch trotzdem in Höhe der im Vollstreckungsbescheid ausgewiesenen Summe in das Vermögen des S vollstrecken. Dies ist eine nachteilige Einwirkung auf seine Vermögenslage.

Die für § 826 erforderliche Schädigung besteht daher in der materiellen Unrichtigkeit des Vollstreckungsbescheids.

2. Der Schaden muss durch eine **sittenwidrige Handlung** des Täters verursacht worden sein. Sittenwidrig ist eine Handlung, wenn sie „gegen das Anstandsgefühl aller billig und gerecht Denkenden" verstößt. Dies kann sich aus dem verfolgten Zweck, dem angewandten Mittel, der dabei zutage getretenen Gesinnung oder den daraus resultierenden Folgen ergeben.

Allein die materielle Unrichtigkeit des Titels reicht für die Sittenwidrigkeit nicht aus, sondern es müssen besondere Umstände vorliegen, die sich aus der Art und Weise der Titelerlangung oder der beabsichtigten Vollstreckung ergeben und die das Vorgehen des Gläubigers in sittenwidriger Weise prägen.

Diese besonderen, die Sittenwidrigkeit begründenden Umstände könnten hier aber bereits in der **Wahl des Mahnverfahrens** liegen.

Das Mahnverfahren ist dadurch gekennzeichnet, dass es ein rein schriftliches Verfahren ist, bei dem das Bestehen des geltend gemachten Anspruchs nicht vom Rechtspfleger überprüft wird, d.h., es erfolgt keine sogenannte Schlüssigkeitsprüfung. Wenn der Antragsgegner also nicht die entsprechenden Rechtsbehelfe gegen die erlassenen Bescheide einlegt, so ist es ohne Weiteres möglich, dass ein materiell-rechtlich nicht bestehender Anspruch tituliert wird.

Ferner stehen sich bei Ratenkreditverträgen typischerweise ein überlegener Gläubiger und ein wirtschaftlich schwächerer, geschäftlich unerfahrener und daher besonders schutzbedürftiger Kreditnehmer gegenüber.

Daher stellt die Wahl des Mahnverfahrens bei Ratenkreditverträgen einen besonderen, die Sittenwidrigkeit begründenden Umstand dar, wenn der Gläubiger erkennen konnte, dass dieses Verfahren aufgrund fehlender Schlüssigkeitsprüfung für ihn der einzige Weg ist, um an einen Titel gelangen zu können.

Die B-Bank konnte erkennen, dass der Ratenkreditvertrag wegen der überzogenen Zinsvereinbarung sittenwidrig und daher unwirksam war. Ferner konnte sie erkennen, dass sie nur über das Mahnverfahren an einen vollstreckbaren Titel gelangen konnte, weil in allen anderen Fällen eine Schlüssigkeitsprüfung erfolgt wäre, die zur Abweisung ihres Begehrens geführt hätte.

---

55 Vgl. zu den Fallgruppen des § 826 AS-Skript Schuldrecht BT 4 Rn. 277 ff.

Daher stellt hier die Wahl des Mahnverfahrens den besonderen, die Sittenwidrigkeit begründenden Umstand dar.

3. Schließlich muss die sittenwidrige Schadenszufügung durch den Täter **vorsätzlich** erfolgt sein.

Für diesen Vorsatz ist Kenntnis des Gläubigers von der Unrichtigkeit des Titels erforderlich. Zwar ist anzunehmen, dass eine Bank Kenntnis über die jeweils zulässigen Zinssätze hat; dies kann jedoch letztlich dahinstehen, da es bei künftiger Zwangsvollstreckung ausreicht, wenn das Gericht, das über § 826 entscheidet, dem Gläubiger diese Kenntnis verschafft, da ansonsten der Gläubiger sich immer auf angebliche Unkenntnis berufen würde und der Schutz des § 826 leer liefe.

Demnach ist Vorsatz der B-Bank gegeben und die haftungsbegründenden Voraussetzungen des § 826 liegen vor.

II. Als **Rechtsfolge** ist S gemäß § 249 Abs. 1 so zu stellen, als wäre der Vollstreckungsbescheid nicht ergangen.

Wenn der Vollstreckungsbescheid nicht ergangen wäre, so hätte der S die Nettokreditsumme gemäß § 812 Abs. 1 S. 1 Alt. 1 zurückzahlen müssen. S müsste gemäß § 817 S. 2 keine Zinsen zahlen. Da S bereits die Nettokreditsumme zurückgezahlt hat, ist der aus § 826 resultierende Anspruch auf Herausgabe des Vollstreckungsbescheids gemäß § 249 Abs. 1 und Unterlassen der Zahlungsvollstreckung gegeben.

4. Teil: Sonstige Anspruchsgrundlagen

1. § 831

> **Fall 34: § 831 – In Ausführung der Verrichtung**
>
> Die A ist Arzthelferin beim Zahnarzt Z. Patient P hatte während seiner Behandlung seine Jacke an der dafür vorgesehenen Garderobe aufgehängt. Als die A aus dem Aktenschrank die Unterlagen des P holen sollte, kam sie an der Garderobe vorüber, griff in die Jackentasche des P und entwendete dessen Geldbörse.
>
> Da A vermögenslos ist und das gestohlene Geld auch schon ausgegeben hat, begehrt P Schadensersatz von Z gemäß § 831 Abs. 1.

§ 831 ist eine **eigene Anspruchsgrundlage**, innerhalb derer dem Geschäftsherrn fremdes Verhalten zugerechnet wird.

P könnte gegen Z ein Schadensersatzanspruch aus **§ 831 Abs. 1** zustehen.

Dazu müssen die **Voraussetzungen** des haftungsbegründenden Tatbestands vorliegen.

I. Ein solcher Anspruch setzt voraus, dass Z **Geschäftsherr** gewesen ist und A seine **Verrichtungsgehilfin** war.

Geschäftsherr ist, wer die Tätigkeit des Handelnden jederzeit beschränken, untersagen oder nach Zeit und Umfang bestimmen kann. Verrichtungsgehilfe ist, wer mit Wissen und Wollen des Geschäftsherrn in dessen Interesse tätig wird und von dessen Weisungen abhängig ist.[56]

A ist als Arbeitnehmerin des Z von dessen Weisungen abhängig und wird im Interesse des Z tätig. Folglich ist A Verrichtungsgehilfin des Z und dieser ist der Geschäftsherr.

Die unerlaubte Handlung des Verrichtungsgehilfen muss an dieser Stelle inzident geprüft werden.

II. Der Verrichtungsgehilfe muss eine **tatbestandsmäßige und rechtswidrige unerlaubte Handlung** begangen haben.

1. A könnte den Tatbestand des § 823 Abs. 1 rechtswidrig verwirklicht haben.

a) A hat das Geld dem P entwendet und es anschließend ausgegeben, sodass eine Eigentumsverletzung aufseiten des P gegeben ist.

b) Diese ist durch ein Verhalten der A – Diebstahl der Geldbörse – äquivalent und adäquat kausal verursacht worden.

c) Die Rechtswidrigkeit ist indiziert und Rechtfertigungsgründe greifen zugunsten der A nicht ein.

Folglich hat A den Tatbestand des § 823 Abs. 1 rechtswidrig verwirklicht.

2. Ferner hat A durch den von ihr begangenen Diebstahl den Tatbestand des § 823 Abs. 2 i.V.m. § 242 StGB rechtswidrig verwirklicht.

Auf ein Verschulden des Verrichtungsgehilfen kommt es nicht an, da § 831 eine Haftung für eigenes Verschulden des Geschäftsherrn ist.

III. A muss die unerlaubte Handlung **in Ausführung der Verrichtung** und nicht nur bei deren Gelegenheit begangen haben.

D.h., zwischen der aufgetragenen Verrichtung und der Schadenszufügung muss ein innerer Zusammenhang bestehen. Dabei ist nicht erforderlich,

---

56 BGH NJW 2009, 1740 = RÜ 2009, 354.

dass gerade die Handlung, die den Schaden verursacht hat, dem Verrichtungsgehilfen aufgetragen war; es genügt, dass die schädigende Handlung in den Kreis der Maßnahmen fällt, welche die Ausführung der Verrichtung darstellen.[57]

A konnte den Diebstahl nur aufgrund ihrer Tätigkeit bei dem Z begehen, d.h., es ist ein äußerer Zusammenhang zwischen der übertragenen Tätigkeit und der Schadenszufügung gegeben. Der Diebstahl der Geldbörse hatte aber nichts mit der übertragenen Tätigkeit als solcher zu tun, sodass ein innerer Zusammenhang zwischen der Tätigkeit und der unerlaubten Handlung fehlt. Der Diebstahl erfolgte daher nicht in Ausführung der Verrichtung, sondern bei Gelegenheit.

Daher steht dem P kein Schadensersatzanspruch gegen den Z aus § 831 Abs. 1 zu.

---

57 OLG Naumburg RÜ 2009, 17.

Fall 35: § 831 Abs. 1 – Abs. 2 – dezentralisierter Entlastungsbeweis

B ist Inhaber eines großen Bauunternehmens mit ca. 60 Beschäftigten. Da er keine Zeit hat, sich um Neueinstellungen und sonstige Personalangelegenheiten zu kümmern, hat er diese Angelegenheiten seinem Personalchef P übertragen. Diesen hatte er seinerzeit aufgrund seiner beruflichen Erfahrung und guten Zeugnisse aus einer Vielzahl von Bewerbern ausgewählt. P hat seine Tätigkeit bislang zur vollsten Zufriedenheit des B ausgeübt.

Da wegen einer neuen Großbaustelle dringender Bedarf an weiteren Arbeitskräften besteht, stellt P den M als Maurer ein, obwohl dessen bisherige Arbeitszeugnisse nicht so berauschend sind. P bittet den als sehr gewissenhaft geltenden, vor Ort verantwortlichen Bauleiter L, den M besonders im Auge zu behalten.

M erledigt seine Arbeit anfänglich sehr zuverlässig, weswegen L ihn nur noch hin und wieder kontrolliert. Zwei Monate nach Arbeitsantritt des M stürzt eine von ihm schief errichtete Mauer zusammen und verletzt den Fußgänger F.

F verlangt Schadensersatz für die erlittenen Verletzungen von M, L, P und B. Zu Recht?

Um Inzidentprüfungen zu vermeiden, ist es sinnvoll, mit dem Tatnächsten zu beginnen.

A. Ansprüche F gegen Maurer M

I. F könnte gegen M ein Anspruch aus **§ 823 Abs. 1** zustehen.

1. M hat durch sein Verhalten – fehlerhafte Errichtung der Mauer – den Körper und die Gesundheit des F rechtswidrig und schuldhaft verletzt hat, sodass die **Voraussetzungen** des haftungsbegründenden Tatbestands gegeben sind.

2. Als **Rechtsfolge** muss M dem F den durch die Körper- und Gesundheitsverletzung entstandenen Schaden gemäß §§ 249 ff. ersetzen, also insbesondere die Heilbehandlungskosten gemäß § 249 Abs. 2 sowie ein angemessenes Schmerzensgeld gemäß § 253 Abs. 2 zahlen.

II. Ferner steht F gegen M ein Anspruch auf Ersatz der Heilbehandlungskosten sowie auf Zahlung eines angemessenen Schmerzensgeldes aus **§ 823 Abs. 2 i.V.m. § 229 StGB** zu.

B. Ansprüche F gegen Bauleiter L

I. F könnte gegen den Bauleiter L ein Schadensersatzanspruch aus **§ 823 Abs. 1** zustehen.

Dazu müssen die **Voraussetzungen** des haftungsbegründenden Tatbestands vorliegen.

1. F hat eine **Körper- und Gesundheitsverletzung** erlitten.

2. Diese muss **durch ein Verhalten des L** verursacht worden sein.

L hat es **unterlassen**, den M in der konkreten Situation zu überwachen. Ein Unterlassen ist jedoch nur dann tatbestandsmäßig, wenn eine **Rechtspflicht zum Handeln** besteht. Eine solche Rechtspflicht zum Handeln könnte sich für L aus einer Verkehrssicherungspflicht ergeben. Eine Verkehrssicherungspflicht besteht für jeden, der eine Gefahrenquelle schafft oder in seinem Bereich andauern lässt.

Die Gefahrenquelle „Baustelle" ist ursprünglich von B geschaffen worden, L war jedoch von B die verantwortliche Bauleitung vor Ort übertragen worden. Somit traf ihn bzgl. der Baustelle und der dort tätigen Arbeitnehmer auch die Verkehrssicherungspflicht, sodass er alle erforderlichen und zumutbaren Sicherungsvorkehrungen treffen musste, um andere Personen vor Schädigungen zu bewahren. Dazu gehörte auch die Überwachung der einzelnen Arbeitnehmer. Der Umfang dieser Aufsichtspflicht bestimmt sich nach den Umständen des Einzelfalls, insbesondere den bestehenden Kontrollmöglichkeiten sowie Art und Häufigkeit der möglichen Schäden.[58]

Verkehrssicherungspflichten können durch Abrede auf andere Personen übertragen werden, jedoch verbleibt bei dem Übertragenden immer eine Überwachungs- und Aufsichtspflicht.

L hat M anfänglich sehr genau kontrolliert und keine Auffälligkeiten festgestellt. Danach ist er zu einer stichprobenartigen Kontrolle übergegangen. Dies kann L jedoch nicht zum Vorwurf gemacht werden, da eine ständige Überprüfung der Arbeitnehmer weder möglich noch zumutbar ist.

Daher hat L seine Verkehrssicherungspflicht nicht verletzt, sodass ein Anspruch aus § 823 Abs. 1 ausscheidet.

II. Infolgedessen scheidet ein Anspruch des F gegen L aus **§ 823 Abs. 2 i.V.m. § 229 StGB** ebenfalls aus.

III. F könnte gegen L ein Anspruch aus **§ 831 Abs. 1 S. 1** zustehen.

Ein solcher Anspruch setzt voraus, dass **L Geschäftsherr** gewesen ist und **M sein Verrichtungsgehilfe** war.

Geschäftsherr ist, wer die Tätigkeit des Handelnden jederzeit beschränken, untersagen oder nach Zeit und Umfang bestimmen kann. Verrichtungsgehilfe ist, wer mit Wissen und Wollen des Geschäftsherrn in dessen Interesse tätig wird und von dessen Weisungen abhängig ist.

Als Bauleiter hatte L nur die Befugnis, den Arbeitern Weisung zu geben, was sie zu tun hatten. Er konnte ihre Tätigkeit als solche nicht entziehen oder Zeit und Umfang nicht ohne Absprache mit dem Bauunternehmer bestimmen. Somit war M nicht Verrichtungsgehilfe des L, sodass dieser kein Geschäftsherr i.S.v. § 831 Abs. 1 ist.

Daher besteht kein Anspruch des F gegen den L aus § 831 Abs. 1.

IV. F könnte gegen den L ein Anspruch aus **§ 831 Abs. 2 i.V.m. § 831 Abs. 1** zustehen.

1. L muss die Auswahl- und Überwachungspflichten durch Vertrag mit dem Geschäftsherrn von diesem übernommen haben (**Zwischenperson i.S.v. § 831 Abs. 2**).

Beachte: Scheitert § 831 Abs. 1, weil der Anspruchsgegner kein Geschäftsherr ist, muss noch § 831 Abs. 2 geprüft werden.

L ist als verantwortlichem Bauleiter die Organisationszuständigkeit und Aufsichtspflicht zumindest teilweise übertragen worden.

Es ist umstritten, ob § 831 Abs. 2 bei Übertragung der Aufsichtspflicht auf Bedienstete des Geschäftsherrn (z.B. Werkführer oder Betriebsleiter) **Anwendung findet.**

58　Palandt/Sprau § 823 Rn. 52.

a) Nach einer Ansicht muss § 831 Abs. 2 in diesem Fall angewendet werden, um den Geschädigten ausreichend abzusichern.[59]

Danach fällt L als verantwortlicher Bauleiter in den Anwendungsbereich des § 831 Abs. 2, da ihm die (bzw. ein Teil der) Organisationszuständigkeit übertragen worden ist.

b) Demgegenüber lehnt eine andere Auffassung die Anwendung der Norm auf Bedienstete des Geschäftsherrn ab, da es lediglich um die Verteilung unternehmensinterner Zuständigkeiten gehe und der Geschädigte ausreichend über die Haftung des Geschäftsherrn wegen Organisationsverschuldens geschützt sei.[60]

Danach ist § 831 Abs. 2 auf den Bauleiter L nicht anwendbar.

c) Stellungnahme: Nach der letztgenannten Ansicht erfasst § 831 Abs. 2 lediglich den Fall, dass ein selbstständiges Unternehmen die Pflichten des Geschäftsherrn in eigener Verantwortung übernimmt, sodass der Anwendungsbereich der Norm und damit die praktische Bedeutung äußerst gering wäre. Daher erscheint es zum Schutze des Geschädigten überzeugender, mit der erstgenannten Ansicht § 831 Abs. 2 auch auf Bedienstete des Geschäftsherrn anzuwenden.

Folglich ist L als verantwortlicher Bauleiter Zwischenperson i.S.v. § 831 Abs. 2 und haftet unter den Voraussetzungen des § 831 Abs. 1.

2. Ferner müssen die **Voraussetzungen des § 831 Abs. 1** vorliegen

a) M ist mit Wissen und Wollen des B in dessen Interesse tätig geworden und an dessen Weisungen gebunden und daher Verrichtungsgehilfe des B.

b) M hat eine tatbestandsmäßige und rechtswidrige unerlaubte Handlung in Ausführung der Verrichtung begangen (s.o.).

c) Das **Verschulden des L** wird vermutet. Die Haftung aus § 831 tritt jedoch nicht ein, wenn L den Entlastungsbeweis gemäß § 831 Abs. 1 S. 2 führen kann. Dazu muss L nachweisen, dass er seinen Überwachungspflichten ausreichend nachgekommen ist oder dass der Schaden auch bei ausreichender Überwachung eingetreten wäre.

L hat M vor Ort ausreichend kontrolliert (s.o.); daher hat er bei der Leitung die im Verkehr erforderliche Sorgfalt beachtet und kann die Verschuldensvermutung erfolgreich widerlegen, sodass F kein Anspruch gegen L aus § 831 Abs. 2 i.V.m. § 831 Abs. 1 zusteht.

C. Ansprüche F gegen Personalchef P

I. F könnte gegen P ein Anspruch auf Schadensersatz und Schmerzensgeld aus **§ 823 Abs. 1** zustehen.

1. F hat eine **Körper- und Gesundheitsverletzung** erlitten.

2. Diese muss **durch ein Verhalten** des P verursacht worden sein.

a) P hat den M als Maurer eingestellt.

---

59 Hk-BGB/Staudinger § 831 Rn. 15; Jauernig/Teichmann § 831 Rn. 15.
60 Looschelders, SchuldR BT, Rn. 1332, 1333; Palandt/Sprau § 831 Rn. 17; Wandt § 18 Rn. 8.

b) Ohne die Einstellung durch P hätte M die Mauer nicht fehlerhaft errichtet und F wäre nicht durch deren Zusammenbruch verletzt worden. Folglich war das Verhalten des P **äquivalent kausal** für die Verletzung des F.

c) Es liegt auch nicht außerhalb der Lebenserfahrung, dass die Einstellung eines Maurers dazu führt, dass ein anderer infolge des Zusammenbruchs einer von diesem Maurer fehlerhaft errichteten Mauer verletzt wird, sodass das Verhalten des P auch **adäquat kausal** für die Verletzung des F war.

d) Die Einstellung des M durch P hat jedoch nicht unmittelbar zur Verletzung des F geführt. Der bei mittelbarer Verursachung für die Zurechnung nach dem Schutzzweck der Norm **erforderliche Pflichtwidrigkeitszusammenhang** ergibt sich weder aus der Verletzung einer konkreten Verhaltenspflicht noch aus der Verletzung einer Verkehrssicherungspflicht, da P den L um Kontrolle des M gebeten hat und dies auch ordnungsgemäß geschehen ist.

Infolgedessen kann dem P die Verletzung des F nicht zugerechnet werden, sodass ein Anspruch des F gegen den P aus § 823 Abs. 1 ausscheidet.

II. Mangels Zurechnungszusammenhang ist ein Anspruch des F gegen P aus **§ 823 Abs. 2 i.V.m. § 229 StGB** ebenfalls nicht gegeben.

III. Ein Anspruch des F gegen P aus **§ 831 Abs. 1** scheitert daran, dass M kein Verrichtungsgehilfe des P ist.

IV. F könnte gegen P jedoch ein Anspruch aus **§ 831 Abs. 2 i.V.m. § 831 Abs. 1** zustehen.

Dazu müssen die **Voraussetzungen des § 831 Abs. 2 i.V.m. § 831 Abs. 1** gegeben sein.

1. P hat von B u.a. die Aufgabe übernommen, sich um Neueinstellungen zu kümmern, und ist daher eine **Zwischenperson i.S.d. § 831 Abs. 2.**

2. Ferner müssen die **Voraussetzungen des § 831 Abs. 1** vorliegen.

a) M ist Verrichtungsgehilfe des B und hat in Ausübung seiner Verrichtung eine tatbestandsmäßige und rechtswidrige unerlaubte Handlung begangen (s.o.).

b) Das **Verschulden** des P wird vermutet. Die Haftung aus § 831 tritt jedoch nicht ein, wenn P den Entlastungsbeweis gemäß § 831 Abs. 1 S. 2 führen kann.

P hat den M ordnungsgemäß ausgewählt. Zwar waren dessen Arbeitszeugnisse nicht sehr gut, aber es bestand ein dringender Bedarf an Arbeitskräften und M war für die Tätigkeit qualifiziert. Zudem hat P den L um besondere Kontrolle des M gebeten, was dieser auch durchgeführt hat; daher kann P die Verschuldensvermutung erfolgreich widerlegen, sodass ein Anspruch aus § 831 Abs. 2 i.V.m. § 831 Abs. 1 entfällt.

D. Ansprüche F gegen Bauunternehmer B

I. F könnte gegen B ein Anspruch aus **§ 823 Abs. 1** zustehen.

Dazu müssen die **Voraussetzungen** des haftungsbegründenden Tatbestands vorliegen.

1. F hat eine **Körper- und Gesundheitsverletzung** erlitten.

2. Diese muss **durch ein Verhalten** des B verursacht worden sein.

B könnte eine Verkehrssicherungspflicht verletzt haben. Dazu muss für den B eine solche Verkehrssicherungspflicht bestehen.

Solange der Bauunternehmer die tatsächliche Herrschaft über das Baugeschehen und die Baustelle hat, muss er während der Dauer des Baus die Baustelle mit zumutbaren Mitteln so sichern, dass erkennbare Gefahren von Dritten ferngehalten werden. Zwar kann auch der Bauunternehmer einen Teil der Verkehrssicherungspflicht delegieren – das hat B getan, als er L zum verantwortlichen Bauleiter ernannte und P die Personalangelegenheiten übertragen hat –, ihm verbleibt jedoch ein Rest an Kontrollpflicht. Er muss z. B. kontrollieren, ob L und P ihre Tätigkeiten korrekt ausführen.

Es ist jedoch nicht ersichtlich, dass B diese Verkehrssicherungspflichten verletzt hat. Daher besteht kein Anspruch des F gegen B aus § 823 Abs. 1.

II. Ein Anspruch des F gegen B aus **§ 823 Abs. 2 i.V.m. § 229 StGB** scheidet daher ebenfalls aus.

III. F könnte gegen B ein Anspruch aus **§ 831 Abs. 1 wegen des Verhaltens des M** zustehen.

Dazu müssen die **Voraussetzungen** des haftungsbegründenden Tatbestands vorliegen.

1. M ist Verrichtungsgehilfe des B und hat in Ausübung seiner Verrichtung eine tatbestandsmäßige und rechtswidrige unerlaubte Handlung begangen (s.o.).

2. Das **Verschulden** des B wird vermutet. Fraglich ist, ob B sich gemäß § 831 Abs. 1 S. 2 exkulpieren kann.

a) Bzgl. des M kann B nicht nachweisen, dass er diesen ordnungsgemäß ausgewählt und dessen Tätigkeit überwacht hat.

Dezentralisierter Entlastungsbeweis: Unternehmer muss sich nur für die von ihm zwischengeschaltete Person exkulpieren. Nach a.A. ist der dezentralisierte Entlastungsbeweis eine unzulässige Bevorzugung von Großunternehmern und daher abzulehnen.

b) Bei Großbetrieben ist es den Unternehmern nicht möglich und auch nicht zumutbar, das gesamte Personal selbst auszuwählen und zu beaufsichtigen, diese Aufgabe wird vielmehr höheren Angestellten übertragen.

In einem solchen Fall ist es daher nach h.M. ausreichend, dass der Unternehmer darlegt, dass er den zwischengeschalteten Angestellten sorgfältig ausgesucht und dessen Tätigkeitskreis überwacht hat. Dieser sogenannte **dezentralisierte Entlastungsbeweis** reicht grundsätzlich aus.[61]

B hat sowohl P als auch L sorgfältig ausgewählt und deren Tätigkeit überwacht. Somit kann sich B erfolgreich exkulpieren, sodass kein Anspruch aus § 831 Abs. 1 besteht.

IV. Infolgedessen scheiden Ansprüche des F gegen B wegen des Verhaltens von P oder L aus **§ 831 Abs. 1** ebenfalls aus.

E. Gesamtergebnis:

F steht lediglich gegen M ein Schadensersatzanspruch aus § 823 ff. zu.

L, P und B haften nicht gegenüber F, da sie ihre eigenen Pflichten nicht verletzt haben und sich bzgl. des fremden Verhaltens, das ihnen zugerechnet wird, exkulpieren können.

---

61 BGHZ 4, 1, 2 ff.; MünchKomm/Wagner § 831 Rn. 42 m.w.N.

Fall 36: § 831 – § 31 analog

A, B und C betreiben einen Baustoffhandel in Form einer OHG. Die Auslieferung der Baustoffe erfolgt in der Regel durch die Arbeitnehmer der OHG, zum Teil jedoch auch durch die Gesellschafter selbst.

Gesellschafter A liefert eine Fuhre Schotter zum Kunden K. Beim Abladen des Schotters öffnet A die Klappe des Kippladers, ohne vorher zu kontrollieren, ob sich jemand in der Nähe aufhält. Der in der Nähe stehende Passant P erleidet durch den herabstürzenden Schotter erhebliche Verletzungen.

Da A vermögenslos ist, verlangt P Schadensersatz von der OHG.

A. P könnte gegen die OHG ein Schadensersatzanspruch aus **§ 831 Abs. 1 i.V.m. § 124 HGB** zustehen.

I. Eine gemäß § 124 HGB rechtsfähige **OHG besteht.**

II. Ferner muss eine **Verbindlichkeit** der OHG **aus § 831 Abs. 1** bestehen.

Ein solcher Anspruch setzt voraus, dass die **OHG Geschäftsherr** gewesen ist und **A ihr Verrichtungsgehilfe** war.

Geschäftsherr ist, wer die Tätigkeit des Handelnden jederzeit beschränken, untersagen oder nach Zeit und Umfang bestimmen kann. Verrichtungsgehilfe ist, wer mit Wissen und Wollen des Geschäftsherrn in dessen Interesse tätig wird und von dessen Weisungen abhängig ist.

A ist als Gesellschafter der OHG sowohl geschäftsführungsbefugt (§§ 114 ff. HGB) als auch vertretungsberechtigt (§§ 125, 126 HGB), bestimmt also selber zusammen mit seinen Mitgesellschaftern die Angelegenheiten der OHG. Infolgedessen ist A nicht weisungsgebunden und daher kein Verrichtungsgehilfe der OHG, sodass ein Anspruch des P gegen die OHG aus § 831 Abs. 1 i.V.m. § 124 HGB ausscheidet.

B. P könnte gegen die OHG ein Anspruch aus **§ 823 Abs. 1 i.V.m. § 124 HGB** zustehen.

I. Eine rechtsfähige **OHG besteht.**

II. Ferner muss eine **Verbindlichkeit der OHG aus § 823 Abs. 1** bestehen.

1. P hat eine erhebliche Körper- und Gesundheitsverletzung erlitten.

2. Dies muss **durch ein Verhalten der OHG** verursacht worden sein.

a) Die OHG als abstraktes Gebilde kann nicht selber handeln. Gehandelt hat der Gesellschafter A, indem er den Schotter abgeladen hat, ohne vorher sicherzustellen, dass sich niemand in der Nähe aufhält.

b) Möglicherweise kann der OHG das Verhalten ihres Gesellschafters A **zugerechnet** werden.

aa) In Betracht kommt eine Zurechnung **gemäß § 31**.

Nach dieser Regelung muss sich ein Verein das Verhalten und Verschulden seines Vorstands, der Vorstandsmitglieder sowie anderer verfassungsmäßig berufener Vertreter zurechnen lassen.

Die OHG ist jedoch kein Verein i.S.d. §§ 21 ff., sodass eine Zurechnung über § 31 ausscheidet.

Beachte:
Eine Zurechnung kann immer nur über eine entsprechende Zurechnungsnorm erfolgen.

Beachte:
Eine analoge Anwendung einer Norm darf immer nur erfolgen, nachdem man die Analogievoraussetzungen geprüft und bejaht hat.

bb) Evtl. kann der OHG das Verhalten des Gesellschafters A **analog § 31** zugerechnet werden. Dazu müssen die Analogievoraussetzungen gegeben sein, d.h., es muss eine planwidrige Regelungslücke bei vergleichbarer Interessenlage bestehen.

(1) Eine anderweitige Zurechnungsnorm ist nicht einschlägig: § 831 greift nicht ein, da A kein Verrichtungsgehilfe ist (s.o.), und § 278 ist nur im Rahmen bestehender Schuldverhältnisse anwendbar. Es ist auch nicht ersichtlich, dass der Gesetzgeber bei vergleichbarer Interessenlage bewusst eine unterschiedliche Reglung der Zurechnung für OHG und Vereine angestrebt hat, sodass eine planwidrige Regelungslücke besteht.

(2) Ferner muss eine vergleichbare Interessenlage gegeben sein.

Der Verein ist ein abstraktes Gebilde mit eigener Rechtsfähigkeit, das nicht selber handeln kann. Aufgrund dessen hat der Gesetzgeber für den Verein die Regelung des § 31 geschaffen, um ihm das Verhalten seiner Organe, die für ihn tätig werden, zurechnen zu können. Da auch die OHG ein abstraktes Gebilde mit eigener Rechtsfähigkeit ist, das nicht selber handeln kann, ist insofern eine Vergleichbarkeit zwischen Verein und OHG gegeben.

Ferner muss der Gesellschafter der OHG mit einem Vorstandsmitglied eines Vereins vergleichbar sein. Der Vorstand ist das Organ des Vereins, die Gesellschafter der OHG sind deren Organe. Demzufolge ist auch diesbzgl. eine Vergleichbarkeit gegeben, sodass eine vergleichbare Interessenlage vorliegt und somit die **Analogievoraussetzungen gegeben** sind.

Der OHG kann daher das Verhalten ihres Gesellschafters A zugerechnet werden.

c) Hätte A vor dem Abladen des Schotters kontrolliert, ob Passanten in der Nähe sind, wäre P mit an Sicherheit grenzender Wahrscheinlichkeit nicht verletzt worden, sodass das Verhalten des A **äquivalent kausal** für die Körper- und Gesundheitsverletzung des P war.

d) Es liegt auch nicht außerhalb der Lebenserfahrung, dass ein Passant durch herabstürzenden Schotter aus einem Kipplader verletzt wird, sodass das Verhalten des A auch **adäquat kausal** für die Verletzung des P war.

3. Die **Rechtswidrigkeit** ist indiziert und Rechtfertigungsgründe greifen zugunsten des A nicht ein.

4. Schließlich muss ein **Verschulden** der OHG gegeben sein.

Beachte:
§ 31 (analog) rechnet fremdes Verhalten **und** Verschulden zu.

Die OHG als abstraktes Gebilde kann nicht schuldhaft handeln. Der OHG wird jedoch das Verschulden des A, der die erforderliche Sorgfalt außer Acht gelassen und damit fahrlässig i.S.v. § 276 Abs. 2 gehandelt hat, analog § 31 zugerechnet.

III. Als **Rechtsfolge** kann P von der OHG Ersatz des durch die Körper- und Gesundheitsverletzung verursachten Schadens gemäß §§ 249 ff. verlangen. Die OHG muss P insbesondere seine Heilbehandlungskosten gemäß § 249 Abs. 2 ersetzen sowie ein angemessenes Schmerzensgeld gemäß § 253 Abs. 2 zahlen.

C. Daneben besteht auch ein Anspruch P gegen die OHG aus **§ 823 Abs. 2 i.V.m. § 229 StGB i.V.m. § 124 HGB.**

Abwandlung:

Welche Ansprüche hätte P gegen die OHG, wenn anstelle des Gesellschafters A der Arbeitnehmer X den Schotter abgeladen hätte?

A. P könnte gegen die OHG ein Schadensersatzanspruch aus **§ 831 Abs. 1 i.V.m. § 124 HGB** zustehen.

I. Eine gemäß § 124 HGB rechtsfähige OHG besteht.

II. Es muss eine **Verbindlichkeit der OHG aus § 831 Abs. 1** gegeben sein.

1. Die OHG muss Geschäftsherr und X muss Verrichtungsgehilfe sein.

X ist als Arbeitnehmer der OHG von deren Weisungen abhängig und wird im Interesse der OHG tätig. Folglich ist X Verrichtungsgehilfe der OHG und diese ist der Geschäftsherr.

2. X hat P durch sein Verhalten rechtswidrig verletzt und somit den § 823 Abs. 1 tatbestandsmäßig und rechtswidrig verwirklicht.

3. Dies geschah in Ausübung seiner Arbeitstätigkeit – also in Ausführung der Verrichtung.

4. Das Verschulden der OHG wird gemäß § 831 Abs. 1 S. 2 vermutet und eine Exkulpation ist nicht erfolgt.

III. Als **Rechtsfolge** kann P von der OHG Ersatz des durch die Körper- und Gesundheitsverletzung verursachten Schadens gemäß §§ 249 ff. verlangen.

B. P könnte gegen die OHG ein Anspruch aus **§ 823 Abs. 1 i.V.m. § 124 HGB** zustehen.

I. Eine **OHG besteht**.

II. Es muss eine **Verbindlichkeit der OHG aus § 823 Abs. 1** gegeben sein.

1. P hat eine Körper- und Gesundheitsverletzung erlitten.

2. Dies muss **durch ein Verhalten der OHG** verursacht worden sein.

a) Die OHG als abstraktes Gebilde kann nicht selber handeln. Gehandelt hat Arbeitnehmer X, indem er den Schotter abgeladen hat, ohne vorher sicherzustellen, dass sich niemand in der Nähe aufhält.

b) Eventuell kann der OHG das Verhalten ihres Arbeitnehmers X **zugerechnet** werden.

In Betracht kommt eine Zurechnung analog § 31. Es fehlt jedoch bereits an einer Regelungslücke, da das Verhalten des X der OHG bereits innerhalb des § 831 zugerechnet worden ist. Zudem fehlt auch die vergleichbare Interessenlage, da der Arbeitnehmer X nicht mit dem Organ eines Vereins vergleichbar ist.

Daher ist eine Zurechnung des Verhaltens des X über § 31 analog nicht möglich. Somit besteht kein Anspruch aus § 823 Abs. 1 i.V.m. § 124 HGB.

C. Aus demselben Grund scheidet ein Anspruch aus **§ 823 Abs. 2 i.V.m. § 229 StGB i.V.m. § 124 HGB** aus.

2. § 832

Fall 37: § 832 – Umfang der Aufsichtspflicht
(nach BGH, NJW 2009, 1952 und 1954 = RÜ 2009, 497)

Am 09.07.2019 zerkratzten der 5 1/2 Jahre alte P und sein 7 1/2 Jahre alter Freund M mit Glasscherben insgesamt 17 Pkw, die auf einem Parkplatz abgestellt waren, der zu dem Wohnkomplex gehört, in dem die Eheleute B und E und ihre Söhne wohnen. Unter den beschädigten Pkw befand sich das Fahrzeug des K. Zu dem Wohnkomplex gehört auch ein Spielplatz, auf dem P und M vor dem Schadensereignis gespielt hatten.

Der 5 1/2 – jährige P war von seiner Mutter zunächst auf den Spielplatz begleitet worden. Diese war dann für ca. 40 Minuten in ihre Wohnung zurückgekehrt, nachdem sie P angewiesen hatte, den Spielplatz nicht zu verlassen.

Die Eltern des P haben vorgetragen, P sei ein normal entwickeltes Kind, das erteilte Anweisungen bislang immer eingehalten habe. K hat vorgetragen, der P habe in der Vergangenheit häufiger die Haustür „offen gestellt" und damit die Hausordnung übertreten, sodass eine erhöhte Aufsichtspflicht ihm gegenüber geboten gewesen sei.

Die Eltern des 7 1/2 – jährigen M haben vorgetragen, dass sie ihren altersgemäß entwickelten Sohn stets angehalten haben, fremdes Eigentum zu achten, und er bis zum Schadensereignis nicht durch ähnliche Taten aufgefallen sei. Zudem hätten sie ihn angewiesen, den Parkplatz nicht zu betreten.

Besteht ein Schadensersatzanspruch des K wegen der Pkw-Beschädigung

1. gegen die Eltern B wegen Verletzung der Aufsichtspflicht über ihren 5 1/2-jährigen Sohn P?

2. gegen die Eltern E wegen Verletzung der Aufsichtspflicht über ihren 7 1/2-jährigen Sohn M?

A. K kann gegen die **Eltern B** ein Anspruch auf Schadensersatz wegen ihrer Aufsichtspflichtverletzung gemäß **§ 832 Abs. 1** zustehen.

I. Dazu müssen die **Voraussetzungen** des haftungsbegründenden Tatbestands vorliegen.

1. Die Eltern B sind als Inhaber der Personensorge gemäß §§ 1626 Abs. 1, 1631 Abs. 1 kraft Gesetzes gegenüber ihrem 5 1/2-jährigen Sohn P **aufsichtspflichtig**, der wegen seiner Minderjährigkeit der **Aufsicht bedurfte**.

2. P könnte den Tatbestand des **§ 823 Abs. 1 rechtswidrig verwirklicht** haben.

a) Durch die Lackschäden am Kfz ist das **Eigentum** des K verletzt worden.

b) Dies ist **durch ein Verhalten des P** – Zerkratzen des Pkw des K – geschehen.

c) Die **Rechtswidrigkeit** ist indiziert und Rechtfertigungsgründe greifen zugunsten des P nicht ein.

3. Das **Verschulden der B wird vermutet.** Die Haftung tritt jedoch nicht ein, wenn der Aufsichtspflichtige den Entlastungsbeweis nach § 832 Abs. 1 S. 2 führt, indem er nachweist, dass er seiner Aufsichtspflicht genügt hat oder dass der Schaden auch bei gehöriger Aufsicht entstanden wäre.

Das Maß der gebotenen Aufsicht über Minderjährige bestimmt sich nach Alter, Eigenart und Charakter des Kindes, nach der Vorhersehbarkeit des schädigenden Verhaltens sowie danach, was verständigen Eltern nach vernünftigen Anforderungen in der konkreten Situation zugemutet werden kann.

a) Möglicherweise hatten die Eltern B wegen des Vorverhaltens ihres Sohnes P, der in der Vergangenheit des Öfteren gegen die Hausordnung verstoßen hat, eine **gesteigerte Aufsichtspflicht**.

Nach der Rspr. ist bei Minderjährigen, die zu üblen Streichen oder zu Straftaten neigen, eine erhöhte Aufsicht seitens der Eltern geboten, ebenso bei Kindern mit ausgeprägter Aggressionsbereitschaft.[62]

Dass P in der Vergangenheit häufiger die Haustür „offen gestellt" und damit die Hausordnung übertreten hat, ist jedoch als nachvollziehbares und typisches Verhalten eines fünfjährigen Kindes einzustufen und reicht daher nicht aus, eine erhöhte Aufsichtspflicht zu begründen.

Somit bestand für die Eltern B keine gesteigerte Aufsichtspflicht gegenüber P.

b) Entscheidend ist daher, ob die B ihrer Aufsichtspflicht für ein normal entwickeltes 5 1/2-jähriges Kind nachgekommen sind.

Die Mutter des P hat ihren 5 1/2 Jahre alten Sohn ca. 40 Minuten ohne Aufsicht im Freien spielen lassen. Fraglich ist, ob sie ihn in diesem Alter über einen solchen Zeitraum unbeaufsichtigt lassen durfte.

Normal entwickelte Kinder in diesem Alter dürfen eine gewisse Zeit ohne unmittelbare Einwirkungsmöglichkeit und ohne Aufsicht gelassen werden, damit sie sich entsprechend entwickeln können, ohne sich auf Schritt und Tritt überwacht zu fühlen. Die Rspr. gesteht daher Kindern ab einem Alter von vier Jahren einen gewissen Freiraum zu, wobei allerdings eine **regelmäßige Kontrolle in kurzen Zeitabständen von 15 bis 30 Minuten** für erforderlich gehalten wird.

Auch wenn die Mutter des P nicht voraussehen musste, dass ihr Kind fremde Kraftfahrzeuge mit Glasscherben beschädigen würde, ist bei einem 5-jährigen Kind jedenfalls nicht auszuschließen, dass es sich bei so einer langen Verweildauer ohne Aufsicht von anderen Kindern verleiten lässt oder selbst auf den Gedanken kommt, den Spielplatz zu verlassen und Streiche zu begehen, durch die Dritte geschädigt werden können. Dies muss ein Aufsichtspflichtiger in Betracht ziehen und deswegen dafür sorgen, dass ein Kind im Alter von 5 1/2 Jahren in regelmäßigen Abständen von höchstens 30 Minuten kontrolliert wird.

Auf ein Verschulden des Aufsichtsbefohlenen kommt es nicht an, da § 832 eine Haftung für eigenes Verschulden des Aufsichtspflichtigen ist.

Entscheidend für die Haftung aus § 832 Abs. 1 ist nicht, ob die Eltern allgemein ihrer Aufsichtspflicht genügt haben, sondern maßgeblich ist, ob der Aufsichtspflicht nach den besonderen Gegebenheiten des konkreten Einzelfalles genügt worden ist. Eine gesteigerte Aufsichtspflicht kann sich daher hinsichtlich der äußeren Umstände bei erhöhtem Gefährdungspotential für Dritte oder aus der Person des Kindes ergeben.

---

62 BGH NJW 1980, 1044.

Demnach haben die B ihrer Aufsichtspflicht nicht genügt und sie können die Verschuldensvermutung nicht widerlegen, sodass die Voraussetzungen des § 832 Abs. 1 gegeben sind.

II. Als **Rechtsfolge** müssen die B dem K den aus der Eigentumsverletzung resultierenden Schaden gemäß §§ 249 ff. ersetzen.

B. K kann gegen die **Eltern E** ein Anspruch auf Schadensersatz wegen ihrer Aufsichtspflichtverletzung gemäß **§ 832 Abs. 1** zustehen.

1. Die E sind gemäß §§ 1626 Abs. 1, 1631 Abs. 1 kraft Gesetzes gegenüber ihrem 7 1/2-jährigen und somit minderjährigen Sohn M **aufsichtspflichtig**.

2. M könnte den **Tatbestand des § 823 Abs. 1 rechtswidrig verwirklicht** haben.

a) Durch die Lackschäden am Kfz ist **Eigentum** des K verletzt worden.

b) Dies ist **durch ein Verhalten des M** – Zerkratzen des Pkw des K – geschehen.

c) Die **Rechtswidrigkeit** ist indiziert und Rechtfertigungsgründe greifen zugunsten des M nicht ein.

3. Das **Verschulden der E wird gemäß § 832 Abs. 1 S. 2 vermutet.** Die Vermutung ist jedoch widerlegt, wenn die E ihrer Aufsichtspflicht genügt haben.

Bei einem 7 1/2 -jährigem Kind ist zu beachten, dass dieses bereits in größerem Maße in die Selbstständigkeit entlassen werden muss, um sich zu entwickeln und auch den Umgang mit Gefahren lernen zu können. Die Eltern genügen folglich im Allgemeinen ihrer Aufsichtspflicht, wenn sie sich über das Tun und Treiben in großen Zügen einen Überblick verschaffen, sofern nicht konkreter Anlass zu besonderer Aufsicht besteht.

Folglich reichte es für die Erfüllung der elterlichen Aufsichtspflicht insoweit aus, dass die E ihren Sohn stets angehalten haben, fremdes Eigentum zu achten. Somit haben die E ihrer Aufsichtspflicht genügt und die Verschuldensvermutung des § 832 Abs. 1 S. 2 widerlegt.

K steht daher gegen die Eltern E kein Anspruch auf Schadensersatz wegen der Beschädigung seines Pkw aus § 832 Abs. 1 zu.

3. §§ 833, 834

Fall 38: § 833 – spezifische Tiergefahr
(nach OLG Stuttgart RÜ 2018, 622)

Die K unternahm mit ihrer Mutter M bei B, der eine Kamelfarm betreibt, einen einstündigen Kamelausritt. Vor Beginn des Ausritts wies B die beiden Frauen auf die gut sichtbaren Griffe am Sattel der Kamele hin und erklärte ihnen, dass sie sich an den Griffen oder den Höckern festhalten könnten, wenn die Kamele einmal schneller laufen sollten. Zudem erläuterte B, dass Helme für den Ausritt zur Verfügung stünden, aber bisher noch nie etwas passiert sei und die meisten Kunden keinen Helm tragen würden. K und M entschieden sich daraufhin gegen das Tragen eines Helms.

Während des Ausritts lief B zwischen den beiden Kamelen und führte diese an einer Kette. Als die Gruppe ein Grundstück passierte, auf dem sich einige Hunde befanden und diese anfingen, zu bellen, hielt B die Kamele an. Nachdem sich die Hunde beruhigt hatten, führte B die Gruppe weiter. Beim Weiterlaufen erschraken die Kamele aufgrund des erneut einsetzenden Hundegebells, liefen nach vorne und vollführten an der Führungsleine eine abrupte Linkswendung. Dadurch fiel die seinerzeit 27-jährige K aus einer Sitzhöhe von 1,87 m kopfüber zu Boden und erlitt dabei schwere Kopfverletzungen.

Steht K gegen B ein Anspruch auf Zahlung eines angemessenen Schmerzensgeldes zu?

K kann gegen B ein Anspruch auf Zahlung eines angemessenen Schmerzensgeldes **gemäß § 833 S. 1 i.V.m. § 253 Abs. 2** zustehen.

I. Dazu müssen die **Voraussetzungen** des haftungsbegründenden Tatbestands erfüllt sein.

1. K hat infolge des Sturzes erhebliche Kopfverletzungen erlitten, sodass eine **Körper- und Gesundheitsverletzung** gegeben ist.

2. Diese muss **durch ein Tier** verursacht worden sein.

a) Wären die Kamele nicht nach vorne gelaufen und hätten sie an der Führungsleine keine abrupte Linkswendung vollführt, wäre K nicht aus einer Sitzhöhe von 1,87 m kopfüber zu Boden gestürzt und hätte keine Kopfverletzung erlitten. Daher war das Verhalten der Kamele des B **äquivalent kausal** für die Körper- und Gesundheitsverletzung der K.

b) Ferner muss sich die **spezifische Tiergefahr realisiert** haben.

Die spezifische Tiergefahr realisiert sich, wenn sich die durch die Unberechenbarkeit tierischen Verhaltens hervorgerufene Gefährdung von Leben, Gesundheit und Eigentum Dritter verwirklicht hat.

Die Kamele haben sich aufgrund des erneut einsetzenden Hundegebells erschrocken und daraufhin unvermittelt eine Drehbewegung vollführt, die zum Sturz der K führte. Infolgedessen beruht die Körper- und Gesundheitsverletzung der K auf dem unberechenbaren und selbstständigen Verhalten der Kamele, sodass sich die spezifische Tiergefahr realisiert hat.

Für ein Luxustier besteht eine Gefährdungshaftung gemäß § 833 S. 1. Dies ist die einzige im BGB geregelte Gefährdungshaftung.

3. B hat die Bestimmungsmacht über die Kamele und kommt im eigenen Interesse für deren Kosten auf, sodass er **Tierhalter** i.S.v. § 833 S. 1 BGB ist.

4. Sollte es sich bei dem unfallbeteiligten Kamel des B um ein **Luxustier** handeln, ist gemäß § 833 S. 1 kein Verschulden erforderlich. Sollte es sich demgegenüber bei dem Kamel um ein **Nutz-Haustier** i.S.v. § 833 S. 2 handeln, haftet der Tierhalter nur für vermutetes Verschulden, sodass B der Entlastungsbeweis eröffnet ist.

Haustiere sind nach einer Definition des Reichsgerichts diejenigen Gattungen von zahmen Tieren, die in der Hauswirtschaft zu dauernder Nutzung oder Dienstleistung gezüchtet und gehalten zu werden pflegen und dabei aufgrund von Erziehung und Gewöhnung der Beaufsichtigung und dem beherrschenden Einfluss des Halters unterstehen. Der Gegensatz zum Haustier ist das wilde Tier, auch wenn es gezähmt wurde (§ 960). Für die Abgrenzung maßgebend ist stets die inländische Verkehrsauffassung, sodass Kamele, deren Haltung in Deutschland sehr selten ist, in Deutschland nicht als Haustiere anzusehen sind, obwohl sie andernorts als solche zu qualifizieren sein mögen.[63]

Demnach sind die Kamele des B keine Haustiere, sodass es sich um Luxustiere handelt, bei denen der Tierhalter verschuldensunabhängig haftet. Folglich ist B die Exkulpationsmöglichkeit nach § 833 S. 2 nicht eröffnet.

II. Als **Rechtsfolge** muss B der K gemäß § 253 Abs. 2 BGB ein angemessenes Schmerzensgeld zahlen.

Der Anspruch könnte jedoch aufgrund des Nichttragens eines Helms wegen Mitverschuldens der K gemäß § 254 BGB zu kürzen sein. Jedoch hat B der K quasi vom Tragen eines Helms abgeraten, indem er darauf hingewiesen hat, die meisten Kunden würden keinen Helm tragen. Infolgedessen scheidet eine Kürzung wegen Mitverschuldens aus.

Somit steht K gegen B ein ungekürzter Anspruch auf Zahlung eines angemessenen Schmerzensgeldes aus § 833 S. 1 zu.

---

63 OLG Stuttgart RÜ 2018, 622, 623.

Fall 39: § 833 – § 834

K hatte seinen Hund für die Zeit seines Urlaubs in eine von B geführte Hundepension gebracht. Als B den Hund des K eines Morgens an der Leine ausführte, begegnete er dem Jogger J. Der Hund riss sich, was er sonst noch nie gemacht hatte, plötzlich los, obwohl B die Leine fest in der Hand hatte, lief auf J zu und biss ihn in die Wade.

J verlangt von K und B Schadensersatz wegen der erlittenen Bisswunde.

A. Ansprüche gegen B

I. J könnte ein Anspruch gegen B aus **§ 833 S. 1** zustehen.

Dazu müssen die **Voraussetzungen** des haftungsbegründenden Tatbestands vorliegen.

1. J hat durch den Biss in die Wade eine **Körper- und Gesundheitsverletzung** erlitten.

2. Dies muss **durch ein Tier** geschehen sein.

a) Hätte sich der Hund des K nicht losgerissen und den J gebissen, wäre J nicht verletzt worden, sodass das Verhalten des Hundes **äquivalent kausal** für die Verletzung des J war.

b) Ferner muss sich die **spezifische Tiergefahr** verwirklicht haben.

Die spezifische Tiergefahr realisiert sich, wenn sich die durch die Unberechenbarkeit tierischen Verhaltens hervorgerufene Gefährdung von Leben, Gesundheit und Eigentum Dritter verwirklicht hat.

Durch das Losreißen des Hundes hat sich die Unberechenbarkeit tierischen Verhaltens und damit die spezifische Tiergefahr realisiert.

3. Der **Anspruchsgegner B** muss **Tierhalter** sein. Tierhalter ist derjenige, dem die Bestimmungsmacht über das Tier zusteht und der aus eigenem Interesse für die Kosten des Tieres aufkommt und das wirtschaftliche Risiko trägt.

B kommt nicht aus eigenem Interesse für die Pflege und die Kosten des Hundes auf, sondern hat die Aufsicht über das Tier durch Vertrag mit K übernommen. Daher ist B kein Tierhalter.

Demzufolge scheidet ein Anspruch des J gegen den B aus § 833 S. 1 aus.

II. J könnte ein Anspruch gegen den B aus **§ 834 S. 1** zustehen.

Dazu müssen die **Voraussetzungen** des haftungsbegründenden Tatbestands gegeben sein.

1. J hat eine **Körper- und Gesundheitsverletzung** erlitten.

2. Dies ist **durch ein Tier** – den Hund des K – geschehen.

3. B muss **Tierhüter** sein. Tierhüter ist derjenige, der die Aufsicht über das Tier durch Vertrag übernommen hat.

B hat die Aufsicht über den Hund durch Vertrag mit dem K übernommen und ist somit Tierhüter.

Tierhüter ist nur derjenige, der ein gewisses Maß selbstständiger Gewalt über das Tier erlangt; daher z.B. (–) bei Stallburschen oder angestellten Reitlehrern

4. Das **Verschulden des B wird vermutet**. Die Haftung entfällt jedoch, wenn er den **Entlastungsbeweis** gemäß § 834 S. 2 führen kann.

Dazu muss er nachweisen, dass er bei der Beaufsichtigung des Tieres die im Verkehr erforderliche Sorgfalt beobachtet hat oder dass der Schaden auch bei Anwendung dieser Sorgfalt entstanden wäre.

B hat den Hund des K an der Leine ausgeführt und diese fest in der Hand gehalten. Der Hund hatte bis zu diesem Morgen auch noch nie besonders auf Jogger oder andere Passanten reagiert, sodass für B keine Notwendigkeit bestand, weitere Vorsichtsmaßnahmen zu ergreifen. Daher hat B bei der Beaufsichtigung des Hundes die im Verkehr erforderliche Sorgfalt beachtet und kann folglich die Verschuldensvermutung erfolgreich widerlegen.

Somit besteht kein Schadensersatzanspruch des J gegen B aus § 834 S. 1.

B. J könnte ein Anspruch **gegen K aus § 833 S. 1** zustehen.

I. Dazu müssen die **Voraussetzungen** des haftungsbegründenden Tatbestands vorliegen.

1. J hat eine **Körper- und Gesundheitsverletzung** erlitten.

2. Dies ist **durch ein Tier** – den Hund des K – geschehen.

3. K kommt aus eigenem Interesse für die Pflege und die Kosten des Hundes auf und ist daher **Tierhalter**.

4. Der Hund dient weder dem Beruf des K noch seiner Erwerbstätigkeit noch seinem Unterhalt. Daher handelt es sich um ein Luxustier, sodass der **Entlastungsbeweis nicht zugunsten des K anwendbar** ist.

II. Als **Rechtsfolge** muss K dem J den durch die Körperverletzung entstandenen Schaden gemäß §§ 249 ff. ersetzen, d.h., er muss gemäß § 249 Abs. 2 S. 1 Schadensersatz für die Heilbehandlungskosten leisten sowie gemäß § 253 Abs. 2 ein angemessenes Schmerzensgeld zahlen.

5. Teil: Mehrheit von Schädigern

> **Fall 40: § 830 Abs. 1 S. 1**
>
> A und B wollen ihrem Freund C, der sie beim letzten Skatabend über den Tisch gezogen hat, eine Lektion erteilen: er soll eine Nacht lang richtig frieren. Daher werfen sie mit hartgefrorenen Schneebällen auf das Schlafzimmerfenster des C, bis die Scheibe zerbricht. Es lässt sich nicht aufklären, ob A oder B den entscheidenden Schneeball geworfen hat.
>
> C verlangt von A und B Schadensersatz für die zerbrochene Scheibe.

A. C könnte **gegen A** ein Schadensersatzanspruch **aus § 823 Abs. 1** zustehen.

Dazu müssen die **Voraussetzungen** des haftungsbegründenden Tatbestands gegeben sein.

I. Die Fensterscheibe des C ist zerbrochen, sodass eine **Eigentumsverletzung** vorliegt.

II. Dies muss **durch ein Verhalten des A** geschehen sein.

1. A hat Schneebälle auf das Schlafzimmerfenster des C geworfen.

2. Es steht allerdings nicht fest, dass A den Schneeball geworfen hat, der die Scheibe zerbrochen hat. Infolgedessen **kann nicht davon ausgegangen werden, dass das Verhalten des A äquivalent kausal für die Eigentumsverletzung des C gewesen ist**.

Somit steht C gegen A kein Anspruch aus § 823 Abs. 1 zu.

B. Ein Schadensersatzanspruch des **C gegen B aus § 823 Abs. 1** scheidet ebenfalls aus, da nicht feststeht, dass B den Schneeball geworfen hat, der die Scheibe zerstört hat.

C. C könnte ein Anspruch **gegen A und B gemäß § 830 Abs. 1 S. 1** zustehen.

> § 830 Abs. 1 S. 1 ist eine **eigene Anspruchsgrundlage**.

Dazu müssen A und B **gemeinschaftlich eine unerlaubte Handlung begangen** haben.

I. Es müssen die **Voraussetzungen** des haftungsbegründenden Tatbestands vorliegen.

Gemeinschaftliche Begehung i.S.v. § 830 Abs. 1 S. 1 ist i.S.d. strafrechtlichen **Mittäterschaft** zu verstehen, setzt also ein bewusstes und gewolltes Zusammenwirken mehrerer voraus.

Zu prüfen ist daher, ob A und B als Mittäter eine unerlaubte Handlung i.S.v. § 823 begangen haben.

1. Tatbestand

a) A und B könnten den **Tatbestand des § 823 Abs. 1** als Mittäter verwirklicht haben.

A und B haben verabredet, das Schlafzimmerfenster des C mittels hartgefrorener Schneebälle zu zerstören und diesen Plan gemeinsam in die Tat umgesetzt. Sie haben daher aufgrund eines gemeinsamen Tatentschlusses das Eigentum des C zerstört und folglich als Mittäter gehandelt.

Problematisch könnte sein, dass sich nicht feststellen lässt, wer von den beiden den entscheidenden Schneeball geworfen hat.

Bei einer Mittäterschaft werden jedoch die Tatbeiträge der anderen Mittäter jedem Beteiligten zugerechnet, unabhängig davon, ob und wieviel der Tatbeitrag des jeweiligen Mittäters zur Schadensentstehung beigetragen hat.[64] Insofern ist es unerheblich, dass sich nicht feststellen lässt, wer von den beiden den entscheidenden Schneeball geworfen hat.

Demzufolge haben A und B den Tatbestand des § 823 Abs. 1 als Mittäter verwirklicht.

b) Ebenso haben A und B den **Tatbestand des § 823 Abs. 2 i.V.m. § 303 StGB** als Mittäter verwirklicht.

2. Die **Rechtswidrigkeit** ist indiziert und Rechtfertigungsgründe greifen nicht ein.

3. A und B müssen im Hinblick auf den Verletzungserfolg **vorsätzlich** gehandelt haben, der Vorsatz muss sich jedoch nicht auf die Schadensverursachung beziehen.

A und B haben die Zerstörung der Fensterscheibe bewusst herbeigeführt und haben damit bzgl. der Eigentumsverletzung vorsätzlich gehandelt.

II. Als **Rechtsfolge** haften A und B dem C auf Ersatz der zerstörten Scheibe gemäß §§ 249 ff.; sie haften ihm gegenüber gemäß § 840 Abs. 1 als Gesamtschuldner.

---

64   Palandt/Sprau § 830 Rn. 3.

Fall 41: § 830 Abs. 1 S. 2 – Voraussetzungen
(nach OLG Koblenz RÜ 2016, 16 ff.)

K ist Eigentümer eines Yachthafens, dessen Steganlage durch einen Brand in der Nacht zum 04.04. beschädigt worden ist. In der Nähe des Yachthafens befindet sich das Schützenhaus, in dem in dieser Nacht die Hochzeit der Tochter der B gefeiert wurde.

B hatte zu diesem Anlass fünf chinesische Himmelslaternen gekauft. Die Hochzeitsgesellschaft ließ die Himmelslaternen aufsteigen. Zu dieser Zeit befanden sich noch weitere Himmelslaternen in der Luft, die von nicht zur Hochzeitsgesellschaft gehörenden Personen von einem anderen Standort in der Nähe des Yachthafens gestartet worden sind.

Kurz vor Mitternacht fing die Steganlage aufgrund einer abgestürzten Himmelslaterne Feuer. Es kann nicht festgestellt werden, welche der Himmelslaternen den Brand verursacht hat.

Steht K gegen B ein Schadensersatzanspruch zu?

A. K könnte gegen B ein Anspruch auf Schadensersatz wegen der Beschädigung der Steganlage aus **§ 823 Abs. 1** zustehen.

I. K hat durch die Beschädigung der Steganlage eine **Eigentumsverletzung** erlitten.

II. Dies muss **durch ein Verhalten der B** verursacht worden sein.

1. B hat es **unterlassen**, dafür zu sorgen, dass die von ihr erworbenen und der Hochzeitsgesellschaft zur Verfügung gestellten Himmelslaternen keine Beeinträchtigungen bei Dritten verursachen.

Ein Unterlassen stellt nur dann ein tatbestandsmäßiges Verhalten i.S.v. § 823 Abs. 1 dar, wenn für den Unterlassenden eine **Rechtspflicht zum Handeln** gegenüber dem Geschädigten bestanden hat und er diese durch sein Unterlassen verletzt hat.

a) Eine Rechtspflicht zum Handeln kann sich für B aus einer Verkehrssicherungspflicht ergeben. Eine **allgemeine Verkehrssicherungspflicht** besteht für jeden, der eine Gefahrenquelle schafft oder in seinem Bereich andauern lässt.

B hat die Himmelslaternen erworben und der Hochzeitsgesellschaft zur Verfügung gestellt. Das Starten solcher Himmelslaternen birgt immer die Gefahr, dass die Laternen nach dem Start in größerer Höhe von einer Luftbewegung erfasst werden und in eine unerwünschte Richtung abtreiben.

Infolgedessen hat B durch den Erwerb und das Zurverfügungstellen der Himmelslaternen eine Gefahrenquelle geschaffen, sodass für sie eine Verkehrssicherungspflicht bestand.

b) K ist als Eigentümer des durch den Brand betroffenen Yachthafens befugtermaßen mit der Gefahrenquelle in Berührung geraten, sodass die Verkehrssicherungspflicht auch ihnen gegenüber bestanden hat.

c) B muss ihre Verkehrssicherungspflicht verletzt haben. D.h. sie muss die erforderlichen und zumutbaren Vorkehrungen unterlassen haben, um Dritte vor Beeinträchtigungen durch die Himmelslaternen zu schützen.

Das Starten solcher Himmelslaternen birgt immer die Gefahr, dass diese abgetrieben werden und irgendwo einen Brand verursachen. Infolgedessen ist grundsätzlich bereits das Steigenlassen einer Himmelslaterne pflichtwidrig.

Demnach hat B ihre Verkehrssicherungspflicht auch verletzt, sodass ihr Unterlassen ein tatbestandsmäßiges Verhalten i.S.v. § 823 Abs. 1 darstellt.

Ein Unterlassen ist äquivalent kausal, wenn das pflichtgemäße Handeln den Eintritt des schädigenden Erfolges mit an Sicherheit grenzender Wahrscheinlichkeit verhindert hätte.

2. Hätte B die Himmelslaternen nicht an die Hochzeitsgäste weitergegeben oder verhindert, dass die Hochzeitsgäste diese in die Luft aufsteigen lassen, hätte es trotzdem durch die anderen – nicht von der Hochzeitsgesellschaft gestarteten – Himmelslaternen, die zu dieser Zeit in der Luft waren, zu dem Brandschaden an der Steganlage kommen können.

Infolgedessen steht nicht fest, dass das Verhalten der B äquivalent kausal für die Eigentumsverletzung der X war, sodass ein Schadensersatzanspruch aus § 823 Abs. 1 ausscheidet.

*§ 830 Abs. 1 S. 2 ist eine **eigenständige** Anspruchsgrundlage.*

B. K könnte gegen B ein Anspruch auf Schadensersatz wegen der Beschädigung der Steganlage **aus § 830 Abs. 1 S. 2** zustehen.

I. Dazu müssen die **Voraussetzungen** des haftungsbegründenden Tatbestands gegeben sein.

1. B und die anderen Personen, durch die zur fraglichen Zeit Himmelslaternen gestartet worden sind, haben weder als Mittäter noch als Anstifter oder Gehilfen zusammengewirkt, sodass keine Teilnahme i.S.v. § 830 Abs. 1 S. 1, Abs. 2 vorliegt.

2. Ferner muss **bei jedem Beteiligten ein anspruchsbegründendes Verhalten gegeben sein, wenn man vom Nachweis der Kausalität absieht**. D.h. das Verhalten jedes Einzelnen muss – die Kausalität unterstellt – eine die Haftung begründende unerlaubte Handlung darstellen.

Sowohl B als auch die anderen Personen, die zur fraglichen Zeit Himmelslaternen gestartet haben, könnten – bei unterstellter Kausalität – wegen der Beschädigung des Stegs nach § 823 Abs. 1 haften.

a) Unterstellt man die Kausalität der Verkehrssicherungspflichtverletzung der B für die Eigentumsverletzung des K, ist der Tatbestand des § 823 Abs. 1 verwirklicht. Die Rechtswidrigkeit ist indiziert und Rechtfertigungsgründe greifen zugunsten der B nicht ein. Das Steigenlassen der Himmelslaternen verstößt gegen die im Verkehr erforderliche Sorgfalt, ist daher fahrlässig i.S.v. § 276 Abs. 2 und damit schuldhaft.

Folglich haftet B für die Eigentumsverletzung des K aus § 823 Abs. 1, wenn man vom Nachweis der Kausalität absieht.

b) Auch die anderen Personen, die zur fraglichen Zeit Himmelslaternen gestartet haben, haben das Eigentum des K durch eine rechtswidrige und schuldhafte Verletzung ihrer Verkehrssicherungspflicht beschädigt und haften daher – bei unterstellter Kausalität – gemäß § 823 Abs. 1.

Somit ist bei jedem Beteiligten ein anspruchsbegründendes Verhalten gegeben, wenn man vom Nachweis der Kausalität absieht.

3. Zudem ist nach der Rspr. und h.M. die Beteiligung an einem **sachlich, räumlich und zeitlich einheitlichen Vorgang** erforderlich. D.h. die Gefährdungshandlungen der einzelnen Beteiligten müssen nach der Anschauung des täglichen Lebens aufgrund der Umstände des konkreten Falls als Teil eines einheitlichen Vorgangs erscheinen, z.B. wegen Gleichartigkeit der Gefährdung.

Es steht fest, dass durch das Starten von Himmelslaternen mehrere Personen unabhängig voneinander und in kurzer zeitlicher Abfolge das Eigentum des K gefährdet haben.[65] Für den örtlichen Zusammenhang genügt es, dass die von verschiedenen Standorten gestarteten Himmelslaternen nach den konkreten Umständen des Einzelfalls die Brandstelle erreichen konnten. Es ist nicht erforderlich, dass die Laternen von einem Standort aus gestartet wurden.[66]

Folglich stellt das Zünden der Laternen im Umfeld des Yachthafens kurz vor Ausbruch des Brandes eine hinreichende tatsächliche Einheit von Gefährdungshandlungen dar, sodass die Beteiligung an einem sachlich, räumlich und zeitlich einheitlichen Vorgang gegeben ist.

4. Der Brand im Yachthafen ist entweder durch die Himmelslaternen der B oder die der anderen Personen – und damit von einem der Beteiligten – verursacht worden ist.

5. Schließlich lässt sich nicht aufklären, ob der Brand durch die Himmelslaternen der B oder die der anderen Personen verursacht worden ist, sodass der **Verursacher nicht feststellbar** ist und somit die Voraussetzungen des § 830 Abs. 1 S. 2 gegeben sind.

II. Als **Rechtsfolge** muss B dem K den durch die Eigentumsverletzung entstandenen Schaden gemäß §§ 249 ff. ersetzen.

---

65 OLG Koblenz RÜ 2016, 16, 18.
66 OLG Koblenz RÜ 2016, 16, 18.

Fall 42: § 830 Abs. 1 S. 2 – Klassisches Problem
(nach BGHZ 60, 177)

M befuhr mit seinem Cabrio die Autobahn. Infolge überhöhter Geschwindigkeit verlor er die Kontrolle über das Fahrzeug und fuhr gegen die Leitplanke. Durch den Aufprall wurde er aus seinem Wagen auf die Fahrbahn geschleudert. Die beiden nachfolgenden Kfz, die von X und Y gesteuert wurden, konnten, ohne dass die beiden Fahrer ein Verschulden traf, nicht mehr rechtzeitig bremsen und überfuhren nacheinander den auf der Fahrbahn liegenden M. Im Krankenhaus kann nur noch der Tod des M festgestellt werden. Wann genau der Tod des M eingetreten ist, lässt sich nicht feststellen.

F, die Ehefrau des M, verlangt von X und Y Ersatz des ihr infolge der Tötung des M entgangenen Unterhalts. Zu Recht?

§ 10 StVG und §§ 844, 845 setzen bereits einen Ersatzpflichtigen voraus, sodass im Obersatz einer Klausur diese Normen immer mit einer Anspruchsgrundlage aus dem StVG (§§ 7, 18) bzw. BGB (§§ 823 ff.) kombiniert werden müssen.

A. Ansprüche F gegen X

I. F könnte gegen X ein Anspruch auf Ersatz entgangenen Unterhalts aus **§§ 10 Abs. 2, 7 Abs. 1, 18 Abs. 1 StVG** zustehen.

Dazu muss X **Ersatzpflichtiger** i.S.v. § 10 Abs. 2 StVG sein. Dies setzt eine vollständige unerlaubte Handlung gemäß § 7 StVG oder § 18 StVG mit der Verletzungsfolge Tötung gegenüber dem unmittelbar Verletzten voraus.

1. Die **Ersatzpflicht des X** könnte sich **aus § 7 Abs. 1 StVG** ergeben.

a) M ist verstorben, sodass eine Verletzung des Lebens vorliegt.

b) Dies muss **bei Betrieb des Kfz des X** geschehen sein.

Das Verhalten des X muss **äquivalent kausal** für die Tötung des M gewesen sein. Das Verhalten des X darf daher nicht hinweggedacht werden können, ohne dass der konkrete Verletzungserfolg entfällt.

Es ist möglich dass der M evtl. schon allein durch den Aufprall auf die Fahrbahn gestorben ist. Dann hätte X eine Leiche überfahren, sodass sein Verhalten hinweggedacht werden kann, ohne dass der konkrete Verletzungserfolg – Tötung des M – entfällt. Somit lässt sich nicht feststellen, dass das Verhalten des X äquivalent für die Tötung des M gewesen ist, sodass sich seine Ersatzpflicht nicht aus § 7 Abs. 1 StVG ergibt.

2. Aus demselben Grund ergibt sich seine Ersatzpflicht auch nicht aus § 18 Abs. 1 StVG, sodass F gegen X kein Anspruch auf Ersatz entgangenen Unterhalts aus **§§ 10 Abs. 2, 7 Abs. 1, 18 Abs. 1 StVG** zusteht.

II. Ein Anspruch der F gegen X auf Ersatz entgangenen Unterhalts aus **§ 844 Abs. 2 i.V.m. §§ 823 ff.** scheidet ebenfalls aus, da nicht feststellbar ist, dass das Verhalten des X äquivalent kausal für die Tötung des M war, sodass die Ersatzpflichtigkeit des X aus §§ 823 ff. nicht feststeht.

B. Ansprüche F gegen Y

I. F könnte gegen den Y ein Anspruch auf Ersatz entgangenen Unterhalts aus **§§ 10 Abs. 2, 7 Abs. 1, 18 Abs. 1 StVG** zustehen.

Dazu muss Y **Ersatzpflichtiger** i.S.d. § 10 Abs. 2 StVG sein.

1. Seine **Ersatzpflichtigkeit** könnte sich **aus § 7 Abs. 1 StVG** ergeben.

a) M ist verstorben, sodass eine Verletzung des Lebens vorliegt.

b) Dies muss **bei Betrieb des Kfz des Y** geschehen sein. Das Verhalten des Y muss äquivalent kausal für die Tötung des M gewesen sein.

M ist evtl. schon allein durch den Aufprall auf die Fahrbahn gestorben oder wurde durch das Überfahren seitens X getötet. Daher lässt sich auch bei Y nicht feststellen, dass sein Verhalten äquivalent kausal für die Tötung des M war, sodass sich seine Ersatzpflicht nicht aus § 7 Abs. 1 StVG ergibt.

2. Aus demselben Grund ergibt sich seine Ersatzpflicht auch nicht aus § 18 Abs. 1 StVG, sodass F gegen Y kein Anspruch auf Ersatz entgangenen Unterhalts aus **§§ 10 Abs. 2, 7 Abs. 1, 18 Abs. 1 StVG** zusteht.

II. Ein Anspruch der F gegen Y auf Ersatz entgangenen Unterhalts aus **§ 844 Abs. 2 i.V.m. §§ 823 ff.** scheidet ebenfalls aus, da nicht feststellbar ist, dass das Verhalten des Y äquivalent kausal für die Tötung des M war.

C. Ansprüche F gegen X und Y

F könnte ein Anspruch gegen X und Y auf Ersatz entgangenen Unterhalts aus **§ 10 Abs. 2 StVG bzw. § 844 Abs. 2 i.V.m. § 830 Abs. 1 S. 2** zustehen.

I. Eine Teilnahme i.S.v. § 830 Abs. 1 S. 1, Abs. 2 ist nicht gegeben.

II. Unterstellt man die Kausalität, so ist sowohl bei X als auch bei Y ein anspruchsbegründendes Verhalten aus § 7 Abs. 1 StVG gegeben.

III. X und Y waren an einem sachlich, räumlich und zeitlich einheitlichen Vorgang beteiligt.

IV. Weiterhin **muss die Rechtsgutverletzung mit Sicherheit entweder durch einen der Beteiligten, möglicherweise auch durch alle verursacht worden sein.**

Es ist möglich, dass der M bereits durch den Aufprall auf die Fahrbahn gestorben ist, sodass sowohl X als auch Y eine Leiche überfahren haben. Es ist also möglich, dass der M seinen Tod ganz allein – ohne Mitwirkung von X oder Y – herbeigeführt hat.

Daher ist die Tötung des M nicht mit Sicherheit durch einen der Beteiligten verursacht worden, sodass F von X und Y auch keinen Ersatz entgangenen Unterhalts aus § 10 Abs. 2 StVG bzw. § 844 Abs. 2 i.V.m. § 830 Abs. 1 S. 2 verlangen kann.

> § 830 Abs. 1 S. 2 wird auch auf außerhalb des BGB geregelte Haftungstatbestände angewandt.

6. Teil: Produkt- und Produzentenhaftung

Fall 43: Instruktionsfehler
(nach BGH NJW 1999, 2815 = RÜ 1999, 359)

Im häuslichen Arbeitszimmer des als Geschäftsführer einer GmbH tätigen G stand auf dem Fußboden ein von der B hergestellter Aktenvernichter. Bei einem Besuch der knapp zwei Jahre alten K, der Tochter der Wohnungsnachbarn des G, fasste die K, von G unbeobachtet, mit ihrer linken Hand in den Einführungsschlitz des eingeschalteten Aktenvernichters. Dadurch wurde eine in der Öffnung angebrachte Lichtschranke durchbrochen und auf diese Weise die in einem Abstand von 2 cm vom Einführungsschlitz angebrachten Messerwalzen in Betrieb gesetzt. Die Hand der K wurde dabei so schwer verletzt, dass mehrere Fingerkuppen amputiert werden mussten.

Die K begehrt von der Produzentin B Zahlung eines angemessenen Schmerzensgeldes.

Ist der Anspruch begründet, wenn der Papierreißwolf die einschlägigen Unfallverhütungsvorschriften erfüllte und entsprechende Prüfbescheinigungen erhalten hatte, andererseits Kinder und auch Erwachsene mit besonders dünnen Fingern in den Papiereinführungsschlitz hineingreifen konnten und weder auf dem Gerät selbst noch in der Bedienungsanleitung auf die Gefahr einer Verstümmelung der Finger hingewiesen worden ist?

Aufbau:
In einer Klausur sollte § 1 Abs. 1 ProdHaftG vor dem Anspruch aus § 823 geprüft werden, da § 1 ProdHaftG verschuldensunabhängig ist.

A. K könnte gegen B ein Anspruch auf Zahlung eines angemessenen Schmerzensgeldes aus **§ 1 Abs. 1 i.V.m. § 8 S. 2 ProdHaftG** zustehen.

I. Das Produkthaftungsgesetz ist gemäß § 16 i.V.m. § 19 ProdHaftG anwendbar.

II. Ferner müssen die **Voraussetzungen** des haftungsbegründenden Tatbestands vorliegen.

1. K hat eine **Körper- und Gesundheitsverletzung** erlitten.

2. Die Rechtsgutverletzung muss **durch den Fehler eines Produkts** verursacht worden sein.

a) Der Papierreißwolf ist eine bewegliche Sache und daher ein **Produkt i.S.v. § 2 ProdHaftG**.

b) Das Produkt muss einen **Fehler i.S.v. § 3 ProdHaftG** aufweisen. Danach liegt ein Produktfehler vor, wenn das Produkt im Zeitpunkt seines Inverkehrbringens nicht die Sicherheit bietet, die die Allgemeinheit, insbesondere unter Berücksichtigung des Verwendungszwecks, des durchschnittlichen Benutzerkreises, des Preis-Leistungs-Verhältnisses, des Zeitpunkts des Inverkehrbringens und des über die Zweckbestimmung hinausgehenden üblichen sowie nicht fernliegenden Fehlgebrauchs, erwarten darf. Der Fehler kann daher in einer fehlerhaften Konstruktion oder Fabrikation des Produkts sowie in einer nicht ordnungsgemäßen Instruktion der Verwender des Produkts bestehen.[67]

---

67 Vgl. zum Fehlerbegriff BGH NJW 2009, 1669 = RÜ 2009, 362.

aa) Der Papierreißwolf ist ordnungsgemäß konstruiert und hergestellt worden, sodass weder ein Konstruktions- noch ein Fabrikationsfehler vorliegt.

bb) Es könnte jedoch ein **Instruktionsfehler** gegeben sein, weil Kinder und Erwachsene mit besonders dünnen Fingern in den Papiereinführungsschlitz hineingreifen konnten und B weder auf dem Gerät selbst noch in der Bedienungsanleitung auf die Gefahr einer Verstümmelung der Finger hingewiesen hat.

Der Hersteller muss die Verwender des Produkts auf Gefahren hinweisen, die sich trotz einwandfreier Herstellung aus der Verwendung der Sache ergeben. Eine solche **Warnpflicht besteht nicht nur in Bezug auf den bestimmungsgemäßen Gebrauch des Produkts; sie erstreckt sich innerhalb des allgemeinen Verwendungszwecks auch auf einen naheliegenden Fehlgebrauch.**[68] Die Warnpflicht entfällt nur dann, wenn das Produkt nach den berechtigten Erwartungen des Herstellers ausschließlich in die Hand von Personen gelangen kann, die mit den Gefahren vertraut sind.

(1) Es bestand beim Hineingreifen in den Papiereinführungsschlitz eine erhebliche Verletzungsgefahr. Diese Gefahr war für die Benutzer des Geräts nicht ohne Weiteres erkennbar, weil die Gefahrenquelle im Inneren des Geräts verborgen war. Insofern hätte die B wegen der erheblichen Verletzungsgefahr die Benutzer vor dem Hineingreifen in den Einführungsschlitz warnen müssen.

(2) Die Warnpflicht könnte jedoch entfallen, weil das von B hergestellte Gerät den Anforderungen der Unfallverhütungsvorschriften entsprach und eine Prüfbescheinigung erhalten hatte.

Es können jedoch auch von einem technisch einwandfrei hergestellten Gerät Gefahren für die Benutzer ausgehen, sodass den Hersteller immer eine Warnpflicht trifft, wenn für ihn eine von seinem Produkt ausgehende Gefahr erkennbar ist, die für den Verwender nicht offensichtlich ist.

Infolgedessen entfällt die Warnpflicht der B nicht, weil das von ihr hergestellte Gerät den Anforderungen der Unfallverhütungsvorschriften entsprach und eine Prüfbescheinigung erhalten hatte.

(3) Möglicherweise entfällt die Warnpflicht, weil ein Aktenvernichter überwiegend in Büros und Verwaltungen benutzt wird, wo nicht mit der Schädigung von Kleinkindern zu rechnen ist.

Es bestand jedoch auch die Gefahr, dass Erwachsene mit besonders dünnen Fingern in den Papiereinführungsschlitz hineingreifen, z.B. um einen Papierstau zu beseitigen oder weil sie das Papier zu lange festhalten. Infolgedessen hätte die B wegen der erheblichen Verletzungsgefahr vor dem Hineingreifen in den Einführungsschlitz warnen müssen.

Demnach liegt ein Instruktionsfehler und damit ein Fehler i.S.v. § 3 ProdHaftG vor.

c) Hätte B den Rechtsverkehr entsprechend aufgeklärt, hätte G mit an Sicherheit grenzender Wahrscheinlichkeit darauf geachtet, dass die K sich

---

68 BGHZ 105, 346, 351.

dem Reißwolf nicht nähert und K hätte sich nicht verletzt. Folglich war der Produktfehler **äquivalent kausal** für die Verletzung der K.

3. B ist der **Endproduktshersteller i.S.v. § 4 Abs. 1 S. 1 ProdHaftG**.

4. Ausschlussgründe gemäß § 1 Abs. 2, 3 ProdHaftG greifen nicht ein.

III. Rechtsfolge

1. B muss der K gemäß § 1 Abs. 1 i.V.m. § 8 S. 2 ProdhaftG ein angemessenes Schmerzensgeld zahlen.

2. Zu erwägen ist, ob der Schmerzensgeldanspruch nach § 6 ProdHaftG i.V.m. § 254 zu kürzen ist.

a) Ein eigenes Mitverschulden kann der zweijährigen K mangels Verschuldensfähigkeit gemäß § 828 Abs. 1 (analog) nicht zur Last gelegt werden.

b) Mangels einer vertraglichen oder sonstigen rechtlichen Sonderverbindung zwischen B und G im Unfallzeitpunkt muss sich K auch nicht ein etwaiges schuldhaftes Verhalten des G gemäß §§ 254 Abs. 2 S. 2, 278 zurechnen lassen.

Daher ist der Anspruch nicht wegen Mitverschuldens gemäß § 6 ProdHaftG i.V.m. § 254 zu kürzen.

B. K könnte gegen B ein Anspruch auf Zahlung eines angemessenen Schmerzensgeldes aus **§§ 823 Abs. 1, 253 Abs. 2** zustehen.

I. Dazu müssen die **Voraussetzungen** des haftungsbegründenden Tatbestands gegeben sein.

1. K hat eine **Körper- und Gesundheitsverletzung** erlitten.

2. Die eingetretene Rechtsgutverletzung muss **durch ein Verhalten der B** verursacht worden sein.

Produzent haftet für **Fabrikationsfehler** (mangelhafte Einzelexemplare eines Produkttyps), **Konstruktionsfehler** (unzureichende Entwicklung und Konstruktion), **Instruktionsfehler** (unvollständige Gebrauchsanweisungen, Warnungen, Montageanleitungen), **Produktbeobachtungsfehler** (unzureichende Beobachtung des Produkts bzgl. noch nicht bekannter schädlicher Eigenschaften)

a) Als Verhalten der B kommt das Herstellen eines Papierreißwolfs – positives Tun – in Betracht oder das Unterlassen sicherzustellen, dass der von ihr hergestellte Aktenvernichter keine Gefahren für andere mit sich bringt. Die Abgrenzung erfolgt nach dem Schwerpunkt der Vorwerfbarkeit.

Einem Papierreißwolfhersteller kann das Produzieren von Aktenvernichtern nicht zum Vorwurf gemacht werden, da es zu seiner beruflichen Tätigkeit gehört. Ihm kann jedoch vorgeworfen werden, dass er es unterlassen hat sicherzustellen, dass von seinem Produkt keine Gefahren für andere ausgehen. Der Schwerpunkt der Vorwerfbarkeit liegt daher auf dem Unterlassen.

Ein Unterlassen ist nur tatbestandsmäßig, wenn eine Rechtspflicht zum Handeln besteht. Eine solche Rechtspflicht zum Handeln könnte sich für B aus den von der Rspr. entwickelten **herstellerspezifischen Verkehrssicherungspflichten** ergeben. Danach muss derjenige, der ein Produkt in den Verkehr bringt, dafür Sorge tragen, dass durch diese Sache niemand verletzt wird.

Der Produzent muss insbesondere bei der Herstellung dafür sorgen, dass alle möglichen und zumutbaren Sicherheitsvorkehrungen getroffen werden, damit kein fehlerhaftes Produkt in den Rechtsverkehr gelangt. Ferner muss der Hersteller die Verwender des Produkts auf Gefahren hinweisen, die sich trotz einwandfreier Herstellung aus der Verwendung der Sache ergeben.

B hat die Verwender des Geräts nicht ausreichend über die von ihrem Produkt ausgehenden Gefahren gewarnt, daher weist der von ihr produzierte Papierreißwolf einen Instruktionsfehler auf (s.o.).

Folglich bestand für B eine Rechtspflicht zum Handeln, sodass ihr Unterlassen tatbestandsmäßig ist.

b) Das Unterlassen der B war **äquivalent kausal** für die Verletzung der K (s.o.).

c) Es liegt auch nicht außerhalb der Lebenserfahrung, dass es zu einer Verletzung durch einen Reißwolf kommt, wenn der Hersteller den Rechtsverkehr nicht hinreichend über die Gefahren des Gebrauchs aufklärt, sodass das Verhalten der B auch **adäquat kausal** für die Verletzung der K gewesen ist.

d) Der erforderliche **Zurechnungszusammenhang** ergibt sich aus der bereits festgestellten Verkehrssicherungspflichtverletzung.

3. Die **Rechtswidrigkeit** ist indiziert und Rechtfertigungsgründe sind nicht ersichtlich.

4. Fraglich ist, ob ein **Verschulden** der B vorliegt.

B muss vorsätzlich oder fahrlässig gehandelt haben. Nach den allgemeinen Beweislastregeln muss die K als Anspruchstellerin die anspruchsbegründenden Tatsachen darlegen und beweisen, also auch das Verschulden der Anspruchsgegnerin B. Der Geschädigte hat jedoch das Problem, den Organisations- und Verantwortungsbereich des Produktherstellers zu überschauen und nachzuweisen, ob der Produzent seinen Pflichten Genüge getan hat.

Die Rspr. hat daher zum Schutze des Verbrauchers die **allgemeinen Beweislastgrundsätze im Bereich der Produzentenhaftung bzgl. des Verschuldens umgekehrt:** Der Produzent muss nachweisen, dass ihn kein Verschulden trifft. Bzgl. des vorliegenden Instruktionsfehlers bedarf es somit keines Verschuldensnachweises durch die K, sondern B müsste sich entlasten. B hat jedoch ihrerseits zur Entlastung nichts vorgetragen, sodass von ihrem Verschulden auszugehen ist.

II. Als **Rechtsfolge** muss B der K gemäß § 823 Abs. 1 i.V.m. § 253 Abs. 2 ein angemessenes Schmerzensgeld zahlen. Eine Kürzung des Anspruchs wegen Mitverschuldens gemäß § 254 kommt nicht in Betracht (s.o.).

Modifizierung der allgemeinen Beweislastregeln bei der Produzentenhaftung: Bei Fabrikations- und Konstruktionsfehlern muss der Schädiger nachweisen, dass kein objektiver Verstoß gegen die Verkehrssicherungspflicht und kein Verschulden gegeben ist; bei Instruktions- und Produktbeobachtungsfehlern besteht eine Beweislastumkehr nur bzgl. des Verschuldens.

Fall 44: Produktbeobachtungsfehler
(nach BGHZ 99, 167)

S befuhr am 09.05.2019 mit einem von der B hergestellten Motorrad Honda GL 1000 „Goldwing" zur Mittagszeit bei trockenem Wetter die Autobahn Nürnberg-München in südlicher Richtung mit einer Geschwindigkeit von 140-150 km/h. Am Auslauf einer leicht abschüssigen Rechtskurve kam die Maschine ohne Einwirkung Dritter ins Schleudern und prallte seitlich gegen die Mittelleitplanke. Der S stürzte vom Motorrad und wurde schwer verletzt.

S hatte am Motorrad eine von der G hergestellte Lenkerverkleidung Typ „Cockpit" anbringen lassen. Für diesen Typ der Lenkerverkleidung, den es zur Zeit der Herstellung des Motorrades noch nicht gab, hatte der TÜV Bayern im Juni 2018 eine allgemeine Betriebserlaubnis erteilt.

Der ADAC hatte Anfang 2019 Vertretern der B einen Film vorgeführt, der Pendelerscheinungen der mit einer Verkleidung Typ „Cockpit" ausgerüsteten Honda GL 1000 zeigte. Daraufhin angestellte Versuche der B führten zu der Erkenntnis, dass durch diese Verkleidung die Stabilität des Motorrades bei hohen Geschwindigkeiten vermindert wird.

Die B gab am Tag vor dem Unfall des S an alle persönlich bekannten Motorradfahrer ein Schreiben mit dem Hinweis auf die Gefährlichkeit der Lenkerverkleidung Typ „Cockpit" heraus. Dieses Schreiben hat den S jedoch nicht mehr vor seinem Unfall erreicht.

S verlangt von B Ersatz der Reparaturkosten des Motorrads und der Heilbehandlungskosten sowie ein angemessenes Schmerzensgeld.

A. S könnte gegen die B ein Anspruch auf Schadensersatz aus **§ 1 Abs. 1 ProdHaftG** zustehen.

I. Das Produkthaftungsgesetz ist **anwendbar**, vgl. §§ 16,19 ProdHaftG.

II. Ferner müssen die **Voraussetzungen** des haftungsbegründenden Tatbestands vorliegen.

1. Es muss eine **Rechtsgut- bzw. Rechtsverletzung** gegeben sein.

a) S hat zum einen eine **Körper- und Gesundheitsverletzung** erlitten.

b) Ferner ist das Motorrad des S beschädigt worden, sodass eine Sachbeschädigung vorliegt. Gemäß § 1 Abs. 1 S. 2 ProdHaftG muss jedoch **eine andere Sache** als das fehlerhafte Produkt beschädigt worden sein. Produkt der B war das von ihr hergestellte Motorrad und nur dies ist beschädigt worden, sodass keine andere Sache i.S.v. § 1 Abs. 1 S. 2 ProdHaftG beschädigt worden ist. Folglich liegt keine Sachbeschädigung i.S.v. § 1 Abs. 1 ProdHaftG bzgl. des Motorrads vor.

2. Die Körper- und Gesundheitsverletzung muss **durch den Fehler eines Produkts** verursacht worden sein.

a) Das Motorrad ist als bewegliche Sache ein **Produkt i.S.v. § 2 ProdHaftG**.

b) Nach § 3 ProdHaftG liegt ein **Produktfehler** vor, wenn das Produkt im Zeitpunkt seines Inverkehrbringens nicht die Sicherheit bietet, die die Allgemeinheit, insbesondere unter Berücksichtigung des Verwendungszwecks, des durchschnittlichen Benutzerkreises, des Preis-Leistungs-Verhältnisses, des Zeitpunkts des Inverkehrbringens und des über die Zweckbestimmung hinausgehenden üblichen sowie nicht fernliegenden Fehlgebrauchs, erwarten darf.

Der Fehler kann daher in einer fehlerhaften Konstruktion oder Fabrikation des Produkts sowie in einer nicht ordnungsgemäßen Instruktion der Verwender des Produkts bestehen.

aa) Das Motorrad ist ordnungsgemäß konstruiert und hergestellt worden, sodass ein Konstruktions- oder Fabrikationsfehler ausscheidet.

bb) Die B könnte jedoch gegen ihre Instruktionspflicht verstoßen haben, weil sie die Verwender nicht vor den Gefahren gewarnt hat, die sich aus dem Anbringen dieser Lenkerverkleidung ergeben.

Der Produktfehler muss gemäß § 3 ProdHaftG **im Zeitpunkt des Inverkehrbringens** des Produkts vorliegen. Zu diesem Zeitpunkt existierte diese spezielle Art der Lenkerverkleidung jedoch noch nicht, sodass der B die damit verbundenen Gefahren auch nicht bekannt waren. Infolgedessen bestand für sie keine Warnpflicht, sodass kein Instruktionsfehler gegeben ist.

§ 3 ProdHaftG erfasst Konstruktions-, Fabrikations- und Instruktionsfehler, aber keine Produktbeobachtungsfehler!

Das Produkt der B weist zur Zeit des Inverkehrbringens keinen Fehler i.S.v. § 3 ProdHaftG auf, sodass S kein Anspruch gegen B aus § 1 Abs. 1 ProdHaftG zusteht.

B. S könnte gegen B ein Anspruch aus **§ 823 Abs. 1** zustehen.

I. Dazu müssen die **Voraussetzungen** des haftungsbegründenden Tatbestands vorliegen.

1. S hat eine **Körper- und Gesundheitsverletzung** sowie eine **Eigentumsbeeinträchtigung** erlitten.

2. Die eingetretenen Rechts(gut)verletzungen müssen **durch ein Verhalten der B** verursacht worden sein.

a) Das Verhalten der B könnte darin zu sehen sein, dass sie es unterlassen hat sicherzustellen, dass das von ihr hergestellte Motorrad keine Gefahren für andere mit sich bringt.

Ein Unterlassen ist nur tatbestandsmäßig, wenn eine Rechtspflicht zum Handeln besteht. Eine solche Rechtspflicht zum Handeln könnte sich für B aus den von der Rspr. entwickelten **herstellerspezifischen Verkehrssicherungspflichten** ergeben. Danach muss derjenige, der ein Produkt in den Verkehr bringt, dafür Sorge tragen, dass durch diese Sache niemand verletzt wird.

Der Produzent muss insbesondere bei der Herstellung dafür sorgen, dass alle möglichen und zumutbaren Sicherheitsvorkehrungen getroffen werden, damit kein fehlerhaftes Produkt in den Rechtsverkehr gelangt. Ferner muss der Hersteller sein Produkt auch nach der Auslieferung sowohl auf bislang unentdeckte gefährliche Eigenschaften hin beobachten als auch sich über deren sonstige, eine Gefahrenlage schaffende Verwendungsfolgen ständig informieren, sogenannte **Produktbeobachtungspflicht.**[69]

Aus der Produktbeobachtungspflicht können sich für den Hersteller **Warnpflichten** sowie u.U. sogar **Rückholpflichten** ergeben.

---

69   Vgl. dazu BGH NJW 2009, 1080 = RÜ 2009, 221.

Dabei ist der Hersteller auch verpflichtet, die Produkte fremder Hersteller, soweit sie als Zubehör für das eigene Produkt in Betracht kommen, darauf zu beobachten, ob von ihnen Gefahren für die Handhabung des eigenen Produkts ausgehen können.

Es ist für einen Hersteller jedoch unmöglich und unzumutbar, jedes Zubehörteil, das auf den Markt kommt, zu überprüfen. **Daher ist fraglich, wieweit die Beobachtungspflicht von Zubehörteilen für einen Motorradhersteller reicht.**

Da bei der Benutzung von Motorrädern Gefahren für Leben und Gesundheit der Verwender bestehen, erscheint es angemessen, einem Motorradhersteller für notwendiges Zubehör, das erforderlich ist, um das Fahrzeug erst funktionstüchtig zu machen, eine Beobachtungspflicht aufzuerlegen; ferner muss er Zubehör, dessen Anbringung er schon durch entsprechende Vorkehrungen ermöglicht hat, sowie allgemein gebräuchliches Zubehör beobachten.

Eine Lenkerverkleidung ist bei Motorrädern ein allgemein gebräuchliches Zubehörteil. Daher hätte B, nachdem G im Juni 2012 die Lenkerverkleidung Typ „Cockpit" auf den Markt gebracht hatte, diese überprüfen müssen, ob sich aus deren Verwendung bei dem von ihr hergestellten Motorrad Gefahren für die Verwender ergeben, und hätte dann die Benutzer vor diesen Gefahren warnen müssen.

Die von ihr nach Hinweis durch den ADAC vorgenommene Überprüfung und anschließende Warnung der Benutzer reicht nicht aus, um ihrer Pflicht Genüge zu tun. B hätte von sich aus die Überprüfung vornehmen müssen, sobald das Produkt auf dem Markt erschienen ist.

Daher hat B ihre Produktbeobachtungspflicht verletzt, sodass eine Rechtspflicht zum Handeln bestand und ihr Unterlassen tatbestandsmäßig ist.

b) Hätte B rechtzeitig eigene Überprüfungen vorgenommen, hätte sie die Gefährlichkeit der Kombination der Lenkerverkleidung mit ihrem Motorrad erkannt und den Rechtsverkehr gewarnt, sodass es mit an Sicherheit grenzender Wahrscheinlichkeit nicht zu dem Unfall gekommen wäre. Folglich war das Verhalten der B **äquivalent kausal** für die Verletzungen des S.

c) Es liegt auch nicht außerhalb der normalen Lebenserfahrung, dass ein Motorrad infolge einer bestimmten Lenkerverkleidung instabil wird und es deswegen zu einem Unfall kommt, sodass das Verhalten der B auch **adäquat kausal** für die Beeinträchtigungen des S war.

d) Der erforderliche **Zurechnungszusammenhang** ergibt sich aus der bereits festgestellten Verkehrssicherungspflichtverletzung.

3. Die **Rechtswidrigkeit** ist indiziert und Rechtfertigungsgründe greifen nicht ein.

4. Das **Verschulden** der B wird nach der von der Rspr. vorgenommenen Beweislastumkehr vermutet und B hat sich nicht exkulpiert.

II. Als **Rechtsfolge** muss B dem S die Reparatur- und Heilbehandlungskosten gemäß § 249 Abs. 2 ersetzen sowie gemäß § 253 Abs. 2 ein angemessenes Schmerzensgeld zahlen.

7. Teil: Haftung nach StVG

Fall 45: § 7 StVG – Halterhaftung
(nach BGH NJW 2005, 2081 = RÜ 2005, 413)

K und B haben jeweils einen Stellplatz in einer Tiefgarage im Berliner Zentrum gemietet. Der von B gemietete Stellplatz befindet sich direkt rechts hinter der zweispurigen Ein- bzw. Ausfahrtrampe der Tiefgarage. Die Spuren sind jeweils ca. 2,90 m breit. B muss beim Hineinfahren in die Tiefgarage auf der Rampe nach links ausholen, um dann rechtwinklig nach rechts in seine Parkbox einfahren zu können. Am 08.01.2020 fuhr B mit seinem VW-Bus die Abfahrt zur Tiefgarage herunter. K wollte diese mit seinem Fahrzeug verlassen und kam dem B entgegengefahren. Als die Fahrzeuge noch ca. 3,5 m voneinander entfernt waren, lenkte B plötzlich nach links, ohne allerdings auf die Gegenfahrbahn zu gelangen. K scherte aus Angst vor einem Zusammenstoß nach rechts aus und kollidierte mit der Wand der Tiefgarage. Den Schaden an seinem Fahrzeug in Höhe von 1.254 € verlangt K von B erstattet. Zu Recht?

A. K könnte gegen B ein Anspruch auf Schadensersatz i.H.v. 1.254 € gemäß **§ 7 Abs. 1 StVG** zustehen.

I. Dazu müssen die **Voraussetzungen** des haftungsbegründenden Tatbestands vorliegen.

1. Durch Beschädigung des Pkw ist eine **Eigentumsverletzung** gegeben.

2. Diese muss **bei dem Betrieb des Fahrzeuges** des B geschehen sein.

a) Dazu ist zunächst erforderlich, dass der Betrieb des Fahrzeugs des B **äquivalent kausal** für die Eigentumsverletzung des K war.

Wäre der B dem K nicht mit seinem VW-Bus entgegengekommen und hätte er nicht plötzlich nach links gelenkt, so wäre K nicht aus Angst vor einer Kollision nach rechts ausgewichen und gegen die Wand der Tiefgarage gefahren. Somit ist Kausalität i.S.d. Äquivalenztheorie gegeben.

b) Bei dem Betrieb eines Kfz ereignet sich ein Unfall jedoch nur, wenn sich die **betriebsspezifische Gefahr des Kfz verwirklicht.**

Das Merkmal „bei dem Betrieb" ist weit auszulegen. Nach der **heute herrschenden sogenannten verkehrstechnischen Auffassung** sind im öffentlichen Verkehrsbereich alle Kfz in Betrieb, die sich darin bewegen oder in verkehrsbeeinflussender Weise ruhen. Für eine Zurechnung zur Betriebsgefahr kommt es maßgeblich darauf an, dass der Unfall in einem nahen örtlichen und zeitlichen Kausalzusammenhang mit einem bestimmten Betriebsvorgang oder einer bestimmten Betriebseinrichtung des Kraftfahrzeugs steht.[70]

A.A. sogenannte maschinentechnische Auffassung: Kfz nur solange in Betrieb, als Motor das Kfz bewegt.

Der VW-Bus des B ist dem Pkw des K in der Tiefgarage entgegengekommen, bewegte sich also zum Unfallzeitpunkt durch Motorkraft im Straßenverkehr, sodass sich nach der Definition der verkehrstechnischen Auffassung die Betriebsgefahr realisiert hat.

---

70 BGH NJW 2005, 2081, 2082.

Möglicherweise ist jedoch der **Zurechnungszusammenhang aufgrund der eigenverantwortlichen Ausweichreaktion des K unterbrochen** worden.

Die Ausweichreaktion des K ist durch den Linksschlenker des B verursacht worden. Der K hat das Verhalten des B in der engen Ausfahrt als gefährlich empfunden und ist daher automatisch nach rechts gefahren, um eine Kollision zu vermeiden. Daher steht der Unfall in einem nahen örtlichen und zeitlichen Kausalzusammenhang mit dem Betriebsvorgang des Kfz des B, sodass sich die spezifische Betriebsgefahr verwirklicht hat und der Unfall bei Betrieb des Kfz des B geschehen ist.

3. B hat die Verfügungsgewalt über sein Fahrzeug und trägt die Kosten, sodass er **Halter** des Kfz ist.

4. Es liegt **keine höhere Gewalt gemäß § 7 Abs. 2 StVG** vor.

II. Rechtsfolge

1. B muss dem K die durch die Beschädigung des Pkw entstandenen Reparaturkosten gemäß § 249 Abs. 2 ersetzen.

2. Der Anspruch könnte jedoch gemäß § 17 Abs. 2 StVG wegen der **Mitverursachung** des Unfalls durch den K zu kürzen sein.

Ist Anspruchsteller kein Kfz-Halter oder Fahrer, ist Sonderregelung des § 9 StVG einschlägig.

a) § 17 Abs. 2 StVG ist eine Spezialvorschrift zu § 254 und sieht vor, dass bei einem Unfall zwischen mehreren Kfz-Haltern oder Fahrern der entstandene Schaden zwischen den Beteiligten nach den Umständen, insbesondere nach der Schadensverursachung, aufzuteilen ist.

b) Eine Schadensaufteilung gemäß § 17 Abs. 2 StVG erfolgt jedoch nicht, wenn der Unfall durch ein **unabwendbares Ereignis** verursacht worden ist, vgl. § 17 Abs. 3 StVG.

Ein unabwendbares Ereignis liegt jedoch nur vor, wenn der überdurchschnittlich gute Fahrer bei Anwendung der äußerst möglichen Sorgfalt den Unfall nicht vermeiden konnte **(Idealfahrer)**. Ein Idealfahrer wäre bei dem Ausweichmanöver nicht gegen die Tiefgaragenwand gefahren. Daher stellt der Unfall für K kein unabwendbares Ereignis dar.

c) K hat durch sein „Ausweichmanöver" die Beschädigung an seinem Fahrzeug mitverursacht. Diese Beschädigung war auch vermeidbar, da unter Beachtung der verkehrserforderlichen Sorgfalt das Ausweichen nicht zu einem Zusammenstoß mit der rechten Begrenzungsmauer hätte führen müssen, da B nicht auf die immerhin 2,9 m breite Gegenfahrbahn geraten ist. Somit hat K die Beschädigung schuldhaft mitverursacht, sodass der Anspruch gemäß § 17 Abs. 2 StVG zu kürzen ist.

B. Ein Anspruch des K gegen B aus **§ 18 Abs. 1 StVG** scheidet aus, da B wohl den Entlastungsbeweis gemäß § 18 Abs. 1 S. 2 StVG führen kann.

C. Ein Anspruch des K gegen B aus **§ 823 Abs. 1** scheidet mangels Verschuldens des B ebenfalls aus.

Fall 46: § 18 StVG – Fahrerhaftung
(nach OLG Koblenz NJW-RR 2004, 891 = RÜ 2004, 583)

Die 23-jährige Fahrschülerin F sollte auf Weisung ihres Fahrlehrers L in eine links einmündende Straße abbiegen. F setzte den Blinker nach links und ordnete sich korrekt neben der Mittellinie der Fahrbahn ein. Dort hielt sie zunächst an, da der K – vorfahrtsberechtigt – mit seinem Fahrzeug entgegenkam, begann dann aber doch mit dem Abbiegen. Nach einer kurzen Rollstrecke hielt der Pkw, der dabei schon etwas nach links über die Mittellinie geraten war, wieder an, nachdem L ein weiteres Linksabbiegen mit einem eigenen Bremseingriff verhindert hatte. K, der sein Fahrzeug stark abgebremst hatte, geriet ins Schleudern und kam von der Fahrbahn nach rechts ab.

K verlangt von F und L Ersatz des an seinem Fahrzeug entstandenen Schadens. Das Fahrschulschild war für K erkennbar.

A. Ansprüche K gegen F

I. K könnte gegen die F ein Anspruch aus **§ 18 Abs. 1 StVG** zustehen.

Dazu müssen die Voraussetzungen des haftungsbegründenden Tatbestands vorliegen.

1. Durch Beschädigung des Pkw ist eine Eigentumsverletzung gegeben.

2. Dies ist **bei dem Betrieb des Fahrzeuges** geschehen.

3. Die **Anspruchsgegnerin F** muss **Fahrerin** gewesen sein.

F hat zwar den Wagen gesteuert und ist damit an sich Führerin des Kfz, aber gemäß **§ 2 Abs. 15 S. 2 StVG** gilt bei Fahrschulfahrten nicht der das Kfz führende Fahrschüler, sondern der ihn begleitende und beaufsichtigende Fahrschullehrer als Kraftfahrzeugführer.

Daher ist F nicht Führerin des Kfz i.S.v. § 18 StVG, sodass ein Anspruch des K gegen die F aus § 18 Abs. 1 S. 1 StVG ausscheidet.

II. K könnte gegen F ein Anspruch aus **§ 823 Abs. 1** zustehen.

1. Dazu müssen die **Voraussetzungen** des haftungsbegründenden Tatbestands gegeben sein.

a) Es liegt durch die Beschädigung des Pkw eine **Eigentumsverletzung** vor.

b) Dies muss **durch ein Verhalten der F** geschehen sein. Wäre F nicht angefahren, wäre es nicht zu dem Unfall gekommen, sodass das Verhalten der F äquivalent und adäquat kausal für die Eigentumsverletzung des K gewesen ist.

c) Die **Rechtswidrigkeit** ist indiziert und Rechtfertigungsgründe sind nicht ersichtlich.

d) F muss **schuldhaft**, also fahrlässig oder vorsätzlich gehandelt haben. Gemäß § 276 Abs. 2 handelt fahrlässig, wer die im Verkehr erforderliche Sorgfalt außer Acht lässt.

Fraglich ist, ob der F, die sich noch in der Fahrausbildung befunden hat, ihr Fahrfehler vorgeworfen werden kann. Einem Fahrschüler kann ein Vorwurf gemacht werden, wenn er einen Fahrfehler begeht, den er auch unter Berücksichtigung seiner Ausbildungssituation nach Maßgabe seines subjektiven Wissens und Könnens unschwer hätte vermeiden können.

F hatte sich ordnungsgemäß nach vorherigem Setzen des Linksblinkers unmittelbar neben der Mittellinie eingeordnet und dort zunächst gehalten, da sie von vorn das Auto des K sah. Dadurch, dass sie dann dennoch mit dem Linksabbiegen begann, obwohl dieses Fahrzeug auf der Gegenfahrbahn herannahte, missachtete sie eine einfache und nächstliegende Sicherheitsvorsorge, die auch schon jedem Fußgänger vor Überqueren einer Straße vertraut ist.[71]

Die F hat folglich einen Fahrfehler begangen, den sie auch unter Berücksichtigung ihrer Ausbildungssituation nach Maßgabe ihres subjektiven Wissens und Könnens unschwer hätte vermeiden können. Demnach hat F die im Verkehr erforderliche Sorgfalt nicht eingehalten, sodass Fahrlässigkeit und somit Verschulden der F gegeben ist.

2. Rechtsfolge

a) F muss dem K den aus der Eigentumsverletzung entstandenen Schaden gemäß §§ 249 ff. ersetzen.

b) Der Anspruch könnte wegen **Mitverschuldens** des K gemäß § 254 zu kürzen sein.

aa) Ein Verkehrsteilnehmer darf grundsätzlich darauf vertrauen, dass ein an der Mittellinie wartender Pkw den Gegenverkehr erst passieren lässt, bevor er in die Seitenstraße einbiegt. Auch wenn es sich bei dem an der Mittellinie wartenden Pkw um einen Fahrschulwagen handelte, konnte K davon ausgehen, dass dieser Wagen ihn erst passieren lässt. Insofern trifft den K an der Verursachung des Unfalls kein Mitverschulden.

bb) Von dem Pkw des K geht jedoch eine Betriebsgefahr aus, die er sich anspruchsmindernd entgegenhalten lassen muss, § 17 Abs. 2 StVG analog.

Eine Anrechnung der vom Auto des K ausgehenden Betriebsgefahr entfällt gemäß § 17 Abs. 3 StVG, wenn K nachweisen kann, dass der Unfall für ihn ein unabwendbares Ereignis war.

Ein unabwendbares Ereignis liegt nur vor, wenn der überdurchschnittlich gute Fahrer bei Anwendung der äußerst möglichen Sorgfalt den Unfall nicht vermeiden konnte (Idealfahrer). Ein Idealfahrer hätte – da das Fahrschulschild auch erkennbar war – mit einem möglichen Fahrfehler des Fahrschülers gerechnet und seine Geschwindigkeit im Vorfeld herabgesetzt und daher den Unfall vermieden. Somit stellt der Unfall für K kein unabwendbares Ereignis dar, sodass er sich die Betriebsgefahr seines Autos anspruchsmindernd entgegenhalten lassen muss.

K steht folglich ein um die Betriebsgefahr seines Autos gekürzter Schadensersatzanspruch gegen die F aus § 823 Abs. 1 zu.

---

71   OLG Koblenz NJW-RR 2004, 891.

B. Ansprüche K gegen L

I. K könnte gegen den L ein Anspruch aus **§ 18 Abs. 1 StVG** zustehen.

1. Dazu müssen die **Voraussetzungen** des haftungsbegründenden Tatbestands vorliegen.

a) Durch Beschädigung des Pkw ist eine **Eigentumsverletzung** gegeben.

b) Dies ist **bei dem Betrieb des Kfz** geschehen.

c) L muss **Fahrer** des Kfz i.S.v. § 18 StVG gewesen sein. Zwar hat F den Wagen gesteuert, aber gemäß § 2 Abs. 15 S. 2 StVG gilt bei Fahrschulfahrten der begleitende und beaufsichtigende Fahrschullehrer als Kraftfahrzeugführer. Daher ist L Führer des Kfz i.S.v. § 18 StVG.

d) Das **Verschulden des L wird vermutet.** Seine Haftung entfällt jedoch, wenn er nachweisen kann, dass ihn kein Verschulden trifft, § 18 Abs. 1 S. 2 StVG.

Möglicherweise kann sich L dadurch entlasten, dass er das Abbiegemanöver der F durch seinen eigenen Bremseingriff unterbrochen hat, sodass der Wagen nicht noch weiter auf die Spur des K geraten ist.

Ein Fahrlehrer ist verpflichtet, seinen Fahrschüler ständig im Auge zu behalten und seine Fahrweise sorgfältig zu überwachen. Um ein ordnungsgemäßes Fahren gewährleisten zu können, muss er jederzeit in der Lage sein, sofort einzugreifen, wenn die Fahrweise des Schülers das erfordert.[72]

L hatte daher den Abbiegevorgang der F schon im Ansatz durch eigenes Eingreifen verhindern müssen. Infolgedessen kann L den Entlastungsbeweis gemäß § 18 Abs. 1 S. 2 StVG nicht führen.

2. Als **Rechtsfolge** muss L dem K den aus der Eigentumsverletzung entstandenen Schaden gemäß §§ 10 ff. StVG ersetzen. Der Anspruch ist jedoch wegen der Betriebsgefahr des Pkw gemäß § 17 Abs. 2 StVG zu kürzen.

II. K könnte gegen L ein Anspruch aus **§ 823 Abs. 1** zustehen.

1. Dazu müssen die **Voraussetzungen** des haftungsbegründenden Tatbestands gegeben sein.

a) Mit der Pkw-Beschädigung liegt eine **Eigentumsverletzung** vor.

b) L ist beim Abbiegevorgang der F nicht rechtzeitig eingeschritten, sodass die Eigentumsverletzung **durch sein Verhalten** verursacht worden ist.

c) Die **Rechtswidrigkeit** ist indiziert und Rechtfertigungsgründe greifen nicht ein.

d) Dadurch, dass L den Abbiegevorgang der F nicht im Ansatz unterbunden hat, hat er die im Verkehr erforderliche Sorgfalt außer Acht gelassen (s.o.); somit hat er fahrlässig und daher **schuldhaft** gehandelt.

§ 17 Abs. 2 StVG wird nach h.M. auch bei deliktischen Ansprüchen des BGB analog angewandt, um unterschiedliche Kürzungsquoten zu vermeiden.

2. Als **Rechtsfolge** muss L dem K den aus der Eigentumsverletzung entstandenen Schaden gemäß §§ 10 ff. StVG ersetzen. Der Anspruch ist jedoch wegen der vom Auto des K ausgehenden Betriebsgefahr analog § 17 Abs. 2 StVG zu kürzen.

---

72 OLG Koblenz NJW-RR 2004, 891.

Fall 47: § 18 StVG – Schutzrichtung

H fuhr am Freitag, den 13.12.2019, in Münster mit seinem VW Passat auf der Kanalstraße mit einer Geschwindigkeit von 80 km/h, obwohl nur 50 km/h zugelassen sind. Dort kam es zu einem Zusammenstoß mit dem Volvo des M, der von dessen Frau F gesteuert wurde. Der Wagen des M, der als Beifahrer im Volvo saß, wurde bei dem Unfall erheblich beschädigt.

Zu der Kollision war es gekommen, weil der Volvo zum Unfallzeitpunkt mit den linken Rädern einen Meter links vom Mittelstreifen fuhr und der H infolge seiner überhöhten Geschwindigkeit nicht mehr rechtzeitig ausweichen konnte.

Welche Ansprüche hat M gegen F und H?

A. Ansprüche M gegen F

I. M könnte gegen die F ein Anspruch aus **§ 18 Abs. 1 StVG** zustehen.

1. Dazu müssen die Voraussetzungen des haftungsbegründenden Tatbestands vorliegen.

a) Durch Beschädigung des Pkw des M ist eine **Eigentumsverletzung** gegeben.

b) Dies ist **bei dem Betrieb des Fahrzeuges** geschehen.

c) Die **Anspruchsgegnerin F** war die **Fahrerin**.

d) Das **Verschulden** der F **wird gemäß § 18 Abs. 1 S. 2 StVG vermutet** und eine Exkulpation kommt angesichts ihres vorschriftswidrigen Verhaltens nicht in Betracht.

2. Als **Rechtsfolge** muss F dem M an sich den aus der Eigentumsverletzung entstandenen Schaden gemäß §§ 10 ff. StVG ersetzen.

Nach überwiegender Auffassung haftet der Fahrer jedoch aus § 18 Abs. 1 StVG nicht für Schäden des Halters.[73] Dies ergibt sich bereits aus dem Wortlaut des § 18 Abs. 1 S. 1 StVG, nach dem in den Fällen des § 7 Abs. 1 StVG „auch" der Fahrer haftet; die Fahrerhaftung wird also neben der Halterhaftung angeordnet. Zudem besteht der Zweck der Haftung darin, anderen Verkehrsteilnehmern die Durchsetzung von Schadensersatzansprüchen gegen Halter und Fahrer zu erleichtern.

Daher besteht kein Anspruch des M gegen die F aus § 18 Abs. 1 S. 1 StVG.

II. M könnte gegen F ein Anspruch aus **§ 823 Abs. 1** zustehen.

1. Dazu müssen die **Voraussetzungen** des haftungsbegründenden Tatbestands gegeben sein.

a) Es liegt durch die Beschädigung des Pkw eine **Eigentumsverletzung** vor.

b) Dies muss **durch ein Verhalten der F** geschehen sein.

---

73 Hentschel/König/Dauer § 18 StVG Rn. 3 m.w.N.

Die F hat die Fahrbahnmitte entgegen dem Rechtsfahrgebot des § 2 Abs. 1, 2 StVO überschritten und dadurch den Unfall und damit auch die Eigentumsverletzung äquivalent und adäquat kausal verursacht.

c) Die **Rechtswidrigkeit** ist indiziert und Rechtfertigungsgründe sind für die F nicht ersichtlich.

d) F hat die Fahrbahnmitte ohne ersichtlichen Anlass überschritten. Folglich hat sie die im Verkehr erforderliche Sorgfalt außer Acht gelassen und damit fahrlässig i.S.v. § 276 Abs. 2 und somit **schuldhaft** gehandelt.

Das Haftungsprivileg für Ehegatten gemäß § 1359 gilt nach h.M. bei Unfällen im Straßenverkehr nicht.

2. Rechtsfolge

a) F muss dem M den aus der Eigentumsverletzung entstandenen Schaden gemäß §§ 249 ff. ersetzen.

b) Der Anspruch ist nicht gemäß § 254 zu kürzen, da sich M die Betriebsgefahr seines Pkw gegenüber der Fahrerin F nicht anrechnen lassen muss, da sie die Betriebsgefahr selbst veranlasst und beherrscht.

M steht folglich ein ungekürzter Schadensersatzanspruch gegen die F aus § 823 Abs. 1 zu.

III. M könnte gegen F ein Anspruch aus **§ 823 Abs. 2 i.V.m. § 2 Abs. 1 StVO** zustehen.

Dazu müssen die **Voraussetzungen** des haftungsbegründenden Tatbestands gegeben sein.

F muss ein Schutzgesetz i.S.v. § 823 Abs. 2 verletzt haben. In Betracht kommt § 2 Abs. 1 StVO (Straßenbenutzung durch Fahrzeuge).

1. Bei der Regelung des § 2 StVO handelt es sich um ein **Gesetz** und die Regelung ist eine **Gebotsnorm mit Befehlscharakter**.

2. Die Norm muss nach ihrem **persönlichen und sachlichen Schutzbereich** eine Ersatzpflicht für den konkreten Fall vorsehen.

a) § 2 StVO soll andere Verkehrsteilnehmer, die in die Gegenrichtung fahren, vor Vermögens- und Personenschäden schützen, sodass die Regelung zumindest auch dem Schutz von Individualinteressen dient.

b) Ferner muss **M zu dem Personenkreis gehören, den § 2 Abs. 1 StVO schützen will**.

Die Regelung des § 2 Abs. 1 StVO schützt Verkehrsteilnehmer, die in die Gegenrichtung fahren; nicht vom Schutzzweck erfasst sind jedoch der Mitfahrer und das mitgeführte Auto, sodass kein Anspruch des M gegen die F aus § 823 Abs. 2 i.V.m. § 2 Abs. 1 StVO besteht.

B. Ansprüche M gegen H

I. K könnte gegen den L ein Anspruch aus **§ 7 Abs. 1 StVG** zustehen.

1. Dazu müssen die **Voraussetzungen** des haftungsbegründenden Tatbestands vorliegen.

a) Durch Beschädigung des Pkw ist eine **Eigentumsverletzung** gegeben.

b) Dies ist **bei dem Betrieb des Kfz des H** geschehen.

c) H hat die Verfügungsgewalt über den Pkw und ist daher **Halter**.

d) Der **Ausschlussgrund der höheren Gewalt gemäß § 7 Abs. 2 StVG** ist nicht erfüllt.

2. Als **Rechtsfolge** muss H dem M den aus der Eigentumsverletzung entstandenen Schaden gemäß §§ 10 ff. StVG ersetzen.

Der Anspruch könnte allerdings wegen der vom Kfz des M ausgehenden Betriebsgefahr **gemäß § 17 Abs. 2 StVG zu kürzen** sein.

Fraglich ist, ob sich M die Betriebsgefahr seines Autos sowie das Verschulden der F im Verhältnis zum Unfallgegner H zurechnen lassen muss.

Wäre M selber gefahren, hätte er sich die Betriebsgefahr anspruchsmindernd anrechnen lassen müssen. Der Unfallgegner darf aber nicht schlechter stehen, nur weil zufälligerweise nicht der Halter, sondern ein Dritter mit dessen Einverständnis fährt.

Infolgedessen muss sich M die Betriebsgefahr seines Autos sowie das Verschulden der F im Verhältnis zum Unfallgegner H zurechnen lassen.

M steht folglich ein um die Betriebsgefahr und das (Mit-)Verschulden der F gekürzter Schadensersatzanspruch gegen H aus § 7 Abs. 1 StVG zu.

II. M könnte gegen den H ein Anspruch aus **§ 18 Abs. 1 StVG** zustehen.

1. Der Unfall, der zur Eigentumsverletzung des M führte, hat sich beim Betrieb des Kfz des H ereignet. H ist auch der Fahrer des Fahrzeugs gewesen und eine Exkulpation kommt angesichts der Geschwindigkeitsüberschreitung nicht in Betracht.

2. Als **Rechtsfolge** muss H dem M den aus der Eigentumsverletzung entstandenen Schaden gemäß §§ 10 ff. StVG ersetzen. Der Anspruch ist jedoch gemäß § 17 Abs. 2 StVG zu kürzen.

III. M könnte gegen H ein Anspruch aus **§ 823 Abs. 1** zustehen.

1. F konnte durch die überhöhte Geschwindigkeit des H nicht rechtzeitig ausweichen, sodass H dadurch den Unfall und somit auch die Eigentumsverletzung rechtswidrig und schuldhaft mitverursacht hat.

§ 17 Abs. 2 StVG wird nach h.M. auch bei deliktischen Ansprüchen des BGB analog angewandt, um unterschiedliche Kürzungsquoten zu vermeiden.

2. Als **Rechtsfolge** muss H dem M den aus der Eigentumsverletzung entstandenen Schaden gemäß §§ 823 ff. ersetzen. Der Anspruch ist jedoch analog § 17 Abs. 2 StVG zu kürzen.

IV. M könnte gegen H ein Anspruch aus **§ 823 Abs. 2 i.V.m. § 3 Abs. 3 Nr. 1 StVO** zustehen.

1. H hat durch die überhöhte Geschwindigkeit rechtswidrig und schuldhaft gegen § 3 Abs. 3 Nr. 1 StVO verstoßen, der ein Schutzgesetz i.S.v. § 823 Abs. 2 zugunsten des M ist.

2. Als **Rechtsfolge** muss H dem M den aus der Eigentumsverletzung entstandenen Schaden gemäß §§ 823 ff. ersetzen. Der Anspruch ist jedoch analog § 17 Abs. 2 StVG zu kürzen.

8. Teil: Schadensrecht

1. Schadensermittlung

> **Fall 48: Differenzhypothese – Vorteilsausgleichung – normativer Schaden**
>
> Als K einen Spaziergang unternimmt, wird er vom Inline-Skater S aus Unachtsamkeit angefahren. K stürzt infolge des Zusammenstoßes und erleidet einen Bruch seines Unterarmes. Die private Krankenversicherung (V) des K ersetzt diesem die Heilbehandlungskosten.
>
> K fragt nach seinen Ansprüchen gegen S.

A. K könnte gegen S ein Schadensersatzanspruch aus **§ 823 Abs. 1** zustehen.

I. Dazu müssen die **Voraussetzungen** des haftungsbegründenden Tatbestands vorliegen.

1. K hat einen Bruch des Unterarms und damit eine Körper- und Gesundheitsverletzung erlitten.

2. Diese ist durch ein Verhalten des S – Anfahren des K – äquivalent und adäquat kausal verursacht worden.

3. Die Rechtswidrigkeit ist indiziert und Rechtfertigungsgründe greifen zugunsten des S nicht ein.

4. S hat die im Verkehr erforderliche Sorgfalt außer Acht gelassen, handelte daher fahrlässig i.S.v. § 276 Abs. 2 und somit schuldhaft.

II. Als **Rechtsfolge** muss S dem K den durch die Körper- und Gesundheitsverletzung entstandenen Schaden gemäß §§ 249 ff. ersetzen.

1. Ermittlung des zurechenbaren Schadens

a) Fraglich ist, ob und inwieweit dem K ein **Schaden** entstanden ist.

Schaden ist jede unfreiwillige Einbuße, die jemand an seinen Lebens- und Rechtsgütern erleidet, wobei es unerheblich ist, ob es sich um vermögenswerte oder rein ideelle Interessen handelt.

aa) Der Schaden wird nach der sogenannten **Differenzhypothese** (Differenzmethode) ermittelt: Danach besteht der Schaden in der Differenz zwischen der tatsächlichen Lage, die durch das schädigende Ereignis geschaffen wurde, und der hypothetischen Lage, die ohne das schädigende Ereignis bestehen würde. Dabei müssen auch Vorteile, die durch das Schadensereignis entstanden sind, berücksichtigt werden.

(1) Hätte S den K nicht angefahren, so wäre K nicht verletzt worden, sodass ihm keine Heilbehandlungskosten entstanden wären und er keine Schmerzen infolge der Verletzung erlitten hätte (**hypothetische Lage**).

(2) K sind infolge der Körperverletzung Heilbehandlungskosten für den Armbruch entstanden und er hat durch diese Verletzung Schmerzen erlitten (= Nachteile, die durch das schädigende Ereignis entstanden sind). Die Heilbehandlungskosten sind K jedoch von seiner privaten Krankenversicherung ersetzt worden, wozu diese gemäß § 192 VVG verpflichtet war (Vorteil, der durch das schädigende Ereignis entstanden ist), **tatsächliche Lage**.

Nach der Differenzhypothese liegt daher bzgl. der Heilbehandlungskosten kein Schaden des K vor, da er vermögensmäßig genauso dasteht wie ohne das schädigende Ereignis.

bb) Dieses Ergebnis muss möglicherweise nach **normativen Gesichtspunkten** korrigiert werden.

Die Differenzhypothese führt nicht immer zu sachgerechten Ergebnissen, da sie einschränkungslos alle durch das Schadensereignis entstandenen Vor- und Nachteile berücksichtigt. Deshalb muss zusätzlich auf normative Gesichtspunkte abgestellt werden.

Voraussetzungen der Vorteilsausgleichung:
1. Vorteil steht mit Schadensereignis in adäquatem Kausalzusammenhang
2. Anrechnung des Vorteils ist Geschädigtem zumutbar und entlastet Schädiger nicht unangemessen

Normativer Schaden:
Annahme eines Schadens aufgrund wertender Betrachtung, obwohl nach Differenzmethode kein Schaden vorliegt.

Nach wertender Betrachtung dürfen nur solche Vorteile berücksichtigt werden, die dem jeweiligen Zweck des Anspruchs nicht entgegenstehen. D.h., der Vorteil muss mit dem Schadensereignis in adäquatem Kausalzusammenhang stehen und die Anrechnung des Vorteils muss dem Geschädigten zumutbar sein und darf den Schädiger nicht unangemessen entlasten **(Vorteilsausgleichung)**. Dies ergibt sich mangels spezieller gesetzlicher Regelung aus § 242 sowie dem Rechtsgedanken des § 843 Abs. 4.

Fraglich ist, ob es K zumutbar ist, dass die Zahlung seiner privaten Krankenversicherung dem S anspruchsmindernd zugutekommt.

K hat seine private Krankenversicherung abgeschlossen, um sich selbst vor den Folgekosten von Krankheiten und Verletzungen zu schützen. Er wollte daher durch den Abschluss dieser Versicherung, für die er Leistungen aus seinem Vermögen erbringt, sich selbst und sein Vermögen absichern, nicht jedoch potentielle Schädiger von einer Ersatzpflicht freistellen. Infolgedessen wäre es für K unbillig, wenn S die Leistung der privaten Krankenversicherung zugutekäme. Demnach muss dieser Vorteil unberücksichtigt bleiben, sodass bzgl. der Heilbehandlungskosten nach normativen Gesichtspunkten ein Schaden besteht **(normativer Schaden)**.

Daher besteht der Schaden des K in den Heilbehandlungskosten sowie in den durch die Verletzung erlittenen Schmerzen.

b) Die Heilbehandlungskosten sind auch äquivalent und adäquat kausal durch die Körper- und Gesundheitsverletzung verursacht worden.

2. S muss den **entstandenen Schaden gemäß §§ 249 ff. ausgleichen**.

Dabei erfolgt der Schadensausgleich vorrangig nach der **Naturalrestitution** gemäß § 249. D.h., der Schädiger muss gemäß § 249 Abs. 1 den Zustand herstellen, der ohne das schädigende Ereignis bestehen würde. Bei Verletzung einer Person oder Beschädigung einer Sache kann der Gläubiger jedoch gemäß § 249 Abs. 2 S. 1 vom Schädiger statt der Herstellung den zur Herstellung erforderlichen Geldbetrag verlangen.

a) Daher sind die Heilungskosten gemäß § 249 Abs. 2 S. 1 ersatzfähig.

b) Bzgl. der erlittenen Schmerzen ist eine Wiederherstellung des ursprünglichen oder zumindest vergleichbaren Zustands unmöglich, da K die Schmerzen bereits erlitten hat und dies nicht rückgängig gemacht werden kann. Infolgedessen scheidet ein Schadensausgleich im Wege der Naturalrestitution aus. K kann jedoch gemäß § 253 Abs. 2 ein angemessenes Schmerzensgeld verlangen.

Insofern stellen sowohl die Heilbehandlungskosten als auch die Schmerzen einen gemäß §§ 249 ff. ersatzfähigen Schaden dar.

3. Der Anspruch auf Ersatz der Heilbehandlungskosten geht jedoch gemäß § 86 Abs. 1 S. 1 VVG auf die private Krankenversicherung V über, da diese dem K die Heilbehandlungskosten bereits ersetzt hat.

Folglich kann K von S nur noch die Zahlung eines angemessenen Schmerzensgelds verlangen.

B. Ferner ist ein Anspruch des K gegen S aus **§ 823 Abs. 2 i.V.m. § 229 StGB** auf Ersatz der Heilbehandlungskosten sowie angemessenes Schmerzensgeld gegeben – bzgl. Heilbehandlungskosten findet jedoch wiederum ein gesetzlicher Forderungsübergang auf V gemäß § 86 Abs. 1 S. 1 VVG statt.

2. Haftungsausfüllende Kausalität

> **Fall 49: Schutzzweck der Norm: Fangprämie – Bearbeitungskosten – Vorbeugemaßnahmen** (nach BGHZ 75, 230)
>
> Die B wurde in der SB-Lebensmittelabteilung einer Filiale des K von dem Verkäufer G beobachtet, als sie Lebensmittel in ihre Handtasche und nicht in den Einkaufswagen legte. An der Kasse bezahlte sie nur die im Einkaufswagen liegenden Waren. Nach Verlassen des Geschäfts wurde sie von G gestellt. Die von ihr entwendeten Lebensmittel hatten einen Ladenpreis von insgesamt 12 €.
>
> K verlangt von der B Erstattung einer „Fangprämie" von 25 €, die er seinen Angestellten vor der Tat für jeden von ihnen ertappten Ladendieb versprochen und an G ausgezahlt hat. Ferner begehrt er für die Schadensbearbeitung weitere 5 € (Papier, Porto und Telefon) sowie 50 € anteiligen Kostenersatz für allgemeine Schutzmaßnahmen gegen Diebstähle (Installation von Videokameras zur Überwachung, Gehalt des Kaufhausdetektivs).
>
> Bestehen deliktische Ansprüche des K gegen B bzgl. der geltend gemachten Schadenspositionen?

A. K könnte gegen die B ein Ersatzanspruch aus **§ 823 Abs. 1** zustehen.

I. Dazu müssen die **Voraussetzungen** des haftungsbegründenden Tatbestands vorliegen.

1. Durch die Sachentziehung der Lebensmittel ist eine Eigentumsverletzung gegeben.

2. Dies geschah durch ein Verhalten der B – Einstecken der Lebensmittel.

3. Die Rechtswidrigkeit ist indiziert und Rechtfertigungsgründe sind nicht ersichtlich.

4. B handelte vorsätzlich und somit schuldhaft.

II. Als **Rechtsfolge** muss B dem K den durch die Eigentumsverletzung entstandenen Schaden gemäß §§ 249 ff. ersetzen.

1. Ermittlung des zurechenbaren Schadens

a) Fraglich ist, ob und in welcher Höhe dem K ein **Schaden** entstanden ist.

Der Schaden besteht nach der Differenzhypothese in der Differenz zwischen der tatsächlichen Lage, die durch das schädigende Ereignis geschaffen wurde, und der hypothetischen Lage, die ohne das schädigende Ereignis bestehen würde. Dabei müssen auch Vorteile, die durch das Schadensereignis entstanden sind, berücksichtigt werden.

K musste infolge des Diebstahls der B an G eine Fangprämie i.H.v. 25 € auszahlen und es sind ihm konkrete Bearbeitungskosten i.H.v. 5 € entstanden. Ferner sieht sich K wegen der Vielzahl von Diebstählen in Kaufhäusern gezwungen, vorbeugend Schutzmaßnahmen in seinen Filialen zu ergreifen, die mit erheblichen Kosten verbunden sind.

Ohne den Diebstahl der B hätte K die Fangprämie nicht an G auszahlen müssen und es wären keine Bearbeitungskosten entstanden. Würden generell nicht so viele Diebstähle in Kaufhäusern begangen, müsste K keine vorbeugenden Schutzmaßnahmen ergreifen.

Infolgedessen besteht der Schaden des K in der Fangprämie i.H.v. 25 €, den Bearbeitungskosten i.H.v. 5 € sowie den anteiligen Kosten für vorbeugende Schutzmaßnahmen i.H.v. 50 €.

b) Die von B begangene Eigentumsverletzung muss den bei K entstandenen **Schaden zurechenbar verursacht** haben.

aa) Ohne den Diebstahl der B hätte K die Fangprämie nicht auszahlen müssen und es wären keine konkreten Bearbeitungskosten entstanden, sodass die Eigentumsverletzung insoweit äquivalent kausal für den Schaden des K war. Die Vorbeugekosten sind bereits vor der Tat der B und unabhängig von dieser entstanden, sodass diesbzgl. bereits die Kausalität i.S.d. Äquivalenz zweifelhaft ist. Dies kann jedoch dahinstehen, wenn die haftungsausfüllende Kausalität aus einem anderen Grund zu verneinen ist.

bb) Es ist liegt auch nicht außerhalb aller Lebenserfahrung, dass der Inhaber eines Kaufhauses seinen Angestellten für die Ergreifung eines Diebes Fangprämien zahlt, konkrete Aufwendungen für die juristische Verfolgung des Falles tätigt und im Hinblick auf die hohe Zahl von Warenhausdiebstählen vorbeugende Schutzmaßnahmen trifft, sodass die Eigentums- und Besitzverletzung auch adäquat kausal für den Schaden des K war.

cc) Der entstandene Schaden muss vom **Schutzzweck der Norm** erfasst sein. D.h., die verletzte Norm muss den Zweck haben, den eingetretenen Schaden zu verhindern.

Zu prüfen ist daher, ob der Schutzzweck des § 823 Abs. 1 die entstandenen Schadenspositionen erfasst.

(1) Kosten für vorbeugende Schutzmaßnahmen – Vorbeugekosten

K hat durch die Anstellung von Kaufhausdetektiven und die Installation von Videokameras Schutzmaßnahmen ergriffen, um generell Diebstähle in seinen Kaufhäusern zu verhindern oder die Täter zumindest schnell ermitteln zu können. D.h., die damit verbundenen Kosten dienen nicht der Abwehr eines bevorstehenden konkreten Eingriffs, sondern sie dienen vielmehr der Minderung des allgemeinen Diebstahlsrisikos.

Der Schutzzweck des § 823 Abs. 1 geht bzgl. des Eigentums dahin, den Eigentümer vor Zerstörung, Beschädigung etc. seiner Sachen zu bewahren. Es sollen also Schäden verhindert werden, die dem Eigentümer infolge eines <u>konkreten</u> Eingriffs in seine Rechtsposition entstehen.

Daher sind allgemeine und ohne Bezug zum konkreten Schadensfall getroffene Vorkehrungen zur Verhinderung von Rechtsverletzungen nicht mehr vom Schutzzweck des § 823 Abs. 1 erfasst und müssen somit in der Regel von demjenigen getragen werden, der sie zu seinem Schutze freiwillig auf sich nimmt.

Zudem können diese Aufwendungen schon deswegen nicht in die Schadensberechnung eingestellt werden, weil sich der auf die einzelne Rechtsverletzung entfallende Anteil der aufgewandten Kosten nicht ermitteln lässt.[74]

Unterscheide: haftungsbegründende Kausalität – Zusammenhang zwischen Verletzungshandlung und Rechtsgutverletzung; haftungsausfüllende Kausalität – Zusammenhang zwischen Rechtsgutverletzung und Schaden

---

74 BGHZ 59, 286, 288.

Daher sind die Vorbeugekosten nicht vom Schutzzweck des § 823 Abs. 1 erfasst.

(2) Konkrete Bearbeitungskosten

K hat für die Bearbeitung des von B begangenen Diebstahls Kosten für Papier, Porto und Telefon i.H.v. 5 € aufgewandt. Diese Kosten stehen in konkretem Zusammenhang mit der von B begangenen Eigentumsverletzung und werden daher grundsätzlich vom Schutzzweck des § 823 Abs. 1 erfasst.

Die Auslagen zur Verfolgung zivilrechtlicher Ansprüche sind jedoch nicht selbstständig einklagbar, sondern können bei einer Klage im Kostenfestsetzungsverfahren ersetzt verlangt werden.

(3) Fangprämie

K hat dem G die von ihm im Vorfeld für die Ergreifung von Dieben versprochene Fangprämie i.H.v. 25 € ausgezahlt. Ohne den Diebstahl der B hätte der K die Fangprämie nicht auszahlen müssen. Daher ist ein konkreter Bezug zu der von B begangenen Eigentumsverletzung gegeben.

Zwar hat der K die Fangprämie bereits im Vorfeld, also vor dem Diebstahl der B, versprochen, die Auszahlung erfolgt jedoch erst nach einem konkret begangenen Diebstahl.

Infolgedessen ist die Fangprämie als Folgeschaden der Eigentumsverletzung vom Schutzzweck des § 823 Abs. 1 erfasst. Die Höhe von 25 € erscheint auch nicht unangemessen.

Demnach ist lediglich die Fangprämie i.H.v. 25 € durch die Eigentumsverletzung zurechenbar verursacht worden.

2. B muss dem K den durch die Eigentumsverletzung entstandenen Schaden gemäß §§ 249 ff. ersetzen.

Die Fangprämie ist von K an G ausgezahlt worden und diese Auszahlung kann auch nicht mehr rückgängig gemacht werden, sodass ein Schadensausgleich im Wege der Naturalrestitution ausscheidet.

B hat daher die Fangprämie gemäß § 251 Abs. 1 Fall 1 (Schadenskompensation) zu ersetzen. D.h., sie muss dem K den entstandenen Vermögensschaden i.H.v. 25 € ausgleichen.

B. Ebenso besteht ein Anspruch des K gegen die B aus **§ 823 Abs. 2 i.V.m. § 242 StGB** – aber ebenfalls nur bzgl. der Fangprämie.

Fall 50: Rechtmäßiges Alternativverhalten
(nach BGH RÜ 2016, 765 ff.)

K stellte sich am 31.08.2019 wegen eines Morbus Dupuytren (gutartige Erkrankung des Bindegewebes der Handinnenfläche) an der linken Hand zur chirurgischen Handoperation im Klinikum X vor. Er wurde von dem Chefarzt des Klinikums untersucht und beraten. Am 14.09.2019 schloss er eine Wahlleistungsvereinbarung mit X ab, in der Chefarztbehandlung vereinbart ist. Am 19.09.2019 wurde K stationär aufgenommen und von B, dem – nicht liquidationsberechtigten – stellvertretenden Oberarzt des Klinikums X operiert. In die Operation durch B hatte K nicht eingewilligt. Postoperativ stellten sich bei K an der operierten Hand erhebliche gesundheitliche Beeinträchtigungen ein.

K begehrt von B die Zahlung eines angemessenen Schmerzensgeldes, da er mit einer Operation durch B nicht einverstanden gewesen sei.

B ist demgegenüber nicht bereit, Schmerzensgeld zu zahlen, da er nach den Feststellungen eines Sachverständigen fehlerfrei operiert habe, sodass der Eingriff nicht anders verlaufen wäre, wenn ihn der Chefarzt selbst vorgenommen hätte.

Steht K gegen B ein Anspruch auf Zahlung eines angemessenen Schmerzensgeldes zu?

A. K könnte gegen B ein Anspruch **aus § 823 Abs. 1 i.V.m. § 253 Abs. 2** auf Zahlung eines angemessenen Schmerzensgeldes zustehen.

I. Dazu müssen die **Voraussetzungen** des haftungsbegründenden Tatbestands erfüllt sein.

1. K ist an der linken Hand operiert worden und es haben sich postoperativ erhebliche gesundheitliche Beeinträchtigungen eingestellt, sodass eine **Körper- und Gesundheitsverletzung** gegeben ist.

2. Ohne die von B vorgenommene Operation an der linken Hand wäre es weder zu der operationsbedingten Verletzung noch zu den postoperativen Gesundheitsbeeinträchtigungen gekommen und es liegt auch nicht außerhalb der Lebenserfahrung, dass jemand infolge einer Operation eine Verletzung und postoperative Beeinträchtigungen erleidet. Daher war das Verhalten des B **äquivalent und adäquat kausal** für die Verletzung des K.

3. Grundsätzlich wird die **Rechtswidrigkeit** durch die Verwirklichung des Tatbestands indiziert.

Mit der Operation als solcher war K jedoch einverstanden. Daher könnte die unmittelbar durch die Operation herbeigeführte Verletzung aufgrund einer wirksamen **Einwilligung** des K gerechtfertigt sein.

Eine wirksame Einwilligung in den ärztlichen Heileingriff setzt allerdings auf Seiten des Patienten eine ordnungsgemäße Aufklärung voraus.

K ist vom Chefarzt untersucht und beraten worden. Im Anschluss an diese Untersuchung war K mit der Handoperation einverstanden. Er hat jedoch durch die vereinbarte Chefarztbehandlung verdeutlicht, dass er sich nur vom Chefarzt operieren lassen wollte. Infolgedessen durfte B den Eingriff nicht vornehmen, sodass die von B durch die Operation herbeigeführte Verletzung mangels wirksamer Einwilligung des K rechtswidrig ist.[75]

4. Die Operation wurde von B durchgeführt, ohne dass dieser sich im Vorfeld darüber vergewissert hat, ob K mit der Operation durch ihn – B – einverstanden ist. Dadurch hat B die im Verkehr erforderliche Sorgfalt außer Acht gelassen und folglich fahrlässig i.S.v. § 276 Abs. 2, also **schuldhaft** gehandelt.

II. Als **Rechtsfolge** muss B dem K an sich gemäß § 253 Abs. 2 ein angemessenes Schmerzensgeld zahlen.

Aufgrund der von B fehlerfrei durchgeführten Operation wäre der Eingriff auch nicht anders verlaufen, wenn der Chefarzt ihn vorgenommen hätte. Der eingetretene Schaden wäre also auch bei rechtmäßigem Verhalten entstanden, sodass es aufgrund **rechtmäßigen Alternativverhaltens** an einem ersatzfähigen Schaden fehlen könnte.

Ein Teil des Schrifttums lässt die Berufung auf das rechtmäßige Alternativverhalten generell zu,[76] andere lehnen sie allgemein ab.[77]

Nach Rspr. und h.Lit. entscheidet der Schutzzweck der Norm, ob und wieweit der Einwand rechtmäßigen Alternativverhaltens im Einzelfall beachtlich ist.

Nach Ansicht des BGH ist B der Einwand des rechtmäßigen Alternativverhaltens verwehrt, weil dies dem Schutzzweck des Einwilligungserfordernisses bei ärztlichen Eingriffen widerspreche. Dieses werde aus dem Recht auf körperliche Unversehrtheit (Art. 2 Abs. 2 GG) und dem Selbstbestimmungsrecht des Patienten hergeleitet. Dadurch werde die Entscheidungsfreiheit des Patienten über seine körperliche Integrität geschützt. Könnte sich ein Arzt, der ohne eine auf seine Person bezogene Einwilligung des Patienten operiert hat, darauf berufen, dass der Patient mit der Vornahme des Eingriffs durch einen anderen – zumal besser qualifizierten – Operateur einverstanden gewesen sei, mit diesem Einwand einer Haftung entziehen, bliebe der rechtswidrige Eingriff in die körperliche Integrität des Patienten sanktionslos. Zudem wäre das Vertrauen, das Patienten in die ärztliche Zuverlässigkeit und Integrität setzen müssen, wenn sie ihre absolut geschützten Rechtsgüter im Verlaufe einer ärztlichen Behandlung zur Disposition stellen, nicht wirksam geschützt.[78]

K steht daher gegen B ein Anspruch auf Zahlung eines angemessenen Schmerzensgeldes aus § 823 Abs. 1 i.V.m. § 253 Abs. 2 zu.

B. Ferner steht K gegen B ein Schmerzensgeldanspruch **aus § 823 Abs. 2 i.V.m. § 229 StGB i.V.m. § 253 Abs. 2** zu.

---

75 BGH NJW 2016, 3523, 3524 = RÜ 2016, 765, 766.
76 So z.B. MünchKomm/Oetker § 249 Rn. 217; Palandt/Grüneberg Vorbem. v. § 249 Rn. 105.
77 So z.B. Niederländer JZ 1959, 621.
78 BGH NJW 2016, 3523, 3524 = RÜ 2016, 765, 766, 767.

3. Schadensausgleich gemäß §§ 249 ff.

> **Fall 51: Nutzungsersatz**
>
> F war mit seinem Fahrrad unterwegs und befuhr ordnungsgemäß den Radweg. Plötzlich trat Rentner R zwischen zwei parkenden Autos heraus auf den Radweg, touchierte den F und brachte ihn zu Fall. Bei dem Sturz wurde das Fahrrad beschädigt.
>
> F verlangt von R Ersatz der Reparaturkosten sowie Nutzungsausfallentschädigung für die 4-tägige Reparaturdauer.

F könnte gegen den R ein Ersatzanspruch aus **§ 823 Abs. 1** zustehen.

I. Dazu müssen die **Voraussetzungen** des haftungsbegründenden Tatbestands vorliegen.

1. Es liegt eine Eigentumsverletzung durch Beschädigung des Fahrrads vor.

2. Dies ist durch ein Verhalten des R – Betreten des Radweges – äquivalent und adäquat kausal verursacht worden.

3. Die Rechtswidrigkeit ist indiziert und Rechtfertigungsgründe greifen nicht ein.

4. R hat die im Verkehr erforderliche Sorgfalt außer Acht gelassen, handelte somit fahrlässig i.S.v. § 276 Abs. 2 und folglich schuldhaft.

II. Als **Rechtsfolge** muss R dem F den durch die Eigentumsverletzung entstandenen Schaden gemäß §§ 249 ff. ersetzen.

1. Ermittlung des zurechenbaren Schadens

a) Der Schaden des F besteht in den Reparaturkosten und in der ausgefallenen Nutzungsmöglichkeit des Fahrrads.

b) Ohne die Eigentumsverletzung hätte F das Fahrrad nicht reparieren lassen müssen und hätte es nutzen können, sodass die Eigentumsverletzung den Schaden des F äquivalent und adäquat kausal verursacht hat.

2. R muss F den entstandenen **Schaden gemäß §§ 249 ff. ausgleichen**.

a) Reparaturkosten

Gemäß § 249 Abs. 2 S. 1 kann Schadensausgleich im Wege der Naturalrestitution auch dadurch erfolgen, dass der Gläubiger vom Schädiger statt der Wiederherstellung den dafür erforderlichen Geldbetrag ersetzt verlangt.

Die Reparaturkosten sind der für die Wiederherstellung des Rads erforderliche Geldbetrag. Infolgedessen sind die Reparaturkosten gemäß § 249 Abs. 2 S. 1 ersatzfähig.

b) Nutzungsausfall des Fahrrads

aa) Bzgl. der entgangenen Nutzungsmöglichkeit des Fahrrads ist eine Wiederherstellung des ursprünglichen oder zumindest vergleichbaren Zustands unmöglich, da F die Nutzungsmöglichkeit bereits entgangen ist und dies nicht wieder rückgängig gemacht werden kann. Insofern scheidet ein Schadensausgleich im Wege der Naturalrestitution gemäß § 249 aus.

bb) Wenn die Naturalrestitution unmöglich ist, so muss der Schädiger den Betroffenen gemäß **§ 251 Abs. 1 Alt. 1** in Geld entschädigen **(Schadenskompensation)**. Aus der Wertung des § 253 Abs. 1 folgt jedoch, dass eine Entschädigung in Geld nur in Betracht kommt, wenn ein **Vermögensschaden** vorliegt.

Fraglich ist daher, ob der Nutzungsausfall eines Fahrrads einen Vermögensschaden darstellt.

Nutzungsausfall = Vermögensschaden, wenn

- Wirtschaftsgut von allgemeiner, zentraler Bedeutung
- auf ständige Verfügbarkeit angewiesen
- Sache wäre ohne Schädigung tatsächlich benutzt worden

Nach der Rspr. wird ein ersatzfähiger Vermögensschaden bejaht bei:

- Kraftfahrzeugen
- Vereitelung eines vertraglich eingeräumten Nutzungsrechts
- Wohnraum
- Fahrrad
- Internet

Der Nutzungsausfall ist ein zu ersetzender Vermögensschaden, wenn es sich um einen Gegenstand handelt, auf dessen ständige Verfügbarkeit der Berechtigte für seine eigenwirtschaftliche Lebenshaltung typischerweise angewiesen ist.[79]

Bei einem Fahrrad handelt es sich um ein Fortbewegungsmittel, das in der heutigen Zeit in großem Umfang regelmäßig als alternatives Verkehrsmittel genutzt wird. Daher ist das Rad für jemanden wie F, der es als Fortbewegungsmöglichkeit nutzt, ein Gegenstand, auf dessen ständige Verfügbarkeit er für seine Lebenshaltung angewiesen ist.

Infolgedessen liegt mit dem Nutzungsausfall des Fahrrads ein Vermögensschaden vor, der dem F in Geld zu entschädigen ist. Die Höhe der Nutzungsentschädigung orientiert sich an den Mietkosten eines Fahrrads.

Folglich kann F von R Ersatz der Reparaturkosten sowie Nutzungsausfallentschädigung für die 4-tägige Reparaturzeit gemäß § 823 Abs. 1 verlangen.

Abwandlung:

Welche Ansprüche stehen F gegen R zu, wenn F selbstständiger Fahrradkurier ist und er infolge des Unfalls an diesem Tag drei Aufträge nicht mehr annehmen kann, weil er erst am nächsten Tag ein für seine Tätigkeit geeignetes Ersatzfahrrad anmieten kann?

F hätte für die drei Aufträge insgesamt 45 € erhalten und musste für die Anmietung des Ersatzrads während der Reparaturdauer 60 € zahlen.

F könnte gegen R ein Schadensersatzanspruch aus **§ 823 Abs. 1** zustehen.

I. R hat das Eigentum des F rechtswidrig und schuldhaft beschädigt, sodass die **Voraussetzungen** des haftungsbegründenden Tatbestands vorliegen.

II. Als **Rechtsfolge** muss R dem F den durch die Eigentumsverletzung entstandenen Schaden gemäß §§ 249 ff. ersetzen.

1. Ermittlung des zurechenbaren Schadens

a) Der Schaden des F besteht in den Reparaturkosten, den entgangene Einnahmen i.H.v. 45 € sowie den Mietkosten für das Ersatzrad i.H.v. 60 €.

b) Ohne die Eigentumsverletzung hätte F das Fahrrad nicht reparieren lassen müssen und hätte es nutzen können, sodass die Eigentumsverletzung den Schaden des F äquivalent und adäquat kausal verursacht hat.

---

79   BGH NJW 1994, 442.

2. R muss F den entstandenen Schaden **gemäß §§ 249 ff. ausgleichen**.

a) Die Reparaturkosten sind gemäß § 249 Abs. 2 ersatzfähig (s.o.)

b) Mietkosten für Ersatzrad

Durch die Anmietung des Ersatzfahrrads stellt F einen Zustand her, der mit dem ursprünglichen Zustand – Nutzung des eigenen Fahrrads – vergleichbar ist. Daher sind die Mietkosten für das Ersatzrad gemäß § 249 Abs. 2 S. 1 ersatzfähig.

c) Entgangene Einnahmen i.H.v. 45 €

Bzgl. der entgangenen Nutzungsmöglichkeit des Fahrrads am Unfalltag ist eine Wiederherstellung des ursprünglichen oder zumindest vergleichbaren Zustands unmöglich, da F die Nutzungsmöglichkeit bereits entgangen ist und dies nicht wieder rückgängig gemacht werden kann, sodass Schadensausgleich im Wege der Naturalrestitution gemäß § 249 ausscheidet.

Daher muss der R den F für die entgangene Nutzungsmöglichkeit gemäß **§ 251 Abs. 1 Alt. 1** in Geld entschädigen **(Schadenskompensation)**, wenn ein **Vermögensschaden** vorliegt.

F hat das Fahrrad gewerblich genutzt. Daher schlägt sich der Nutzungsausfall in Gestalt der entgangenen Einnahmen konkret in seinem Vermögen nieder. Dieser entgangene Gewinn ist gemäß § 252 ein ersatzfähiger Vermögensschaden.

Daher kann F die entgangenen Einnahmen i.H.v. 45 € gemäß §§ 251 Abs. 1 Alt. 1, 252 ersetzt verlangen.

Folglich kann F von R Ersatz der Reparaturkosten, der Mietkosten für das Ersatzrad sowie die entgangenen Einnahmen gemäß § 823 Abs. 1 verlangen.

- - -

Exkurs: Umstritten ist, ob Schadensersatz wegen Nutzungsausfall eines **Wohnmobils** zu leisten ist:

■ Nach OLG Düsseldorf stellt der Ausfall der Nutzungsmöglichkeit eines Wohnmobils – anders als die vorenthaltene Nutzung eines Wohnwagens – einen ersatzfähigen Vermögensschaden dar; die Abgrenzung zwischen einem Wohnmobil und einem Kfz sei fließend.[80]

■ Demgegenüber lehnt der BGH eine Entschädigung für den Nutzungsausfall eines Wohnmobils zumindest für den Fall ab, dass dem Geschädigten ein Pkw zur Verfügung steht. Die Benutzbarkeit eines Wohnmobils sei zwar ein die Lebensqualität erhöhender Vorteil, der jedoch keinen ersatzfähigen materiellen Wert darstelle. Eine andere Bewertung höhle die Wertung des § 253 Abs. 1 aus.[81]

---

80 OLG Düsseldorf JP 2001, 191.
81 BGH RÜ 2008, 562.

Fall 52: Schmerzensgeld – Würdefunktion
(nach BGH NJW 1993, 781 = RÜ 1993, 167)

Infolge eines Behandlungsfehlers des Geburtshelfers B erlitt die K bei der Geburt einen schweren Hirnschaden, der zum weitgehenden Verlust der Wahrnehmungs- und Empfindungsfähigkeit der K führte. Die K, vertreten durch ihre Eltern, nimmt den B deswegen auf Zahlung von Schmerzensgeldkapital von 25.000 € und Schmerzensgeldrente von monatlich 250 € in Anspruch.

B ist demgegenüber der Auffassung, dass bei der Bemessung der Höhe des Schmerzensgeldes mindernd zu berücksichtigen sei, dass die K weder körperlich noch seelisch unter ihrer Beeinträchtigung leide; sie sei nicht in der Lage, einen Zusammenhang zwischen der Verletzung und der Schmerzensgeldzahlung herzustellen und könne auch eine Genugtuung nicht empfinden. Es sei daher lediglich eine symbolhafte Entschädigung zu gewähren, die deutlich unter den von K geforderten Beträgen liegen müsse. Wie ist zu entscheiden?

A. K könnte gegen B ein Anspruch auf angemessenes Schmerzensgeld gemäß **§§ 823 Abs. 1, 253 Abs. 2** zustehen.

I. Dazu müssen die **Voraussetzungen** des haftungsbegründenden Tatbestands vorliegen.

1. K hat eine Körper- und Gesundheitsverletzung erlitten.

2. Dies erfolgte durch den Behandlungsfehler der B.

3. Die Rechtswidrigkeit ist indiziert und Rechtfertigungsgründe sind nicht ersichtlich.

4. B hat die im Verkehr erforderliche Sorgfalt außer Acht gelassen und handelte somit fahrlässig i.S.v. § 276 Abs. 2 und daher schuldhaft.

II. Als **Rechtsfolge** muss B der K gemäß §§ 249 ff. den durch die Rechtsgutverletzung entstandenen Schaden ersetzen.

1. Dazu gehört bei einer Körper- und Gesundheitsverletzung insbesondere die Zahlung einer billigen Entschädigung in Geld als Schmerzensgeld.

Daher steht der K gegen den B grundsätzlich ein Schmerzensgeldanspruch gemäß §§ 823 Abs. 1, 253 Abs. 2 zu.

2. Möglicherweise ist der Schmerzensgeldanspruch zu streichen oder auf einen symbolischen Betrag zu reduzieren, weil K aufgrund des weitgehenden Verlusts ihrer Wahrnehmungs- und Empfindungsfähigkeit weder Ausgleich noch Genugtuung infolge der Schmerzensgeldzahlung empfinden kann.

Die Beurteilung dieser Frage hängt davon ab, welche Zwecke mit der Zahlung von Schmerzensgeld erreicht werden sollen.

*Schmerzensgeld hat eine **Ausgleichs- und Genugtuungsfunktion***

Der Schmerzensgeldanspruch soll dem Verletzten auf jeden Fall einen **Ausgleich** für die erlittenen immateriellen Schäden und ferner **Genugtuung** für das ihm zugefügte Leid geben.[82]

---

82 BGHZ 18, 149, 154 ff.

Wenn man die Bedeutung des Schmerzensgelds auf die Ausgleichs- und Genugtuungsfunktion beschränkt, dann ist es nur konsequent, die Zahlung von Schmerzensgeld auf einen symbolischen Betrag zu reduzieren oder ganz abzulehnen, falls der Geschädigte so schwer verletzt ist, dass er weder Ausgleich noch Genugtuung empfinden kann.[83] Die Zahlung von Schmerzensgeld kann in solchen Fällen die mit ihr verbundenen Zwecke nicht erreichen und ist daher sinnlos.

Eventuell kann dem Schmerzensgeld noch eine weitere Funktion beigemessen werden.

Die Persönlichkeit und die Würde eines Menschen sind durch Art. 1 und Art. 2 GG geschützt. Daher wäre es ein Widerspruch zur Wertung des Grundgesetzes, wenn in Fällen, in denen schwerwiegend in die Persönlichkeit eines Menschen eingegriffen wird, kein Schmerzensgeld oder nur ein reduzierter Betrag zu zahlen ist.

Der **Schutz von Würde und Persönlichkeit** gebieten, die Einbuße der Persönlichkeit, den Verlust an personaler Qualität infolge schwerer Hirnschädigung schon für sich als einen auszugleichenden immateriellen Schaden anzuerkennen – unabhängig davon, ob der Betroffene die Beeinträchtigung empfindet. Es handelt sich bei Schäden dieser Art um eine **eigenständige Fallgruppe**, bei der die Zerstörung der Persönlichkeit durch den Fortfall oder das Vorenthalten der Empfindungsfähigkeit geradezu im Mittelpunkt steht und deshalb auch bei der Bemessung der Entschädigung nach § 253 Abs. 2 einer eigenständigen Bewertung zugeführt werden muss, die der zentralen Bedeutung dieser Einbuße für die Person gerecht wird.[84]

> Bei Schwerstschädigungen hat das Schmerzensgeld eine sogenannte **„Würdefunktion"**

Daher ist der Schmerzensgeldanspruch der K gegen B aufgrund ihrer weitgehenden Wahrnehmungsunfähigkeit nicht zu streichen oder zu reduzieren, sodass K von B ein Schmerzensgeld in dem geltend gemachten Umfang verlangen kann.

B. Ferner steht K gegen B ein Anspruch auf angemessenes Schmerzensgeld gemäß **§ 823 Abs. 1 i.V.m. § 229 StGB i.V.m. § 253 Abs. 2** zu.

---

83 So die frühere Rspr., vgl. BGH NJW 1982, 2123.
84 BGH NJW 1993, 781, 783.

Fall 53: Technischer Totalschaden

Der 3 Jahre alte Pkw des K wird bei einem Unfall mit dem Wagen des B derartig beschädigt, dass eine Reparatur nicht mehr möglich ist. Den Unfall hat B allein verursacht und verschuldet. Für K bestand keine Möglichkeit, den Unfall zu vermeiden. Der beschädigte Wagen hat noch einen Restwert von 500 €. Ein vergleichbarer Gebrauchtwagen ist für 16.000 € zu haben.

K fragt, inwieweit er von B Schadensersatz für das zerstörte Auto verlangen kann.

A. K könnte gegen B ein Schadensersatzanspruch aus **§ 7 Abs. 1 StVG** zustehen.

I. Dazu müssen die **Voraussetzungen** des haftungsbegründenden Tatbestands vorliegen.

1. Durch die Pkw-Beschädigung ist eine Eigentumsverletzung des K gegeben.

2. Dies geschah bei Betrieb des Kfz des B.

3. B hat die Verfügungsgewalt über den Pkw und kommt für dessen Kosten auf, sodass er Halter ist.

4. Der Ausschlussgrund der höheren Gewalt gemäß § 7 Abs. 2 StVG greift nicht ein.

II. Als **Rechtsfolge** muss B dem K den durch die Eigentumsverletzung verursachten Schaden gemäß §§ 10 ff. StVG i.V.m. §§ 249 ff. ersetzen.

1. Durch die Eigentumsverletzung hat K sein Auto und die damit verbundenen Mobilität verloren, sodass K insoweit ein durch die Eigentumsverletzung äquivalent und adäquat verursachter Schaden entstanden ist.

2. Schadensausgleich gemäß §§ 10 ff. StVG i.V.m. §§ 249 ff.

Die Art des Schadensausgleichs richtet sich grundsätzlich nach der Naturalrestitution gemäß § 249.

Gemäß § 249 Abs. 2 S. 1 kann der Geschädigte bei der Beschädigung einer Sache statt der Herstellung nach § 249 Abs. 1 den dazu erforderlichen Geldbetrag verlangen.

a) Ließe sich der Wagen reparieren, könnte K daher die Reparaturkosten gemäß § 249 Abs. 2 S. 1 ersetzt verlangen sowie Ersatz des sogenannten merkantilen Minderwerts gemäß § 251 Abs. 1 Fall 2 beanspruchen. Der Wagen ist hier jedoch so weitgehend zerstört, dass eine Reparatur nicht möglich ist (sogenannter **technischer Totalschaden**). Insofern scheidet eine Abrechnung auf Basis der Reparaturkosten aus.

b) K könnte sich jedoch auf dem Gebrauchtwagenmarkt einen seinem verunfallten Fahrzeug vergleichbaren Pkw beschaffen und die Kosten der Ersatzbeschaffung i.H.v. 16.000 € (**Wiederbeschaffungswert**) unter Abzug des Restwerts des alten Autos i.H.v. 500 € von B ersetzt verlangen.

Es besteht Einigkeit darüber, dass dem Geschädigten im Fall des technischen Totalschadens ein Anspruch auf Ersatz des **Wiederbeschaffungsaufwands**, also Wiederbeschaffungswert abzgl. Restwert, zusteht. **Umstritten ist allerdings die dogmatische Einordnung.**

Wiederbeschaffungsaufwand: Differenz zwischen Wiederbeschaffungswert und Restwert

aa) Nach der Rspr. handelt es sich dabei um **Naturalrestitution gemäß § 249 Abs. 2.** Das Ziel der Naturalrestitution beschränke sich nicht auf die Wiederherstellung der beschädigten Sache, sondern bestehe darin, den Zustand herzustellen, der – wirtschaftlich gesehen – der ohne das Schadensereignis bestehenden Lage entspricht.[85] Da durch die Ersatzbeschaffung eines vergleichbaren Gebrauchtwagens eine dem ursprünglichen Zustand vergleichbare Lage geschaffen werde, handele es sich um Naturalrestitution gemäß § 249 Abs. 2.

bb) Nach anderer Ansicht scheidet eine Einordnung der Kosten der Ersatzbeschaffung als Fall der Naturalrestitution bei einem technischen Totalschaden aus, da § 249 Abs. 2 S. 1 voraussetze, dass die Sache *beschädigt* worden ist, sie aber bei einem technischen Totalschäden *zerstört* wurde. Da die Wiederherstellung des konkreten Autos nicht möglich sei, handele es sich beim Ersatz des Wiederbeschaffungsaufwands beim technischen Totalschaden um **Schadenskompensation gemäß § 251 Abs. 1 Alt. 1.**[86]

cc) Eine Entscheidung des Meinungsstreits über die dogmatische Einordnung des technischen Totalschadens kann jedoch dahinstehen, da beide Meinungen zum selben Ergebnis führen.

K kann daher von B gemäß § 7 Abs. 1 StVG Ersatz des Wiederbeschaffungsaufwands i.H.v. 15.500 € (Wiederbeschaffungswert i.H.v. 16.000 € abzgl. Restwert i.H.v. 500 €) verlangen.

B. Ferner steht K gegen B ein Anspruch aus **§ 18 Abs. 1 S. 1 StVG** i.H.v. 15.500 € zu.

C. Weiterhin hat K gegen B einen Anspruch aus **§ 823 Abs. 1** i.H.v. 15.500 €.

---

85 BGHZ 115, 364, 368.
86 MünchKomm/Oetker § 251 Rn. 10, 11, 41 ff.

Fall 54: Wirtschaftlicher Totalschaden

Der 4 Jahre alte Pkw des K wird bei einem Unfall mit dem Wagen des B erheblich beschädigt. Den Unfall hat B allein verursacht und verschuldet. Für K bestand keine Möglichkeit, den Unfall zu vermeiden.

Nach einem von K eingeholten Sachverständigengutachten hat das verunfallte Fahrzeug einen Restwert i.H.v. 1.000 € und die Reparaturkosten belaufen sich auf 15.000 €. Es verbleibt jedoch auch nach einer vollständigen Reparatur ein merkantiler Minderwert i.H.v. 500 €.

Die Anschaffung eines vergleichbaren Fahrzeugs auf dem Gebrauchtwagenmarkt wäre für 13.000 € möglich.

K möchte das Auto vollständig reparieren lassen, um es selber weiter zu nutzen, und verlangt daher von B Schadensersatz i.H.v. 15.500 €.

A. K könnte gegen B ein Schadensersatzanspruch i.H.v. 15.500 € aus **§ 7 Abs. 1 StVG** zustehen.

I. Dazu müssen die **Voraussetzungen** des haftungsbegründenden Tatbestands vorliegen.

1. Durch die Pkw-Beschädigung ist eine Eigentumsverletzung des K gegeben.

2. Dies geschah bei Betrieb des Kfz des B.

3. B hat die Verfügungsgewalt über den Pkw und kommt für dessen Kosten auf, sodass er Halter ist.

4. Der Ausschlussgrund der höheren Gewalt gemäß § 7 Abs. 2 StVG greift nicht ein.

II. Als **Rechtsfolge** muss B dem K den durch die Eigentumsverletzung verursachten Schaden gemäß §§ 10 ff. StVG i.V.m. §§ 249 ff. ersetzen.

1. Durch die Eigentumsverletzung muss K sein Auto reparieren lassen und es verbleibt trotz Reparatur ein merkantiler Minderwert, sodass K durch die Eigentumsverletzung ein äquivalent und adäquat verursachter Schaden in Höhe der Reparaturkosten (15.000 €) und des merkantilen Minderwert (500 €) entstanden ist.

2. Schadensausgleich gemäß §§ 10 ff. StVG i.V.m. §§ 249 ff.

Die Art des Schadensausgleichs richtet sich grundsätzlich nach der Naturalrestitution gemäß § 249. Gemäß § 249 Abs. 2 S. 1 kann der Geschädigte bei der Beschädigung einer Sache statt der Herstellung nach § 249 Abs. 1 den dazu erforderlichen Geldbetrag verlangen.

Reparaturaufwand: Summe aus Reparaturkosten und **merkantilem Minderwert**

a) Die Reparaturkosten sind der Geldbetrag, der für die Wiederherstellung des beschädigten Pkw erforderlich ist. Daher kann der K grundsätzlich die Reparaturkosten i.H.v. 15.000 € gemäß § 249 Abs. 2 S. 1 sowie Ersatz des merkantilen Minderwerts i.H.v. 500 € gemäß § 251 Abs. 1 Alt. 2 ersetzt verlangen (sogenannter **Reparaturaufwand**).

b) Möglicherweise ist der Ersatz des Reparaturaufwands ausgeschlossen, weil der Wiederbeschaffungsaufwand, also die Differenz zwischen dem Wiederbeschaffungswert und dem Restwert, nur 12.000 € (13.000 € abzgl. 1.000 €) beträgt.

aa) Nach der Rspr. stellt die gleichwertige Ersatzbeschaffung eine Form der Naturalrestitution dar, weil durch die Anschaffung eines vergleichbaren Kfz eine dem ursprünglichen Zustand zumindest vergleichbare Lage geschaffen wird. Daher handelt es sich beim Ersatz des Wiederbeschaffungsaufwands um Naturalrestitution gemäß § 249 Abs. 2 S. 1.[87]

Dem Geschädigten stehen somit bei Beschädigung seines Fahrzeugs zwei Arten der Naturalrestitution gemäß § 249 Abs. 2 S. 1 zur Verfügung: Ersatz des Reparaturaufwands oder Ersatz des Wiederbeschaffungsaufwands.

Zwischen verschiedenen Möglichkeiten der Naturalrestitution hat der Geschädigte prinzipiell die Wahl. Da § 249 Abs. 2 S. 1 jedoch nur Ersatz des für die Wiederherstellung *„erforderlichen"* Geldbetrags gewährt, muss der Geschädigte grundsätzlich die Ersatzmöglichkeit wählen, die den geringsten Aufwand erfordert, sogenanntes **Wirtschaftlichkeitspostulat**. Demnach könnte K nur 12.000 € von B verlangen.

Im Rahmen der Naturalrestitution geht es um den Schutz des Integritätsinteresses des Geschädigten. Dieses Integritätsinteresse wird jedoch i.d.R. durch die Reparatur des eigenen vertrauten Fahrzeugs besser befriedigt als durch die Beschaffung eines vergleichbaren, aber unbekannten Kfz. Daher kann der Geschädigte Ersatz der Reparaturkosten auch dann verlangen, wenn diese die Kosten der Ersatzbeschaffung übersteigen.

Der Reparaturaufwand kann nach der Rspr. i.H.v. **bis zu 130% des Wiederbeschaffungswertes** verlangt werden, wenn der Geschädigte das Fahrzeug **vollständig und fachgerecht reparieren lässt**, um ihn selbst nach der Reparatur für einen längeren Zeitraum – i.d.R. **mindestens 6 Monate** – **weiterzunutzen** (sogenannter **Integritätszuschlag**).[88] Eine vollständige und fachgerechte Reparatur kann der Geschädigte auch in Eigenregie erbringen. Maßgeblich ist nur, dass sie in einem Umfang erfolgt, wie ihn der Sachverständige zur Grundlage seiner Kostenschätzung gemacht hat.

Durch diese engen Voraussetzungen für die Gewährung des Integritätszuschlags stellt die Rspr. sicher, dass der Geschädigte sein Integritätsinteresse auch hinreichend zum Ausdruck bringt.

Erst wenn der Reparaturaufwand den Wiederbeschaffungswert um mehr als 130% übersteigt, ist eine Reparatur wirtschaftlich nicht sinnvoll, sogenannter **wirtschaftlicher Totalschaden**, und der Geschädigte erhält dann nur den Wiederbeschaffungsaufwand.

Der Reparaturaufwand beträgt im vorliegenden Fall 15.500 €. Bei einem Wiederbeschaffungswert i.H.v. 13.000 € liegt die Toleranzgrenze von 130% bei 16.900 €. Infolgedessen überschreiten die von K begehrten 15.500 € den Grenzwert von 130% des Wiederbeschaffungswertes nicht, sodass K von B nach der Rspr. Ersatz der Reparaturkosten gemäß § 249 Abs. 2 S. 1 i.H.v. 15.000 € sowie den merkantilen Minderwert gemäß § 251 Abs. 1 Alt. 2 i.H.v. 500 € verlangen kann.

bb) Nach anderer Ansicht handelt es sich bei der Ersatzbeschaffung nicht um Naturalrestitution, da das konkret beschädigte Kfz nicht wiederhergestellt werde. Der Ersatz des Wiederbeschaffungsaufwands sei vielmehr Schadenskompensation gemäß § 251.[89]

87　BGHZ 115, 364, 368; BGH NJW 2006, 2179 = RÜ 2006, 401.
88　BGHZ 115, 364, 371 ff.; BGH NJW 2008, 437 = RÜ 2008, 162.
89　MünchKomm/Oetker § 251 Rn. 10, 11, 41 ff.

Dem Geschädigten steht daher bei Beschädigung seines Kfz nur eine Art der Naturalrestitution zur Verfügung – Ersatz der Reparaturkosten. Wegen der Vorrangigkeit der Naturalrestitution gegenüber der Schadenskompensation hat der Geschädigte nicht die Wahl zwischen Ersatz des Reparaturaufwands und Ersatz des Wiederbeschaffungsaufwands, sondern muss grundsätzlich auf Reparaturkostenbasis abrechnen.

Liegt der Reparaturaufwand jedoch über 130% des Wiederbeschaffungswertes, so ist die Naturalrestitution unverhältnismäßig und der Geschädigte kann lediglich Ersatz seines Wiederbeschaffungsaufwands gemäß § 251 Abs. 2 verlangen.

Da hier der Reparaturaufwand die Toleranzgrenze von 130% des Wiederbeschaffungswertes nicht überschreitet, kann K auch nach dieser Ansicht Ersatz der Reparaturkosten gemäß § 249 Abs. 2 S. 1 i.H.v. 15.000 € sowie den merkantilen Minderwert gemäß § 251 Abs. 1 Alt. 2 i.H.v. 500 € verlangen.

cc) Eine Entscheidung des Meinungsstreits über die dogmatische Einordnung des wirtschaftlichen Totalschadens kann dahinstehen, da die beiden Meinungen zum selben Ergebnis führen.

K kann daher von B gemäß § 7 Abs. 1 StVG Ersatz des Reparaturaufwands i.H.v. 15.500 € verlangen.

B. Ferner steht K gegen B ein Schadensersatzanspruch aus **§ 18 Abs. 1 S. 1 StVG** i.H.v. 15.500 € zu.

C. Weiterhin hat K gegen B einen Anspruch auf Schadensersatz aus **§ 823 Abs. 1** i.H.v. 15.500 €.

Fall 55: Unechter Totalschaden

Der 3 Wochen alte Pkw des K, der eine Laufleistung von 350 km aufweist, wird bei einem Unfall mit dem Wagen des B erheblich beschädigt. Den Unfall hat B allein verursacht und verschuldet. Für K bestand keine Möglichkeit, den Unfall zu vermeiden.

Der Wagen des K hat 37.000 € gekostet.

K verlangt von B Schadensersatzersatz i.H.v. 37.000 €, um sich einen neuen Pkw anschaffen zu können, obwohl eine Reparatur des verunfallten Fahrzeugs möglich ist.

A. K könnte gegen B ein Ersatzanspruch aus **§ 7 Abs. 1 StVG** zustehen.

I. Dazu müssen die **Voraussetzungen** des haftungsbegründenden Tatbestands vorliegen.

1. Durch die Pkw-Beschädigung ist eine Eigentumsverletzung des K gegeben.

2. Dies geschah bei Betrieb des Kfz des B.

3. B hat die Verfügungsgewalt über den Pkw und kommt für dessen Kosten auf, sodass er Halter ist.

4. Der Ausschlussgrund der höheren Gewalt gemäß § 7 Abs. 2 StVG greift nicht ein.

II. Als **Rechtsfolge** muss B dem K den durch die Eigentumsverletzung verursachten Schaden gemäß §§ 10 ff. StVG i.V.m. §§ 249 ff. ersetzen.

1. Ohne die Eigentumsverletzung hätte der Pkw des K nicht repariert oder durch die Beschaffung eines Ersatzfahrzeugs ausgetauscht werden müssen, sodass K durch die Eigentumsverletzung ein äquivalent und adäquat verursachter Schaden in Höhe der Reparaturkosten oder der Kosten der Ersatzbeschaffung entstanden ist.

2. Schadensausgleich gemäß §§ 10 ff. StVG i.V.m. §§ 249 ff.

Die Art des Schadensausgleichs richtet sich grundsätzlich nach der Naturalrestitution gemäß § 249. Gemäß § 249 Abs. 2 S. 1 kann der Geschädigte bei der Beschädigung einer Sache statt der Herstellung nach § 249 Abs. 1 den dazu erforderlichen Geldbetrag verlangen.

a) K könnte daher die Reparaturkosten gemäß § 249 Abs. 2 S. 1 ersetzt verlangen sowie Ersatz des sogenannten merkantilen Minderwerts gemäß § 251 Abs. 1 Alt. 2. Dies entspricht jedoch nicht seinem Begehren.

b) Möglicherweise kann K Ersatz des Neuwagenpreises i.H.v. 37.000 € verlangen.

Ein solches Begehren könnte angesichts des geringen Alters und der niedrigen Laufleistung des Wagens gerechtfertigt sein. Der verunfallte Pkw kann zwar durch eine Reparatur wiederhergestellt werden, aber der fast fabrikneue Wagen ist nunmehr ein Unfallfahrzeug. Insofern ist es nachvollziehbar, dass K sich ein Neufahrzeug beschaffen möchte.

Eine derartige **Abrechnung auf Neuwagenbasis (unechter Totalschaden)** wird unter folgenden Voraussetzungen zugelassen:

Der Pkw muss eine Laufleistung bis zu 1000 km haben (bei besonderen Einzelfallumständen bis zu 3000 km), die Zulassungsdauer darf grundsätzlich einen Monat nicht überschreiten und der Wagen muss erheblich beschädigt worden sein.[90]

Unechter Totalschaden: Bei einer erheblichen Beschädigung eines fabrikneuen Kfz kann Schadensersatz auf Neuwagenbasis verlangt werden

Der Pkw des K weist eine Laufleistung von 350 km auf, ist erst drei Wochen alt und wurde erheblich beschädigt. Daher kann K auf Neuwagenbasis abrechnen und somit 37.000 € von B als Schadensersatz fordern.

Umstritten ist die dogmatische Einordnung des unechten Totalschadens.

aa) Nach der Rspr. handelt es sich um Naturalrestitution gemäß § 249 Abs. 2, da es um eine Ersatzbeschaffung geht.[91]

bb) Nach anderer Ansicht ist die Reparatur im Fall des unechten Totalschadens nicht ausreichend, sodass Schadenskompensation gemäß § 251 Abs. 1 Alt. 2 gegeben sei.[92]

cc) Eine Entscheidung des Meinungsstreits kann jedoch dahinstehen, da die Meinungen zum selben Ergebnis führen.

K kann daher von B gemäß § 7 Abs. 1 StVG 37.000 € für die Anschaffung eines Neuwagens verlangen.

B. Ferner besteht ein Schadensersatzanspruch aus **§ 18 Abs. 1 S. 1 StVG** i.H.v. 37.000 €.

C. Weiterhin hat K gegen B einen Anspruch auf Schadensersatz aus **§ 823 Abs. 1** i.H.v. 37.000 €.

Ergänzung: Umstritten ist, ob die Abrechnung auf Neuwagenbasis die **tatsächliche Anschaffung eines Neufahrzeugs voraussetzt:**

■ Nach einer Auffassung ist der Kauf eines Ersatzfahrzeugs nicht erforderlich, sodass ein Anspruch des Geschädigten auf Ersatz fiktiver Neuanschaffungskosten besteht. Die Neupreisentschädigung erfolge, weil bei erheblicher Beschädigung eines Neuwagens nur auf diese Weise alle vermögenswerten Nachteile ausgeglichen werden können. Nach der Konzeption des § 249 Abs. 2 S. 1 könne der Geschädigte dann frei darüber entscheiden, wie er mit der Ersatzleistung verfahre.[93]

■ Demgegenüber gesteht eine andere Ansicht, der sich der BGH mittlerweile angeschlossen hat, dem Geschädigten den Ersatz der Neuanschaffungskosten nur zu, wenn er tatsächlich ein fabrikneues Fahrzeug erworben hat. Denn der Grund für die Zubilligung der Neuanschaffungskosten sei das besondere Interesse des Geschädigten an der Nutzung eines Neufahrzeugs, welches er durch die tatsächliche Neuanschaffung nachweisen muss.[94]

---

90 BGH NJW 1982, 433.
91 BGH NJW 1982, 433.
92 Palandt/Grüneberg § 251 Rn. 4.
93 KG VersR 1991, 553; NJW-RR 1987, 16, 17.
94 BGH NJW 2009, 3022 = RÜ 2009, 614 m.w.N.

Fall 56: „Kind als Schaden?"

Die Eheleute M und F hatten bereits zwei gemeinsame Kinder und wollten aufgrund ihrer beschränkten wirtschaftlichen Verhältnisse keine weiteren Kinder. Daher beschlossen sie, dass sich die F sterilisieren lassen sollte. Die erforderliche Operation, bei der die Eileiter der F durch Hitze miteinander verschweißt werden sollten, wurde von Dr. A durchgeführt. Diesem hatten die Eheleute im Vorgespräch auch ihre Gründe für den Sterilisationswunsch mitgeteilt.

Infolge einer fehlerhaften Durchführung des Eingriffs blieb F weiterhin empfängnisfähig, was sie allerdings nicht wusste. F wurde erneut schwanger und es kam zur Geburt des dritten Kindes der Eheleute.

F verlangt von Dr. A Ersatz für die Unterhaltskosten des Kindes sowie Zahlung eines angemessenen Schmerzensgeldes.

A. Ansprüche auf Ersatz der Unterhaltskosten für das Kind

I. F könnte gegen Dr. A ein Ersatzanspruch aus **§ 280 Abs. 1** zustehen.

1. Dazu müssen die **Voraussetzungen** des haftungsbegründenden Tatbestands vorliegen.

a) Ein wirksames Schuldverhältnis zwischen F und Dr. A besteht aufgrund des Behandlungsvertrages.

b) Dr. A hat den Eingriff fehlerhaft durchgeführt, sodass auch eine Pflichtverletzung in Bezug auf das Schuldverhältnis gegeben ist.

c) Das Verschulden des Dr. A wird gemäß § 280 Abs. 1 S. 2 vermutet und eine Exkulpation ist nicht erfolgt.

2. Als **Rechtsfolge** muss Dr. A der F den aus der Pflichtverletzung entstandenen Schaden gemäß §§ 249 ff. ersetzen.

a) Ermittlung des zurechenbaren Schadens

aa) Fraglich ist, ob und inwieweit der F ein **Schaden** entstanden ist.

Schaden ist jede unfreiwillige Einbuße, die jemand an seinen Lebens- und Rechtsgütern erleidet, wobei es unerheblich ist, ob es sich um vermögenswerte oder rein ideelle Interessen handelt.

(1) Der Schaden wird nach der sogenannten **Differenzhypothese** ermittelt: Danach besteht der Schaden in der Differenz zwischen der tatsächlichen Lage, die durch das schädigende Ereignis geschaffen wurde, und der hypothetischen Lage, die ohne das schädigende Ereignis bestehen würde. Dabei müssen auch Vorteile, die durch das Schadensereignis entstanden sind, berücksichtigt werden.

Infolge der Geburt des Kindes ist eine Unterhaltsverpflichtung der F gegenüber dem Kind aus § 1601 entstanden. Bei ordnungsgemäßer Vertragserfüllung wäre das dritte Kind der F nicht zur Welt gekommen und der Unterhaltsanspruch des Kindes wäre nicht entstanden. Demnach liegt nach der Differenzhypothese ein Schaden der F durch ihre Unterhaltsverpflichtung gegenüber dem Kind gemäß § 1601 vor.

(2) Umstritten ist, ob **wertende Gesichtspunkte** es verbieten, die Unterhaltskosten für ein Kind als Schaden anzusehen.

(a) Nach einer Ansicht kann der Unterhaltsaufwand für ein Kind nicht als Schaden bewertet werden. Eine Einordnung des Unterhaltsaufwands als Schaden verstoße gegen die gemäß Art. 1 GG geschützte Würde des Kindes. Zudem könne es nachteilige seelische Folgen für das Kind mit sich bringen, wenn dieses später erfahre, dass seine Existenz als Schadensereignis gewertet werde.[95]

(b) Nach anderer Auffassung, insbesondere nach **st.Rspr. der Zivilgerichte**, stellt der Unterhaltsaufwand für ein Kind einen Schaden dar. Es werde dabei nicht das Kind als solches als Schaden bewertet, sondern lediglich die mit der Geburt des Kindes entstandene Unterhaltsverpflichtung. Mit dieser Beurteilung werde keine negative Aussage über die Existenz des Kindes getroffen, sodass kein Verstoß gegen Art. 1 GG gegeben sei.[96]

Diese Rspr. der Zivilgerichte ist zwar vom 2. Senat des BVerfG unter Hinweis auf Art. 1 GG kritisiert worden,[97] der für diese Fragen zuständige 1. Senat des BVerfG hat diese Beurteilung jedoch mittlerweile gebilligt.[98]

(c) Stellungnahme: Bei der Prüfung eines Schadens werden lediglich zwei verschiedene Vermögenslagen miteinander verglichen, sodass in diesem Zusammenhang nur die finanzielle Belastung der Eltern mit der Unterhaltsverpflichtung berücksichtigt wird. Eine negative Beurteilung der Existenz des Kindes geht mit dieser Bewertung nicht einher. Daher steht Art. 1 GG der Einordnung des Unterhaltsaufwands für ein Kind nicht entgegen.

Infolgedessen verbieten wertende Gesichtspunkte es nicht, die Unterhaltskosten für ein Kind als Schaden anzusehen, sodass der F in Höhe der Unterhaltskosten für das Kind ein Schaden entstanden ist.

bb) Der Schaden muss durch die Pflichtverletzung des Dr. A verursacht worden sein (**haftungsausfüllende Kausalität**).

(1) Hätte Dr. A die F ordnungsgemäß sterilisiert, wäre das dritte Kind der F nicht gezeugt worden und der Unterhaltsanspruch aus § 1601 wäre nicht entstanden. Folglich war die Pflichtverletzung des Dr. A äquivalent kausal für die Schadensentstehung.

(2) Es liegt auch nicht außerhalb aller Wahrscheinlichkeit, dass eine fehlgeschlagene Sterilisation zur Zeugung eines weiteren Kindes führt, sodass die Pflichtverletzung auch adäquat kausal für die Entstehung der Unterhaltspflicht war.

(3) Der entstandene Schaden muss vom **Schutzzweck der Norm** erfasst sein. D.h., die verletzte Norm muss den Zweck haben, den eingetretenen Schaden zu verhindern.

Der Vertrag des Dr. A mit der F muss daher zumindest auch darauf gerichtet sein, die wirtschaftliche Belastung durch ein Kind zu vermeiden.[99]

---

95 Stürner VersR 1984, 297, 307 f.
96 BGHZ 124, 128 ff.
97 BVerfGE 88, 203, 206.
98 BVerfG NJW 1988, 519.
99 BGH NJW 2007, 989, 990 = RÜ 2007, 79, 81.

Die Eheleute F und M hatten sich zu der Sterilisation der F aufgrund ihrer beschränkten wirtschaftlichen Lage entschlossen und hatten dies auch dem Dr. A mitgeteilt. Folglich ist der Vertrag zwischen F und Dr. A auch darauf gerichtet, die wirtschaftliche Belastung durch ein Kind zu verhindern, sodass der entstandene Unterhaltsschaden vom Schutzzweck der Norm erfasst wird.

b) Dr. A muss den entstandenen **Schaden gemäß §§ 249 ff. ausgleichen**.

aa) Die Unterhaltsverpflichtung der F gegenüber dem Kind ist bereits entstanden und kann auch nicht rückgängig gemacht werden, sodass ein Schadensausgleich in Form der Naturalrestitution gemäß § 249 wegen Unmöglichkeit ausscheidet.

bb) Ist die Naturalrestitution unmöglich, so muss der Schädiger gemäß § 251 Abs. 1 Fall 1 im Wege der Schadenskompensation den entstandenen Vermögensschaden ersetzen. Daher muss Dr. A gemäß § 251 Abs. 1 Alt. 1 der F die Unterhaltskosten für das Kind ersetzen.

II. F könnte gegen Dr. A ein Schadensersatzanspruch aus **§ 823 Abs. 1** zustehen.

1. Dazu müssen die **Voraussetzungen** des haftungsbegründenden Tatbestands gegeben sein.

a) In Betracht kommt eine **Körper- und Gesundheitsverletzung** der F durch die Schwangerschaft.

F ist gegen ihren Willen schwanger geworden. Damit liegt ein Eingriff in ihre körperliche Unversehrtheit und folglich eine Körperverletzung vor.

Dem könnte entgegenstehen, dass es sich bei einer Schwangerschaft um einen normalen physiologischen Vorgang handelt. Es muss jedoch jeder unbefugte Eingriff in das körperliche Befinden einer Person als Körperverletzung bewertet werden, da anderenfalls das Recht am eigenen Körper nicht hinreichend geschützt wäre.[100]

Demzufolge liegt durch die ungewollte Schwangerschaft eine Körperverletzung der F vor.

b) Dies muss **durch ein Verhalten des Dr. A** geschehen sein.

aa) Dr. A hat die Sterilisation fehlerhaft durchgeführt.

bb) Hätte Dr. A die F ordnungsgemäß sterilisiert, wäre es nicht zur Schwangerschaft gekommen, sodass sein Verhalten äquivalent kausal für die Verletzung der F war.

cc) Es liegt auch nicht außerhalb der Lebenserfahrung, dass eine Frau nach einer fehlerhaften Sterilisation schwanger wird, sodass das Verhalten des Dr. A auch adäquat kausal für die Verletzung der F war.

---

100 BGH NJW 1995, 2407, 2408.

Beachte:
An dieser Stelle wird Zurechnungszusammenhang zwischen Verhalten und Rechtsgutverletzung überprüft

dd) Das Verhalten des Dr. A hat nicht unmittelbar zur Körperverletzung der F geführt, sondern diese ist erst durch eine zusätzliche Ursache – Geschlechtsverkehr – eingetreten. Folglich liegt nur eine **mittelbare Verursachung** seitens des Dr. A vor. Fraglich ist daher, ob ihm der Verletzungserfolg noch zugerechnet werden kann.

Nach der **Lehre vom Schutzzweck der Norm** muss überprüft werden, ob die vom Schädiger verletzte Norm gerade dazu dient, den eingetretenen Verletzungserfolg zu verhindern. Dr. A hat seine Pflichten aus dem ärztlichen Behandlungsvertrag verletzt. Dieser Behandlungsvertrag ist darauf gerichtet, eine erneute Schwangerschaft der F zu verhindern, sodass die Körperverletzung der F vom Schutzzweck der Norm erfasst wird.

c) Die **Rechtswidrigkeit** ist indiziert und Rechtfertigungsgründe greifen nicht ein.

d) Dr. A hat die im Verkehr erforderliche Sorgfalt außer Acht gelassen, handelte somit fahrlässig i.S.v. § 276 Abs. 2 BGB und folglich **schuldhaft**.

2. Als **Rechtsfolge** muss Dr. A der F den durch die Körperverletzung entstandenen Schaden gemäß §§ 249 ff. ersetzen.

a) Die Unterhaltsverpflichtung der F gegenüber dem Kind aus § 1601 ist ein durch die Verletzung der F äquivalent und adäquat verursachter Schaden (s.o.).

Beachte:
An dieser Stelle wird Zurechnungszusammenhang zwischen Rechtsgutverletzung und Schaden überprüft

b) Der entstandene Schaden muss vom Schutzzweck der Norm erfasst sein. D.h., die verletzte Norm muss den Zweck haben, den eingetretenen Schaden zu verhindern.

Der Schutzzweck des § 823 Abs. 1 erfasst die mit der Körperverletzung einhergehenden Schadenspositionen, also hier ausschließlich die Beschwernisse, die die Schwangerschaft normalerweise mit sich bringt. Die Unterhaltspflicht für das Kind resultiert jedoch nicht aus den Beschwernissen der Schwangerschaft, sondern aus der Existenz des Kindes. Insofern fehlt es am erforderlichen Zurechnungszusammenhang.[101]

Daher ist der entstandene Unterhaltsschaden nicht vom Schutzzweck des § 823 Abs. 1 erfasst, sodass ein Anspruch der F gegen den Dr. A auf Ersatz der Unterhaltskosten aus § 823 Abs. 1 ausscheidet.

B. Anspruch auf Schmerzensgeld

I. F hat gegen Dr. A einen Anspruch auf Zahlung eines angemessenen Schmerzensgeldes aus **§§ 280 Abs. 1, 253 Abs. 2**.

II. Ferner hat F gegen Dr. A einen Anspruch auf Zahlung eines angemessenen Schmerzensgeldes aus **§ 823 Abs. 1 i.V.m. § 253 Abs. 2**.

---

101   OLG Köln MDR 1997, 940, 941.

4. Mitverschulden

Fall 57: § 254 Abs. 2 S. 2
          (nach OLG Köln NJW 2000, 2905 = RÜ 2000, 491)

Die 18-jährige T veranstaltete im Haus ihrer abwesenden Eltern K mit deren Erlaubnis eine Silvesterparty. Beim Abbrennen von Feuerwerkskörpern durch den B kam es infolge fahrlässigen Verhaltens des B zu einem Brandschaden an Teilen des Gebäudes.

Als die K von B Schadensersatz verlangen, wendet dieser ein, sie müssten sich eine Mitverantwortung ihrer Tochter anspruchskürzend zurechnen lassen, da diese es versäumt habe, nach nicht oder nicht vollständig abgebrannten Feuerwerkskörpern Nachschau zu halten. Die K halten dem entgegen, T habe von ihrem Standort nicht sehen können, dass nicht alle von B gezündeten Feuerwerkskörper ordnungsgemäß abgebrannt seien.

Ein Anspruch der K gegen den B auf Schadensersatz könnte sich aus **§ 823 Abs. 1** ergeben.

I. Dazu müssen die **Voraussetzungen** des haftungsbegründenden Tatbestands vorliegen.

1. Durch die Beschädigung des Hauses ist eine Eigentumsverletzung der K gegeben.

2. Dies geschah durch ein Verhalten des B – Abbrennen von Feuerwerkskörpern.

3. Die Rechtswidrigkeit ist indiziert und Rechtfertigungsgründe greifen nicht ein.

4. B hat die im Verkehr erforderliche Sorgfalt außer Acht gelassen, handelte somit fahrlässig i.S.v. § 276 Abs. 2 und folglich schuldhaft.

II. Rechtsfolge

1. B muss den K den durch die Eigentumsverletzung verursachten Schaden gemäß §§ 249 ff. ersetzen.

2. Der Anspruch könnte **wegen Mitverschuldens gemäß § 254 zu kürzen** sein.

a) Eine Kürzung wegen eigenen Mitverschuldens der K gemäß § 254 Abs. 1 kommt nicht in Betracht, da die K in keiner Weise zur Schadensentstehung beigetragen haben.

b) Möglicherweise müssen sich die K eine Mitverantwortung der T am Schadenseintritt anspruchsmindernd zurechnen lassen. In Betracht kommt eine Zurechnung gemäß **§ 254 Abs. 2 S. 2 i.V.m. § 278**.

§ 254 Abs. 2 S. 2 ist unstreitig als dritter Absatz des § 254 zu lesen, sodass er auch etwaiges Mitverschulden Dritter bei der Schadensentstehung erfasst.

§ 254 Abs. 2 S. 2 = § 254 Abs. 3

Umstritten ist allerdings, **wie** der Verweis in § 254 Abs. 2 S. 2 zu verstehen ist.

aa) Nach einer Ansicht ist § 254 Abs. 2 S. 2 ein **Rechtsfolgenverweis** auf § 278. D.h., innerhalb des Mitverschuldens sind jegliches Verhalten und Ver-

schulden eines Gehilfen oder gesetzlichen Vertreters dem Geschädigten zuzurechnen, ohne dass die Voraussetzungen des § 278 vorliegen müssen.[102]

T ist von ihren Eltern mit der Beaufsichtigung des Hauses betraut worden.
Insofern ist sie Gehilfin der K. Ferner müsste T schuldhaft an der Schadensentstehung mitgewirkt haben.

T hat es unterlassen zu kontrollieren, ob alle abgeschossenen Feuerwerkskörper auch abgebrannt sind. Dadurch hat sie nicht festgestellt, dass ein
von B abgeschossener Feuerwerkskörper nicht vollständig abgebrannt
war. Dass beim Abbrennen von Feuerwerkskörpern nicht alle benutzten
Knall- oder Leuchtkörper ordnungsgemäß funktionieren, sondern häufig
durch falsche Bedienung verursachte oder bauartbedingte Defekte auftreten, entspricht allgemeiner Erfahrung. Damit musste daher auch die T rechnen und eine entsprechende Nachschau entweder selbst vornehmen oder
veranlassen. Der Einwand der K, die T habe von ihrem Standort nicht sehen
können, dass nicht alle von B gezündeten Feuerwerkskörper abgebrannt
seien, ist demgegenüber unerheblich.

Infolgedessen hat T die Eigentumsverletzung schuldhaft mitverursacht
und der Anspruch der K gegen den B ist nach dieser Ansicht um das Mitverschulden der T gemäß § 254 Abs. 2 S. 2 i.V.m. § 278 zu kürzen.

bb) Nach h.M. handelt es sich bei § 254 Abs. 2 S. 2 um einen **Rechtsgrund-
verweis auf § 278, aber auch auf § 831 und § 31 (analog).** D.h., eine Zurechnung über § 254 Abs. 2 S. 2 kann nur erfolgen, wenn die Voraussetzungen des § 278, des § 831 oder des § 31 (analog) gegeben sind.[103] Begründet wird dies mit dem sogenannten **Gleichbehandlungsargument**[104]
(andere sprechen vom **Spiegelbildgedanken**[105]): der Geschädigte soll
nicht strenger für Hilfspersonen haften als der Schädiger. Da der Schädiger
sich das Verhalten und Verschulden seiner Hilfspersonen nur unter den Voraussetzungen der §§ 278, 831, 31 (analog) zurechnen lassen muss, müsse
das auch für den Geschädigten gelten.

(1) Eine Zurechnung des Verhaltens der T über § 254 Abs. 2 S. 2 i.V.m. § 278
setzt voraus, dass zwischen K und B zum Zeitpunkt der schädigenden
Handlung ein Schuldverhältnis bestand, im Rahmen dessen die T tätig geworden ist.

Zwischen K und B bestand jedoch im Zeitpunkt der Schadensentstehung
kein Schuldverhältnis, sodass eine Zurechnung des Verhaltens der T über
§ 254 Abs. 2 S. 2 i.V.m. § 278 nicht möglich ist.

(2) Es kommt jedoch auch eine Zurechnung über § 254 Abs. 2 S. 2 i.V.m.
§ 831 in Betracht, wenn die Voraussetzungen des § 831 gegeben sind.

T müsste Verrichtungsgehilfin der K sein. Verrichtungsgehilfe ist, wer mit
Wissen und Wollen des Geschäftsherrn in dessen Interesse tätig wird und
von dessen Weisungen abhängig ist.

---

102 Lange NJW 1953, 967; Deutsch HaftungsR § 20 I 2.
103 BGH NJW 1980, 2080; BGH NJW 1988, 2668; Staudinger/Medicus § 254 Rn. 80; Medicus/Petersen
    BR Rn. 867; Hk-BGB/Schulze § 254 Rn. 9; Palandt/Grüneberg § 254 Rn. 49.
104 Medicus/Lorenz, SchuldR II, Rn. 680.
105 Klement § 15 Rn. 11.

Im Verhältnis von Eltern zu erwachsenen Kindern fehlt es i.d.R. bei Tätigkeiten im Zusammenhang mit einer häuslichen Gemeinschaft an der für einen Verrichtungsgehilfen erforderlichen Weisungsgebundenheit. Anders ist dies jedoch, wenn ein erwachsenes, im Haushalt lebendes Kind mit bestimmten Verrichtungen betraut ist. Hier haben die K die 18-jährige T mit der Beaufsichtigung des Hausgrundstücks konkret betraut. Damit übernahm sie im Auftrag der Eltern die Wahrnehmung der bestehenden Verkehrssicherungspflichten und die Überwachung des Hauses selbst und ist daher Verrichtungsgehilfin der K.

§ 831 erfordert ferner ein objektiv rechtswidriges Verhalten des Verrichtungsgehilfen. Im Rahmen des § 254 ist darunter ein Verstoß gegen Gebote des eigenen Interesses zu verstehen.

T musste damit rechnen, dass nicht alle Feuerwerkskörper vollständig abbrennen und daher eine entsprechende Nachschau entweder selbst vornehmen oder veranlassen. In dem Unterlassen dieser Vorsichtsmaßnahmen liegt der zurechenbare Verstoß gegen die Sorgfaltsanforderungen.

Die K haben nicht vorgetragen, die T auf die besonderen Gefahren eines Feuerwerks hingewiesen und sie zu den erforderlichen Vorsichtsmaßnahmen veranlasst zu haben. Infolgedessen scheidet eine Exkulpation gemäß § 831 Abs. 1 S. 2 aus.

Die K müssen sich daher das Fehlverhalten der T nach der h.M. gemäß § 254 Abs. 2 S. 2 I.V.m. § 831 anspruchsmindernd zurechnen lassen.

cc) Eine Entscheidung des Meinungsstreits erübrigt sich, da die beiden unterschiedlichen Auffassungen im vorliegenden Fall zum gleichen Ergebnis kommen.

Daher steht den K gegen B ein um das Mitverschulden der T gekürzter Schadensersatzanspruch gemäß § 823 Abs. 1 zu.

Stichwortverzeichnis

Die Zahlen verweisen auf die Seiten.